中共山东省委党校（山东行政学院）科研支撑项目成果

山东省社科理论重点研究基地中共山东省委党校（山东行政学院）山东省政德与廉洁文化研究中心成果

中国实学思想家研究丛书

主编　王　杰　朱康有

实性与实用

颜元实学思想研究

孙庆峰　著

中国社会科学出版社

图书在版编目(CIP)数据

实性与实用：颜元实学思想研究 / 孙庆峰著. — 北京：中国社会科学出版社, 2023. 5
(中国实学思想家研究丛书)
ISBN 978 - 7 - 5227 - 1956 - 6

Ⅰ. ①实… Ⅱ. ①孙… Ⅲ. ①颜元(1635 - 1704)—实学—教育思想—研究 Ⅳ. ①B249. 5②G40 - 092. 49

中国国家版本馆 CIP 数据核字(2023)第 097342 号

出 版 人 赵剑英
责任编辑 郝玉明
责任校对 谢 静
责任印制 王 超

出　　版 中国社会科学出版社
社　　址 北京鼓楼西大街甲 158 号
邮　　编 100720
网　　址 http://www.csspw.cn
发 行 部 010 - 84083685
门 市 部 010 - 84029450
经　　销 新华书店及其他书店

印　　刷 北京明恒达印务有限公司
装　　订 廊坊市广阳区广增装订厂
版　　次 2023 年 5 月第 1 版
印　　次 2023 年 5 月第 1 次印刷

开　　本 710 × 1000 1/16
印　　张 14. 75
字　　数 251 千字
定　　价 78. 00 元

总　序

在中国古代哲学思想的发展历程中，实学一直是一个重要的学派和哲学思潮。实学思潮的兴起，是对传统学术的反思和批判，是中国文化走向近代的一个重要转折点。它不仅在学术领域引起了巨大的影响，也深入推动了当时社会政治、经济和文化等方面的发展。

实学的核心观点是“经世致用”，它提倡把学问用于现实生活和社会实践中，强调实用性和实际效果。实学注重通过实践和经验来验证学说的正确性，反对空洞的知识、抽象的义理教条。在实学思想家看来，真正的知识不是空洞的文字学问，而是可以为社会所用、可以解决国计民生的学问。在政治上，实学强调治国要以民为本，关怀社会现实，提出了不少有益于历史发展的改革建议；在经济上，实学重视实业，支持民间商业和手工业的发展，对中国古代经济的繁荣起到了推动作用；在思想文化上，实学推崇实修实证和实际效果，倡导实行、实用、实功，为中国古代文化的转型发展提供了动力。

中国历史上曾涌现出一大批优秀的实学思想家，如陈亮、叶适、薛瑄、罗钦顺、王阳明、王廷相、杨慎、李时珍、李贽、徐光启、孙奇逢、陈子龙、黄宗羲、陆世仪、方以智、顾炎武、王夫之、李颙、唐甄、颜元、朱轼、戴震、龚自珍、魏源、严复等人。实学思想家们追求实际功效，批判了空疏、缺乏实用性的学问，提倡经世致用，注重实践精神。他们各有卓越的学术成就和深刻的思想洞见，对中国古代思想的发展作出了重要贡献。

中国实学思想家们的理念与实践，对古代哲学演进产生了深远影响，也为我们探索中国式现代化道路提供了有益启示。当今社会，诸如倡导的实事求是、求真务实、实干兴邦、知行合一等实学思想仍广泛运用于社会生活的各个领域，为中华民族的复兴和发展带来了积极的推动力。今天，我们要建构新实学，就要从传统实学思想家们智慧的宝库中汲取历史与文化资源，积极服务于中国特色社会主义文化建设，为马克思主义与中华优秀传统文化的结合提供坚实基础。

“中国实学思想家研究丛书”，汇集了古代一批代表性的实学思想家。希望该丛书的出版，能够向读者展示这些实学思想家的思想和贡献，让读者更加深入系统地了解中国古代实学思想的发展历程和多元文化的精神内涵。同时，也希望丛书能够进一步推动对传统实学文化精义的深钻细研，进一步推动对中华优秀传统文化精髓的探索提炼，为当代中国和世界的治理与进步提供更多有益的启示及借鉴。

感谢包括作者、编辑、出版社以及所有支持者在内的广大业界朋友为本套丛书出版付出的辛劳！读者若从中获益丰富的思想启迪、行动资鉴，那将是我们最大的欣慰。

中国实学研究会会长　王杰

2023 年 1 月

序　言

中国传统实学文化源远流长，可以追溯到先秦百家争鸣时期，其间蕴含着极其丰富而宝贵的精神财富，两千多年来深深影响着中国人的世界观、人生观、价值观。

中国实学的核心是经世致用，最本质的特征是崇实黜虚。它以实际应用为导向，强调行动实践和实用价值，反对虚浮空泛的理论。它崇尚实际、实事求是，鼓励人们深入社会，认真分析和解决实际问题。这种实践主义的思想倾向，不仅对个人的成长和发展有着积极作用，也为中国古代社会的发展和进步作出了重要贡献。

明末清初是中国实学发展的鼎盛期。明清之际的思想家如孙奇逢、陈确、黄宗羲、陆世仪、方以智、顾炎武、王夫之、李颙、颜元等人，是这一时期实学的代表人物。他们或潜心经学研究，以经学纠正心学之流弊；或别开生面，致力于诸子学研究；或探究对现实直接有用之学问，讲实功求实效；或会通中西，以西学补中学之不足。尽管他们的表现形式不尽相同，但有一个特点是共同的，就是在抨击学术空疏之弊的同时，竭力提倡经世致用，在学术上呈现出一股崇实黜虚、求真务实的新风尚。

在明末清初的实学思想家群体中，颜元的思想自成一家。作为实学思想的重要代表人物之一，他通过对传统学术的批判和创新，开创了独具一格的学术思想体系。他的实学思想不仅在当时引起了不少关注和讨论，而且对后世的学术研究和社会发展都产生了重要的影响。

孙庆峰同志在攻读博士学位期间，就一直致力于颜元实学思想的研究。这本书是他在博士学位论文基础上反复修改、仔细加工的结晶。该书对颜元实学思想进行了全面的解读和分析，从多个角度探究了其渊源、内涵与特征。通读全书，可以发现其结构严谨、论证清晰、内容翔实，并且富有创新精神，具体表现在以下方面。

一是注重对颜元实学思想进行系统考察，注重分析其内在逻辑。该书指出，颜元的实学思想是一个以“实”字为中心，上下连贯的思想体系。同时，该书还注重挖掘颜元实学思想中“内圣”和“外王”的逻辑关系，指出颜元虽然偏重于“外王”之学，但并没有忽视“内圣”之道。此外，该书提出，颜元的实学思想是以心性实学为基石，并以本性中的道德修养工夫为基础，以本性中的才能锻炼工夫为依托，展开儒者的“外王”事业，将“内圣”和“外王”打成一片。这种系统化的学术分析，让我们更加清晰地认识到颜元实学的思想内核和价值所在，也为我们更深入地理解中华传统文化提供了有益的途径。

二是该书对颜元实学思想的内涵进行了深入阐发和论证，具有丰富的思想内容和理论探索。该书分实性论、为学论、实事经世论、实学教育论进行论述，在结构上较为系统和全面地展现了颜元实学思想的完整性。其中，作者注意到学与教之间既相通又相异的关系，将颜元关于学的思想单列一章，与教育思想并列，而没有沿袭传统观点，将之并入教育思想一并论述。这种构思独具匠心，有利于读者更好地理解和掌握颜元的思想。此外，该书认为，在颜元早期理学思想和后期实学思想之间，其断裂中有传承，前后有很多一脉相承的学术思想。同时，该书还提出，颜元之所以与同时代实学思想家有重大不同，是因为他对先秦儒家经典文献的解读自成一格。这些阐发和论证深入浅出地展现了颜元实学思想的丰富内涵和学术价值，有助于我们更好地理解和传承这一重要的古代思想遗产。

三是在深入分析颜元实学思想的基础上，该书还提出了诸多创见，深化了对颜元实学思想具体领域的研究。例如，该书指出，颜元先学陆王心学，后学程朱理学，最后返回两千多年前从先秦孔孟思想中吸收养分，这种独特的思想转变经历是颜元实学思想自成一家的重要原因。同时，该书通过研究发现，颜元讲学习时思考的重点是要解决学者如何从“知”跨越到“能”的问题，即如何从认识世界过渡到改造世界。此外，该书还充分借鉴现代心理学理论，深入诠释了颜元“习行”学习法的科学性和合理性。这些观点丰富了我们对颜元实学思想的理解，为我们认识和借鉴古代实学思想提供了新的视角和启示。

四是坚持思想与历史相统一的研究方法，深入挖掘历史背景、社会环境、文化传统等因素对颜元思想的影响。该书把颜元实学思想纳入明末清初的大社会背景下，还原历史语境，进行深度解读。例如：在研究颜元均田论时，该书分析了清朝初年不同时期的社会形势，以便让读者能够更好地理解颜元关于均田的不同表述。此外，该书还着力将颜元实学思想中隐而不显的内容挖掘出来。例如：该书论述颜元人才思想时，不仅探讨了颜元的具体改革建议，还将之放在颜元对理想社会的整体设计中，剖析人才制如何与井田制、分封制配合施行。这种对理想社会中人才制度的分析，虽然在现存颜元文献中并没有出现，但基于颜元实学思想的整体性，这种分析无疑是符合颜元的本意的。该书采取的这种思想和历史相统一的研究方法，为读者提供了更为全面的颜元实学思想研究的视角。

总体上看，该书在研究和叙述过程中体现了实事求是的精神，采用了多视角对颜元实学思想进行分析。该书的写作风格不求新奇，简洁明了、踏实谨严。读者可以通过该书审视和思考颜元实学思想，从而更好地理解和应用这一思想体系。该书的出版将会有助于推动相关领域的研究，为颜元实学思想的深入研究和传承注入新的活力和动力。同时，这也将有助于推动中国实学思想的研究，促进中华优秀实学文化的传承和发展。

中国实学研究会会长　王杰

2023 年 2 月

目　录

绪 言

明末清初，社会激烈动荡，社会矛盾凸显。大明王朝在数年内的快速崩溃，世事、国事、家事的反复交织，都给予当时学者们强烈刺激，引发他们对政治、经济、军事等各种制度的反思。战乱、瘟疫与灾荒交织让人民生灵涂炭，一片哀鸿遍野，儒者救国救民之责任成为学者们反思的中心议题之一。同时，明末思想界盛行的心学末流在实践中逐步演变出空虚流弊，间接导致心学信仰者面对国家民族灾难无能为力，这更让学者们痛心疾首。由此，在当时学术界出现了一股主张经世致用、崇实黜虚的实学思潮。向世陵先生指出："明清实学是兴起于明末清初，强调实践、强调实用的哲学智慧，是中国哲学智慧的新发展，具有丰富的思想蕴涵。"①

当时的实学思想家主要有孙奇逢、黄宗羲、陆世仪、方以智、顾炎武、王夫之、李颙、颜元等。他们都反对学术空疏，提倡学以致用，认为学术要面向社会、服务社会。他们对国家社会的实事实务极具热情，在天文、地理、军事、水利、漕运、田制、赋税、学校等方面，他们用了极大的精力去研究和分析，涌现出一大批优秀的学术成果。例如，方以智的《东西均》《物理小识》、顾炎武的《日知录》《天下郡国利病书》、王夫之的《读通鉴论》、顾祖禹的《读史方舆纪要》等。

强调经世与实用、力避空虚是明末清初实学思想家的普遍倾向。明清易代之际，面对战乱纷飞，很多学者却仍只是讲读书本、写作文章、空谈心性。明末清初三大家之一的黄宗羲对此痛心疾首。他批评说："今之言心学者，则无事乎读书穷理；言理学者，其所读之书，不过经生之章句，其所穷之理，不过字义之从违……天崩地解，落然无与吾事。"② 顾炎武也有同样的感触，

---

① 向世陵：《中国哲学智慧》，中国人民大学出版社 2013 年版，第 178 页。

② （清）黄宗羲：《留别海昌同学序》，载《黄梨洲文集》，中华书局 2009 年版，第 477 页。

他批评心学说："不习六艺之文，不考百王之典，不综当代之务，举夫子论学论政之大端一切不问，而曰一贯，曰无言。以明心见性之空言，代修己治人之实学。股肱惰而万事荒，爪牙亡而四国乱，神州荡覆，宗社丘墟。"① 实学家普遍认为，学术必须经世致用，必须对国家福祉、社会安危、百姓生计实际有益。陕西大儒李颙强调："道不虚谈，学贵实效。"② 顾炎武也指出："文须有益于天下。"③

少言心性天命，更多注重实行与实功，是明清之际实学思想家在学术上的又一重要特点。他们力图改变长期以来偏重内在心性修养的学风，提倡更多在实行和实功方面下功夫，以实现内在心性与外在事功的和谐统一。明末清初北学宗师孙奇逢指出，躬行实践是学者必须做之事，"学问事，此中同人津津讲求，渐有头绪，总之不离'躬行'二字"④。顾炎武认为，心性之义理只有在实践中才能明了，"夫子之教人文行忠信，而性与天道在其中矣，故曰不可得而闻"⑤。王夫之强调行动最可贵，"知而后行之，行之为贵，而非但知也"⑥。李颙主张儒者为学既要明体，又要适用，实现内与外的统一。他指出："明体而不适用，失之腐；适用而不明体，失之霸。腐与霸，非所以言学也。"⑦

对于明末清初的学风，张岂之先生指出："明末清初大思想家所涉足的学术理论领域极其广泛……无论是哲学理论的探讨，或是具体现实问题的探究，最后都归结到经世致用这一点上。所以用'实学'来概括他们的学风，是比较准确的。"⑧ 由此可见，用"实学"概括明末清初的学术思想抓住了关键之处。但是，"实学"一词虽在当代学术界被广泛使用，其内涵的界定却仁者见仁、智者见智。这充分体现了中国哲学思想的丰富性，为进一步挖掘中国实学思想的内涵和价值提供了有益启发。虽然观点各有特色，但是学术界普遍认为经世致用是中国实学思想的核心价值观念，而这正是明清之际实学思想

---

① （清）顾炎武著，黄汝成集释：《日知录集释》，中华书局 2020 年版，第 363—364 页。
② （清）李颙：《二曲集》卷七，中华书局 1996 年版，第 54 页。
③ （清）顾炎武著，黄汝成集释：《日知录集释》，中华书局 2020 年版，第 966 页。
④ （清）孙奇逢：《答田侪兰》，载《夏峰先生集》，中华书局 2004 年版，第 79 页。
⑤ （清）顾炎武著，黄汝成集释：《日知录集释》，中华书局 2020 年版，第 361 页。
⑥ （清）王夫之：《周易外传》，中华书局 1977 年版，第 4 页。
⑦ （清）李颙：《二曲集》卷七，中华书局 1996 年版，第 48 页。
⑧ 张岂之：《儒学·理学·实学·新学》，陕西人民出版社 1991 年版，第 165—166 页。

的主要特征。需要指出的是，在研究实学思想的学者中，葛荣晋先生提出的“实学”概念立意深刻，在学术界的影响非常广泛。他在《中国实学思想史》中认为，实学指“实体达用之学”，其中“实体”包括宇宙实体和心性实体，可分为实理论、实性论、实功论、实践论等；“达用”包括经世实学、实测之学、明经致用、史学经世、考据实学等不同类别。[①] 同时，“在不同的历史时期、不同的学派和不同的学者那里，其实学思想或偏重于‘实体’，或偏重于‘达用’，或二者兼而有之，或偏重于二者之中的某些内容”[②]。他又指出，明中叶到清中叶是中国实学思想发展的鼎盛时期。葛先生这一定义内涵丰富，外延覆盖面广，为中国实学思想研究打下了坚实的基础。

颜元生长在明末清初，同样是实学的大力提倡者。他强调：“救弊之道在实学不在空言。”[③] 又指出：“实学不明，言虽精，书虽备，于世何功，于道何补！”[④] 在他的著作和言语中，“实”是出现频率最高的汉字之一，“实文”“实行”“实体”“实用”“实学”等词语频繁出现。他与同时代的其他实学思想家一样，都反对空谈心性之义理，都反思空疏之弊，都主张治学要切实、为学要致用。由此可见，实学思想是颜元思想的中心内容之一。

但是，颜元又有与同时代其他实学思想家显著不同的地方，呈现出独具一格的特点。他既反对程朱理学，又反对陆王心学，还反对汉儒的注疏训诂。就批判彻底性来说，同时代之人无出其右。他不主张集中精力去读书著述，认为这只是学术的一小部分，不能将主要精力放到这上面。在对读书著述的态度这一点上，颜元与黄宗羲、顾炎武、王夫之等同时代实学思想家都有显著区别。相对于黄、顾、王等人的著作等身，他只有《四存编》等几本薄薄的小册子。他认为人的时间精力有限，纸上功夫多，就会习行功夫少，所以提倡学者要将更多的精力用在实际练习、实际践履、实际操作上。他还提出，儒家的正学是尧舜的“三事”“六府”，周公孔子的“三物”，这一观点在当时学术界也是独一无二。

特殊的环境，成就特殊的人才。颜元从小历经世事、家事的多重磨难，长期生活在北方乡村，在社会底层从事生产教学，主要依靠自学成才。这些

① 参见葛荣晋主编《中国实学思想史·引论》，首都师范大学出版社 1994 年版，第 1—6 页。

② 葛荣晋主编《中国实学思想史·引论》，首都师范大学出版社 1994 年版，第 9 页。

③ （清）颜元：《存学编·性理评》，载《颜元集》，中华书局 1987 年版，第 75 页。

④ （清）颜元：《存学编·性理评》，载《颜元集》，中华书局 1987 年版，第 76 页。

经历都与当时其他思想家大相径庭。经过学习和反思，他发展出极具特色的实学思想，卓然自成一家，在中国哲学思想史上独树一帜。

一是颜元的实学思想是一个以“实”的观念贯穿始终、层次比较清晰的思想体系。颜元本人重视实行与实践，并不太注重思想理论体系的构建，所以他的理论体系比起同时代的黄宗羲、顾炎武等还是稍显简略，与前辈学人朱熹、王阳明等人相比更显得直白。但这也正是颜元思想的魅力所在，因为他和朱熹、王阳明、黄宗羲、顾炎武等学者关注的焦点不同。他认为与其花心思去构思和辨析理论，不如学到一点有用的知识就马上实际践行，不如将时间精力集中用到关系国计民生的事情上。由此可以看出，颜元的实学思想更是一种人生的哲学、实践的哲学、行动的哲学。

虽然颜元的思想稍有简略之嫌，在精致程度上不能和很多著名学者相比，但也是一个内涵丰富、层次比较清晰的思想体系。颜元生活在明末清初，目睹民生凋敝，深以儒者不能救民于水火为耻，深以儒学陷入空虚为忧，所以他极力批评空虚不切实用的学术。他批评读书著述、讲学静坐、训诂注释、帖括八股。这些学术思想方法在他看来，都是“虚”，而不是“实”。颜元认为，儒者的学问要真正对当代社会有实际益处才是“实”，而这种益处中最具有优先层次的是保障百姓的生命权、生存权和发展权。如果只是在书斋里研究学问，以为这就是“为天地立心”“为往圣继绝学”，在颜元看来，这都是幻想，都是虚学。如果连当前百姓的生存权都无法保障，谈文化的传承、精神的传递都没有太大的意义。有鉴于此，颜元大力提倡面向社会基本实际知识技能的学习。他主张为学之目的是对国家社会百姓产生实际的益处，学习的依托是人之天赋善良实性，学习的对象是对社会有益的实事实务，学习的方式则必须通过全身心的实际行动做反复练习，只有这样才能使得学问实有诸身，进而对外发用在国计民生上则表现为实事。由此可见，颜元的实学思想，以心性实学为基石，并以本性中的道德修养工夫为基础，以本性中的才能锻炼工夫为依托，展开儒者的“外王”事业，将“内圣”和“外王”打成一片。所以说，“实”的观念贯穿颜元思想的始终，他的实学思想是一个逻辑关系清晰、上下连贯的思想体系。

二是颜元的实学思想凸显了儒家思想中的经世致用精神，并呈现出系统性特征。经世致用是儒家的基本精神之一，它强调关注社会现实，主张积极利用所学解决时代面对的问题。孔子长期周游列国，广泛宣传其学说，就是期待能够出仕进而改革政治、推行教化，他说：“苟有用我者，期月而已可也，三年有成。”① 孟子以孔子为榜样，怀抱着政治理想，周游魏、齐、宋等国，希望得君行道，他指出：“如欲平治天下，当今之世，舍我其谁也。”②这是一种以天下为己任的豪迈。颜元继承了孔孟这种经世致用的精神，融入他的实学思想中。他强调：“人必能斡旋乾坤，利济苍生，方是圣贤。不然，虽矫语性天，真见定静，终是释迦、庄周也。”③ 他认为，以天下为己任，为百姓谋福祉，为天下求公利，是儒者分内之事，这种经世致用的思想才是儒家的真精神。

在颜元的实学思想体系中，“用”是一个重要的关节点。他认为“作用为性”，“用”是儒者自身美好之性的对外发用，这是他实性论的重要内容。儒者要实现对国家社会百姓有“用”，必须抛弃空谈心性之义理，而投身学习社会实际需要的知识技能，这是他为学论的重要内容。他认为应该推行均田、礼乐、寓兵于农等制度，以使政治举措切实对现实社会有“用”，不能简单使用道德治世，这是他的经世致用观落实到社会具体事务层面的表达，同时也是他的实事经世论的重要内容。他提出，学校要培养有“用”的人才，在学堂中教授有“用”的知识技能，以便学子学成后能够对国家社会有“用”，这是他的实学教育论的重要内容。由此可见，在颜元的经世致用思想中，各个观念之间环环相扣，呈现出系统化的特点。

三是颜元的实学思想以批判性思维的方式追问儒学存在的根本价值，彰显了儒家以民为本的价值本色。梁启超在《中国近三百年学术史》中称赞颜元：“举朱陆汉宋诸派所凭借者一切摧陷廓清之，对于两千年来思想界，为极猛烈、极诚挚的大革命运动。”④ 这里点明了颜元实学思想的重要特点，那就是猛烈的批判性。颜元否定注释训诂、读讲著述、静坐持敬、致良知是儒家学问，汉代以后两千年儒家的主要学术存在形式统统都被他否定。他认为，从事这些的人，只是书生、文人，而不能称为儒者。这一系列否定追问出了

① （清）阮元校刻：《论语注疏 · 子路》，载嘉庆本《十三经注疏》，中华书局 2009 年版，第 5447 页。

② （清）阮元校刻：《孟子注疏 · 公孙丑上》，载嘉庆本《十三经注疏》，中华书局 2009 年版，第 5871 页。

③ （清）钟錂编：《颜习斋先生言行录 · 教及门第十四》，载《颜元集》，中华书局 1987 年版，第 673 页。

④ 梁启超：《中国近三百年学术史》，载《饮冰室合集》，中华书局 2015 年版，第 105 页。

儒学应该以何种方式存在的问题，即作为学术研究的客观对象或人之德性的一种滋养而存在，还是作为滋养人之身心、增加人之才干、为国家社会培养实用栋梁之材的学问而存在。进言之，一个儒者的时间精力分配，是应该以研究学术和修养心性为主，还是以提升德才进而以实绩造福国家社会为主。颜元认为，儒者必须是后者。他说："自古无袖手书斋，不谋身家，以听天命之圣贤也。"① 真正的儒者不应该整日在书斋里读书思考，而应该走出书斋造福国家社会，"尧、舜、孔子总是人世上底圣人，总是做人世上底工夫"②。以天下国家为己任，为国为民分忧，这才是儒者最重要的责任和使命。

颜元强调儒者和书生文人的区别，背后蕴含的价值关怀是以民为本，这一点则是儒家的基本价值理念。他认为，对于国家社会来说，百姓的生命安全和幸福安康最重要，其他的都是次要的。他指出，闭门在书斋中求得的学问起不到保家卫国和为百姓谋福祉的作用，反而将本可以用来学习为民服务的实用知识技能的时间和精力白白浪费掉，间接导致百姓生死攸关之事无人能管，乃至一遇到战乱灾荒，百姓只能听天由命、逆来顺受，导致大面积伤亡。颜元生长在明末清初，亲眼看到这种人间惨剧不断发生，他对之痛心疾首，所以一再强调儒者应该承担起为民立命的责任。他说："夫儒者学为君相百职，为生民造命，为气运主机者也。"③ "为生民造命"就是要保障百姓生命安全，改善百姓生活水平。在他的用语中，"生民""民命"是一再出现的词汇。既然科举制考的是儒家经典，儒者占据着国家最重要的管理岗位，那么儒者不承担起国计民生的责任，又有谁来承担？所以，颜元认为，一个儒者，不出仕时就要学习经世济民的本事，积极提升自己的德性和才干；出仕后就要积极行动，践行儒家民本理念，造福社会与百姓。

四是颜元实学思想的主体是儒家思想，并在多个领域有重要创新。如前所述，颜元强调的经世致用本是儒家的重要价值观念。除此之外，他讨论的人性善恶、践形尽性、为学之道、成己成物、格物致知、知行关系、义利之辨等都是儒家的重要命题。在实性论中，他的二气四德生成宇宙万物的学说，与程朱理学的宇宙生成模式相比，存在明显的继承和创新之处。在为学论中，他提倡的学习方法"习行""习动"与孔子的"学而时习之"有着一脉相承

① （清）李塨：《颜习斋先生年谱·三十六岁》，载《颜元集》，中华书局1987年版，第733页。
② （清）颜元：《朱子语类评·训门人类》，载《颜元集》，中华书局1987年版，第253页。
③ （清）颜元：《寄桐乡钱生晓城》，载《颜元集》，中华书局1987年版，第440页。

的关系。在他的实事经世论中，可以明显地看到自先秦以来儒家一直提倡的王道思想，即井田论、选贤论、礼乐教化论等。在教育思想中，颜元重视学校教化、培养有用之才、教习六艺，远则与先秦孔子、孟子相通，近则与宋儒胡瑗、张载相合。由此可见，颜元的实学思想主体是儒家思想。但是，颜元个别思想又不太符合儒家思想的主流。例如，他反对孟子将垦荒、善战之人定罪的观点，认为应该重用他们来保家卫国，这点又与法家思想相通。这也是周围有人称他的思想为“杂霸”的原因。

颜元的实学思想中蕴含着对儒家思想的创新之处。他认为“作用为性”，将人对外造福社会的影响作为人之善良本性的发用，这样“尽性”就不只是如宋儒所说的认知内心的善良之性，更是要积极行动造福国家社会。他从先秦儒家的经典文献入手，从儒学形成的最原始处、胚胎处进行分析，提出儒家的正学是实学，是尧舜“三事”“六府”和周公孔子“三物”之学，在思想史上第一个提出先秦儒家的道统是实学的传承。他提倡“习行”“习动”的为学方法，将“习”与“行”“动”联系在一起，强调行在知先，行中生知，以行促知，一改宋元明清时期以读讲静坐为主的“静态”为学倾向。他强调要将《大学》的“格物”解释为“犯手实做其事”，发前儒所未发，与前辈学人朱熹、王阳明等人都显著不同。他在《大学》“八条目”的“修身齐家”与“治国平天下”之间，加上了层层历练的思想，齐家之后需要经过治乡、治县、治府、治省的锻炼选拔，逐级筛选优秀人才，使得儒者在现实层面从“格物致知”跨越到“治国平天下”的可能性大增。

五是颜元的实学思想不是因循守旧、故步自封的思想体系，而是开放兼容、与时俱进的思想体系。颜元的实学思想不是保守的，虽然他推崇三代之治，提出要推行上古的井田制、礼乐制、寓兵于农制，但是，这与其说是他的迷信，不如说是他对人类社会的美好理想。他认为在尧舜时代百姓过着理想的富足的日子，所以他期待这种美好社会能够被重现。在现实中，他虽然提倡“复古”，但是不“泥古”。比如，他认为如果井田制实行不了就实行均田，只要平均土地就可以，再后来，他又提出以雇佣交租方式置换富民土地，通过代际传承实现土地的平均分配，以减少改革的阻力。再比如，他强调用人之际要以才为主，一切都以事业为重，如果德才兼备之人不可求，则不必强求，并没有固执儒家以德为先的理念。这都充分体现了他不拘泥不固执的精神特征。

在学术思想的底色上，颜元也体现出与时俱进的特点。他喜动厌静，强调人要行动起来，立志跟上事物的变化，他说："故君子日新，推而为志，则作新，一日不作则不新，一日不新则志萎。"① 行动在他看来如此重要，而行动是要面向社会实际去谋事干事成事，于是"事"成为颜元实学思想的另一个支柱点。他指出："孟子'必有事焉'句，是圣学真传，心有事则心存，身有事则身修，至于家之齐，国之治，皆有事也。"② 世间之事不断变化，行动之人也要跟得上变化，只有这样才能产生办事实效。这种面向事务的与时俱进性，从颜元提倡的学习内容中可以充分看出。他提倡学习尧舜的"三事""六府"。"三事"指的是正德、利用、厚生，这些都是美好的价值目标，可以随着时代变迁，不断注入新的实践内容；"六府"则指的是金木水火土谷，这些都是民生事务的类别，也可以在新时代加入新的内容。由此可见，颜元的实学思想是开放的、兼容的、进取的。

对于中国哲学思想史研究来说，颜元的实学思想是个需要进一步挖掘的宝藏。研究颜元实学思想，能够深入探寻儒家学术思想和价值观念的多元性和丰富性，拓宽人们对儒家"外王"思想的认识视野，深化对儒家经世致用思想的理解和认识，推进明清之际实学思潮的研究。此外，深入研究颜元的实学思想，对中国哲学理论体系的进一步丰富和发展也有重要的学术意义。

---

① （清）钟錂编：《颜习斋先生言行录·世情第十七》，载《颜元集》，中华书局1987年版，第684页。

② （清）李塨：《颜习斋先生年谱·七十岁》，载《颜元集》，中华书局1987年版，第792页。

第一章　颜元的学思历程

颜元是我国历史上著名的实学思想家，明崇祯八年（1635）出生，清康熙四十三年（1704）离世。明末清初的中国，社会处于急剧变化中，思想界反思学术空疏流弊的实学思潮逐步兴起。颜元正处于这种思想大变迁的环境中，其实学思想有着鲜明的时代烙印。社会大环境对人的思想行为影响巨大，个人所处的小环境对人的影响也不容小觑。社会大环境和个人小环境是颜元实学思想产生和发展的重要因素，正如陈登原先生指出："身世所以鼓冶习斋之学者半，而时势所以激刺习斋之学者亦半。"[①] 对于颜元身处的时代背景和当时思想界的实学思潮，学术界的研究已经比较充分[②]，本书不再专门论及。本章内容主要侧重分析颜元的个人生平经历、思想变化以及师友交往，以及他在这些过程中展现的独特性格，以期深刻把握颜元实学思想的产生根源和发展演变。

第一节　躬行实践的生平

人的思想来源于实践。颜元的一生是学习的一生、力行的一生、实践的一生，生平经历是他实学思想的重要源泉。他长期生活在农村，广泛接触社会底层人民，亲身体会基层的艰辛和困苦，对社会实际有着全面深刻的了解。他性格坚韧，遭逢家国多故，反而益加顽强，极力思考理论与实际相结合之路。除了启蒙受教之外，他没有再拜其他老师，学习条件又十分艰苦，即使

---

① 陈登原：《颜习斋哲学思想述》，东方出版中心 1989 年版，第 63 页。

② 明清之际的社会历史变化以及思想界的实学思潮，一直是学术研究热点，涌现了一批优秀学术成果。主要的著作有：梁启超的《清代学术概论》与《中国近三百年学术史》，钱穆的《中国近三百年学术史》，谢国祯的《明末清初的学风》，陈鼓应与辛冠洁、葛荣晋联合主编的《明清实学思潮史》，陈祖武的《清初学术思辨录》等。高质量的学术论文也不断出现，例如：余英时的《清代思想史的一个新解释》、赵宗正的《清初经世致用思潮简论》；王杰的《论明清之际的经世实学思潮》等。

如此，他也不为学术门派所困，走出了一条别具一格的实学之路。按照颜元的主要居住地，可以将其生平经历分为三个时期，分别是长于蠡城、迁居乡村、归老博野。

一　长于蠡城

颜元，字浑然，号习斋，河北省博野县北杨村人。[①] 因为颜元的父亲自幼过继蠡县朱九祚为子，所以颜元实际出生在蠡县刘村。在蠡县朱家，颜元名邦良，字易直。[②] 在颜元五岁（虚岁）时，朱九祚举家从刘村搬到蠡县县城居住。[③] 这也意味着，自颜元从小记事开始，到二十岁搬回刘村，他的青少年时期基本在蠡县县城度过。

颜元少小时家庭频遭变故。四岁时，其生父随清兵到辽东，从此音讯全无。六岁时，养祖父朱九祚娶了侧室杨氏。十一岁时，杨氏生子朱晃，朱九祚有了亲生儿子。十二岁时，颜元的生母改嫁。自此颜元成为一个孤儿，在此后的成长中精神非常孤苦。

在家庭中，养祖父朱九祚言谈举止对颜元有着重大影响。父亲出走后，颜元家庭中的主要支柱是朱九祚，颜元自幼就跟他生活。朱九祚为人精明强干，在明清交替之际，他先后担任蠡县的兵备道禀事官和巡捕官，时间跨度正好在颜元五岁到十七八岁。在这些职位上，朱九祚展现出勇敢坚韧、办事果断的处事风格。崇祯十七年（1644），蠡县有人叛乱，他立即联合地方乡绅，筹集人财物，组织起武装，“捕斩渠魁王三好，胁从者皆鸟兽散”，使“一邑遂安”。[④]朱九祚的性格特征和办事方式，无疑对与之朝夕相处的颜元有着直接影响。颜元长大后关注时事，喜欢经世济民之学，显然与青少年时耳濡目染有关。

颜元幼年成长时的社会大环境动乱不已。崇祯末年，天下大乱，蠡县周边也是各种骚乱不断，统治秩序逐步陷入崩溃。崇祯十三年（1640），颜元六岁，蠡县“岁凶，人相食”。[⑤]崇祯十七年（1644），李自成率农民起义军攻占

---

① 颜元祖籍河北省博野县北杨村，北杨村为其祖居地，其曾祖、祖父则生活在博野县王庄，其父亲出生在博野县王庄，详见李塨《颜习斋先生年谱》，载《颜元集》，中华书局 1987 年版。

② 颜元三十九岁归宗前使用的名字是“朱邦良”，三十九岁之后为“颜元”。为了行文连贯，本书一直使用“颜元”。

③ 本书中颜元的岁数均指虚岁，与颜元弟子李塨撰写的《颜习斋先生年谱》保持一致。

④（清）颜元：《巡捕朱公行实》，载《颜元集》，中华书局 1987 年版，第 584 页。

⑤（清）李塨：《颜习斋先生年谱・六岁》，载《颜元集》，中华书局 1987 年版，第 708 页。

北京，颜元的生活地“村落大坏，交相劫掠”①。清朝统治逐步在蠡县建立后，刘村的百姓又面临着清朝圈地的威胁，“旗奴韩某恣横，率意耕田，失产者日众”②。天灾人祸不断，让百姓十分困难，生计难以维持。社会混乱、灾民遍地给幼小的颜元留下了深刻的印象，如何实现社会的长久安定，让老百姓不受战乱和瘟疫的荼毒，成为日后他思考的重要问题。

由于养祖父朱九祚在官府任职，颜元在蠡县县城的生活物质上较有保障，过了一段衣食无忧的生活。七岁时，朱九祚为颜元定亲，为蠡县道标巡捕官张宏文的女儿。十一岁时，颜元开始学习时文，即学习写科举考试的文章。十三岁，跟秀才贾金玉学习。十五岁时，和张氏女完婚。十六岁时，颜元“习染轻薄”，此后三四年，他一直过着“浮薄酣歌”的生活。③ 在这段时间里，在颜元生活中对他影响比较大的事情有三件。

一是从吴持明就学。吴持明，字洞云，是一个关心时事，有强烈爱国心、责任心的学者。他感慨明朝内忧外患不断，战乱频仍，“潜心百战神机，参以己意，条类攻战守事宜二帙”④。他多才多艺、文武双全，能够骑射，会使用剑戟，又懂医术和术数。颜元跟随吴持明学习是在八岁时，也就是 1642 年，李自成率兵攻占北京城的前两年。养祖父朱九祚送颜元跟吴持明学习，显然有感于时势日非，纯粹学习书面知识已经不能适应时代变化，所以为颜元选择了一位文武兼备的老师。吴持明是颜元的启蒙老师，颜元跟他学习长达四年。后来颜元关心时局、喜欢兵法、武艺高强以及精通医道和占卜，显然有他的启蒙老师的影响。

二是跟随贾珍学习。贾珍，字袭什，蠡县人，年少以文章出众闻名。其叔叔曾在山东邹城、曲阜当官，贾珍跟随他“得游洙沂，登尼绎，探孔孟遗迹”⑤，接受孔孟之乡的文化熏陶。回到蠡县后，贾珍隐居在县西北的廿家庄。他为人正直无邪、重义轻利，学识深厚，教育学生时“以身率人，训迪有方”⑥。颜元跟

① （清）颜元：《巡捕朱公行实》，载《颜元集》，中华书局 1987 年版，第 583 页。

② （清）颜元：《巡捕朱公行实》，载《颜元集》，中华书局 1987 年版，第 584 页。

③ 参见（清）李塨《颜习斋先生年谱·》七岁至十八岁，载《颜元集》，中华书局 1987 年版，第 708—710 页。

④ （清）李塨：《颜习斋先生年谱·八岁》，载《颜元集》，中华书局 1987 年版，第 708 页。

⑤ （清）颜元：《贾处士传》，载《颜元集》，中华书局 1987 年版，第 475 页。

⑥ （清）颜元：《贾处士传》，载《颜元集》，中华书局 1987 年版，第 475 页。

他学习之前有段时间不务正业，跟他学习后，“习染顿洗”[①]，改掉了之前的不良习惯。颜元受贾珍影响极大，无论是学业学识，还是道德品行。后来他坚信气质本善、恶由习染以及习染可以被清除，这可能都与他和贾珍学习后改掉不良行为的少年经历密切相关。

三是蒙冤入狱，家境中落。清顺治八年、九年，社会秩序逐步稳定，朝廷陆续裁减各地冗员，朱九祚由此失官。不久，有人告发朱九祚，朱九祚外逃，颜元却被牵连抓捕讯问。这一年，颜元刚满十九岁。他由衣食无忧的官宦子弟，一夜之间变为阶下之囚。但是颜元没被苦难压倒，穷且益坚，反而更加努力学习，写的文章愈加出色。连老师贾珍都称赞他说：“是子患难不能乱，岂凡人乎?”[②] 正是在这一年，颜元考中秀才。后来，诉讼了结，朱家家境也一落千丈，变成贫困之家。这时，颜元权衡利弊，对养祖父朱九祚提出返乡居住的想法。朱九祚认可了颜元的建议，一家人从此搬回刘村居住。这一年颜元虚岁二十岁。牢狱之灾锻炼了颜元的品行，磨炼了意志，去除了娇气浮气，也坚定了他在困难中向学的决心。

身处特殊的历史时代，经历不一样的人生变化，二十岁前颜元为他的人生奠定了总基调。人的性格的形成有先天的因素，也有后天环境的影响。激荡于身世、家事、国事的刺激，加上周围亲朋师友的影响，颜元从小培养出豪迈大度、独立自强、坚忍不拔的性格。陈登原先生指出：“习斋在二十以前，颇类豪杰一流人。”[③] 在以后的人生岁月里，颜元的这种豪杰性格，一直支撑着他面对家庭变故、学术质疑以及种种磨难，支撑着他敢于提出和宣扬自己的学术主张，支撑着他以圣道为己任的使命担当和责任意识。

二 迁居乡村

在颜元二十岁那年，举家迁回蠡县东部的刘村。此时，颜元的生活环境发生重大变化。一是家庭经济压力的增大。养祖父、养祖母此时都已经年老，而且养祖父朱九祚也失掉了官职，家庭由此失去了主要的收入来源，陷入贫困。朱家一家的生计开始主要由颜元承担，颜元从依靠家庭抚养的少年一下

---

① （清）李塨：《颜习斋先生年谱 · 十九岁》，载《颜元集》，中华书局 1987 年版，第 708 页。

② （清）李塨：《颜习斋先生年谱 · 十九岁》，载《颜元集》，中华书局 1987 年版，第 710—711 页。

③ 陈登原：《颜习斋哲学思想述》，东方出版中心 1989 年版，第 33 页。

子变成家庭的主要劳动力。二是生活习惯明显不同。颜元生活的朱家，从县城富贵人家变成乡村贫困人家。同时，颜元从小在县城长大，到农村生活需要一系列适应。三是在社会上接触人物与之前大有不同。在县城里，作为官宦子弟的颜元接触的往往是县城官宦家庭的一些纨绔子弟。而来到乡村，他更多接触的是社会底层的劳动人民，亲身体会到基层的艰辛和困苦，对社会有了更全面深入的了解。四是学习环境的变化。为谋生计，颜元没法每天跟随贾珍身边学习，他的日常学习唯有靠自己的主动求索。在这时，乡村里修身养性的读书人，还有隐居的饱学之士，成为颜元访学和交流思想的主要对象。

困难的农村生活，没有摧毁颜元的意志，反而锻炼了他坚忍不拔的品质。在劳动维持生计的同时，颜元更加勤奋刻苦学习。他安贫乐道，认为自己“赖天之眷，琢我以缧绁，炼我以农圃”①，将艰苦生活看成上天的眷顾。此后在蠡县乡村居住的近二十年里，务农行医、苦读经史、交友访学、私塾教学等构成颜元生活的主要内容。

首先，务农行医成为颜元的主要劳动实践。在乡村，土地是收入的主要来源。颜元到刘村后，很快学成种地的好手，有时吃饭睡觉都顾不上，“用力农事，不遑食寝”②。但是，朱家人口众多，仅仅依靠一个人种地难以维持生计，于是颜元主动学起了医术，“以贫为养老计，学医”③。二十四岁时，他逐步为人看病。此后几十年里，颜元都坚持在田间耕作，坚持为人看病治疾。劳动实践既强壮了颜元的体魄，增强了他吃苦耐劳的精神，又磨炼了他艰苦卓绝的意志。同时，劳动实践也培养了他和普通百姓的感情，让他的思想更贴近社会基层实际，更注重理论与社会实践相结合。

其次，苦读经史成为颜元在乡村最重要的精神生活。他说：“某平生无过人处，只好看书。忧愁非书不释，忿怒非书不解，精神非书不振。”④ 他的读

---

① （清）颜元：《答清苑冯拱北》，载《颜元集》，中华书局 1987 年版，第 462 页。

② （清）钟錂编：《颜习斋先生言行录·理欲第二》，载《颜元集》，中华书局 1987 年版，第 624 页。在《颜习斋先生年谱》中，这样的农村生产生活场景不断出现，例如：三十岁时，颜元“驮棉之五夫市”，驮着棉花去五夫村交易。（《颜元集》，第 719 页）三十一岁时，颜元“耘蒜，下杂蔄苣”（《颜元集》，第 721 页）。

③ （清）李塨：《颜习斋先生年谱·二十二岁》，载《颜元集》，中华书局 1987 年版，第 712 页。

④ （清）钟錂编：《颜习斋先生言行录·齐家第三》，载《颜元集》，中华书局 1987 年版，第 627 页。

书范围很广，涉及历史、兵法、理学、心学、医学等多个领域。无论学什么，颜元都一往无前，下极大的功夫攻读，发愤忘食，夜以继日。由于一家的生计都由颜元负责，他白天往往没有时间读书，只有晚上点油灯读，有时候读到深夜，还是不忍放下书，只有先吹灭灯，才能够放下。[①] 读书成为颜元在乡村生活的精神支柱。通过读书，颜元增加了知识，开阔了视野，陶冶了道德情操。

再次，交友访学成为颜元提升精神境界、扩大知识面的重要途径。颜元回到乡村后，主动尝试交往或者拜访一些学者，以求提升自己的学术素养。颜元二十岁前的三位启蒙老师吴持明、贾金玉、贾珍都不是理学家。除了这三位老师，他以后没有再拜他人为师。颜元所以能够深入学习宋明理学，进入当时儒家的主流中，主要是通过主动交友访学得来的。他后来回忆这段经历时说："仆少年狂妄，辄欲希古圣贤之所为，闻为古圣贤者辄造庐拜访，师之，友之，求切劘我，提相我。"[②]

虽然穷居僻壤，但颜元的交友之心非常迫切。他立志成才，认为结交良友是成才的重要途径。他说："因无用而即不成其人，人之罪也。是以早夜孳孳以自治，四方汲汲以求友。"[③] 颜元遍访本地及周边名儒，即使是几百里，他都徒步去拜访，去求学问教。他后来回忆说："吾少时纳交于张石卿、王介祺、刁文孝、张公仪、吕文辅，皆不远百里以会之。"[④] 同时，他还写信给学者们，向他们请教问题，交流自己的思想心得。颜元尊师重道，对待师长非常尊敬，以虔诚的态度获得众多师长的认可和教诲。二十五岁之后，颜元的交友有了重大突破，他先后认识了儒学名家王之征、王余佑、刁包、张罗喆、李明性等人，由此接触到当时儒家的主流思想。在交友过程中，颜元既学习了知识，又体会到学者们的高尚品行。通过师友们的言传身教、耳濡目染，颜元自身气质也随之一变。他晚年回忆说："予当恭庄时，辄思刘焕章，矜庄时思吕文辅，坦率时思王五修，恳挚时思陈国镇，谦抑时思张石卿，和气包括英气愤发时思王五公。"[⑤]

---

① 参见（清）李塨《颜习斋先生年谱·二十七岁》，载《颜元集》，中华书局1987年版，第714页。

② （清）颜元：《送安平杨静甫作幕序》，载《颜元集》，中华书局1987年版，第406页。

③ （清）颜元：《答陈端伯中书》，载《颜元集》，中华书局1987年版，第460页。

④ （清）钟錂编：《颜习斋先生言行录·学问第二十》，载《颜元集》，中华书局1987年版，第694页。

⑤ （清）李塨：《颜习斋先生年谱·五十六岁》，载《颜元集》，中华书局1987年版，第766页。

最后，私塾教学是颜元乡居生活的重要组成部分。二十四岁，颜元在刘村开设家塾，教育学生。当时有三个学生，分别是王之佐、彭好古、朱体三。二十六岁，他在刘村临近的西五夫村开设塾堂。三十三岁，在新兴村开设学堂教学，并订立学规。在教学的过程中，师生之间相互交流、相互启发、相互借鉴。颜元的广博知识，既靠勤学好学得来，也在教学过程中不断深化。更为重要的是，他的教育思想也从教学实践中得到发展。

颜元在这一段时间的耕读生活相对平静，其家庭生活及身世却大起波澜。搬回刘村后，朱家当时有六口人，分别是：颜元夫妇，养祖父朱九祚、养祖母刘氏，朱九祚侧室杨氏和儿子朱晃。颜元不是朱九祚的亲生孙子，而他本人当时并不知情。他侍奉朱九祚和刘氏至孝。但随着亲生子朱晃年龄渐长，居住在一起的大家庭矛盾渐生，朱九祚开始疏远颜元，让颜元和刘氏搬出居住。颜元百般忍让，把南王村、滑村的田地都让给朱晃。但这样还不能消解矛盾，后来又被迫去随东村居住。再之后颜元将朱氏家产全部让给朱晃，并且代为偿还他的债务百余缗。对这些高尚的行为，连朋友们都非常钦佩，认为是常人所难承受。王养粹对颜元说："兄遭人伦之穷，历贫困之艰而不颓，可谓能立矣。"[①] 在这一系列人伦变故中，颜元心志受到了极大考验，但一直恪守儒家的严于律己、宽以待人的教诲，展现出一个儒者的高尚品质。

戊申年（1668），养祖母刘氏去世，在办理丧事过程中有人告诉他真实身世。之后颜元多方打听，终于寻找到祖居地博野县北杨村，但是他仍然侍奉朱九祚，不肯背弃。三十九岁时，朱九祚去世，颜元办完丧，才申请归宗，后举家迁往北杨村，并恢复颜姓。自此，颜元在北杨村定居下来，直至离世。

三 归老博野

回到北杨村后，颜元继续收徒教学、务农行医、研习学术。此时颜元因为悟到"孔门教人，以礼乐兵农、心意身世一致加功，是为正学，不当徒讲"[②]，所以大力提倡实践和练习。他说："养身莫善于习动，夙兴夜寐，振起精神，寻事去作。"[③] 动的精神成为他在博野生活的一条主线。

---

① （清）李塨：《颜习斋先生年谱·三十八岁》，载《颜元集》，中华书局 1987 年版，第 738 页。

② （清）李塨：《颜习斋先生年谱·三十五岁》，载《颜元集》，中华书局 1987 年版，第 730 页。

③ （清）钟錂编：《颜习斋先生言行录·学人第五》，载《颜元集》，中华书局 1987 年版，第 635 页。

一是加强儒家传统六艺的学习和练习。颜元高度重视礼乐射御书数六艺。他将学堂起名为习斋，强调练习六艺是习斋的根本精神，“一日不习六艺，何以不愧习斋二字乎？”① 他坚持每天习礼习射，在动中领会儒家思想。在六艺中，颜元尤其看中礼。他说：“道莫切于礼，作圣之事也。”② 他坚持在生活中践行各种礼仪规范，每天都有习礼的常仪常功，言谈举止、衣食起居都依礼而行。

二是坚持劳动实践。虽然年岁渐长，颜元依然坚持“平日非力不食人一盂”③，不辍劳作。四十五岁时，他在扬场打麦子，到访客人看见后很惊讶，颜元回应说：“君子之处世也，甘恶衣粗食，甘艰苦劳动，斯可以无失已矣。”④ 六十八岁，他精力日衰，仍思劳作，“自今不可任此身颓废，须日日有工程，但择老力可能者为之耳”⑤。

三是坚持学术交流，让思想不停滞。颜元虽然偏居博野县乡村一隅，但是思想并不蔽塞。他主动广泛接触社会中的士人，和他们探讨学术问题，让自己的思想保持活力。这表现在两个方面。一方面，他继续主动拜访饱学之士。哪怕距离数百里之远，颜元都不辞劳顿徒步登门求教。以丁巳年（1677）为例。六月，四十三岁的他到二百里之外的易州访学，拜访了田治埏、冯绘升、杨孔轩；十月，拜访宋赓休、杨计公；十二月，又驱程六十里到安平县拜访赵卫公、赵启公兄弟。⑥ 另一方面，随着颜元学业精进，名气逐步提升，来拜访他的人也日益增多。如庚午年（1690），二月，张束岩来访；十一月，曹敦化来访。除了见面探讨，颜元也与学者们保持通信联系。现存颜元文集《习斋记余》中，有他在博野与学者通信约 30 封。⑦

除了日常访学之外，在博野生活期间颜元还有三次重要外出。一是去东北寻找生父。颜元自知道身世，一直想去寻找父亲，因各种原因未能成行。甲子年（1684），时年五十岁的颜元左眼已经看不清事物，但即便年迈患病，

---

① （清）李塨：《颜习斋先生年谱·五十九岁》，载《颜元集》，中华书局 1987 年版，第 775 页。

② （清）钟錂编：《颜习斋先生言行录·杜生第十五》，载《颜元集》，中华书局 1987 年版，第 675 页。

③ （清）李塨：《颜习斋先生年谱·三十八岁》，载《颜元集》，中华书局 1987 年版，第 737 页。

④ （清）李塨：《颜习斋先生年谱·四十五岁》，载《颜元集》，中华书局 1987 年版，第 750 页。

⑤ （清）李塨：《颜习斋先生年谱·六十八岁》，载《颜元集》，中华书局 1987 年版，第 789 页。

⑥ 参见（清）李塨《颜习斋先生年谱·四十三岁》，载《颜元集》，中华书局 1987 年版，第 746—747 页。

⑦ 参见《习斋记余》卷三、四保留着颜元与当时学者的多封通信，载《颜元集》，中华书局 1987 年版。

他依然义无反顾地踏上了寻亲之路。经涿州、北京、山海关到沈阳，他一路寻找。历经千辛万苦，他最终找到同父异母的妹妹，得知父亲早已去世，于是颜元捧着父亲神主牌位归葬家乡。①

二是南游中州。辛未年（1691），颜元外出访学，一路南下，途经安平、深州、顺德、安阳、延津、开封、上蔡等地，半年后返回博野。在往返路程中，颜元广交朋友，和众多学者切磋交流。②

三是主教漳南书院。丙子年（1696），颜元前往肥乡县屯子堡，主教漳南书院。三个月后，漳水泛滥，书院被淹没，颜元不得已返回博野县。③

在博野生活期间，颜元的社会声望逐步上升，各方人士多次推举他当官。庚申年（1680），博野县乡耄公推他。④ 丙寅年（1686），为给父亲守孝，颜元主动放弃秀才身份。⑤ 己巳年（1689），蠡县人士公推颜元于县，将上奏到道院。⑥ 但颜元淡泊名利，始终没有出仕。

虽然颜元没有当官，但他一心想为天下百姓奔波劳碌，期待让尧舜盛世重现社会。甲申年（1704），七十岁的颜元见自己指肉红润，甲色稳秀，感叹说："天何不使我栉风沐雨，胼手胝足也。"⑦ 此时的他依然想自甘劳苦为民服务。九月二日临终时，他叮嘱学生们要努力学习报效国家，"天下事尚可为，汝等当积学待用"⑧。

综合颜元的人生轨迹和生平经历可以看出：他生长于朝代更替的特殊历史时期，既亲身见闻明末烈士们的忠贞壮举，又看到地方官员的腐败无能，还看见学者高谈阔论、讲学著述，置国计民生于不顾。他从小养于异姓家庭，

---

① 参见（清）李塨《颜习斋先生年谱·五十岁》，载《颜元集》，中华书局1987年版，第756—758页。

② 参见（清）李塨《颜习斋先生年谱·五十七岁》，载《颜元集》，中华书局1987年版，第768—773页。

③ 参见（清）李塨《颜习斋先生年谱·六十二岁》，载《颜元集》，中华书局1987年版，第777—779页。

④ 参见（清）李塨《颜习斋先生年谱·四十六岁》，载《颜元集》，中华书局1987年版，第751页。

⑤ 参见（清）李塨《颜习斋先生年谱·五十二岁》，载《颜元集》，中华书局1987年版，第758页。

⑥ 参见（清）李塨《颜习斋先生年谱·五十五岁》，载《颜元集》，中华书局1987年版，第764页。

⑦ （清）李塨：《颜习斋先生年谱·七十岁》，载《颜元集》，中华书局1987年版，第793页。

⑧ （清）李塨：《颜习斋先生年谱·七十岁》，载《颜元集》，中华书局1987年版，第794页。

中年改姓归宗，面对着复杂的家庭情况，处理着棘手的人伦关系。他长期在乡村生活，亲身种田、教学、行医，广泛接触社会基层的实际情况，培养出洞悉社会实际的能力和敢于直面社会问题的魄力。他为人有豪迈之风，性格刚毅，性情真挚，做事果决、勇往直前、义无反顾，认准一件事就全力以赴。学生李塨称赞他“雄心浩气，百折不回，庄敬端肃，老而愈励”①。他头脑清晰，善于总结和反思，不迷信书本上的圣贤言语，不轻信学术大师的观点，敢于质疑和批判，并提出自己的思路和想法。他生性善良，关心百姓，爱护百姓，以百姓的疾苦为忧。于是，在社会大环境和个人小环境的影响下，在个人性格因素的促成下，颜元逐步形成了自成一格的实学思想，将批判的矛头对准历代空虚之学，“开二千年不能开之口，下二千年不能下之笔”②，在中国思想史上留下了浓墨重彩的一笔。

第二节　思想转向实学的历程

颜元实学思想的产生有一个演变过程。生长于明末清初的多故之秋，颜元不停地考虑如何实现天下的长治久安。他不断思考，也不停探索，从陆王心学到程朱理学，他都下了极大的功夫去学习，希望能够从中找到问题的答案，但都没有找到。后来，他返求之先秦的孔孟之学，更确切地说，返求之于孔子、孟子的为民奔波致太平的实践精神，从而自悟到实学。正因为颜元思想转变的独特经历，即他是从突破程朱理学进而返之于先秦孔孟之实践精神，而不是像同时代很多学人从反思心学流弊返之于汉学或程朱理学，所以他的实学思想才如此自成一格。

根据颜元的思想演变过程，可以将其划分为三个阶段，即从道家到儒家、从陆王到程朱、从程朱到实学。虽然划分阶段，但各个阶段并不是截然不同的思想裂变，而是存在一以贯之的思想线索，这就是颜元对儒者如何发挥作用进而改造世界、造福百姓的思考和追寻。

一　从道教到儒家

少年的颜元，起初对道教思想兴趣极大，并投入精力去实践。《颜习斋先

① （清）冯辰、刘调赞：《李塨年谱》卷一，中华书局1988年版，第14页。
② （清）戴望：《颜氏学记·王昆绳文集》，中华书局1958年版，第210页。

生年谱》这样记载：

> 十四岁，“看寇氏丹法，遂学运气术”。
> 十五岁，“娶妻不近，学仙也”。
> 十六岁，“知仙不可学，乃偕琴瑟”。①

由此可见，十四岁到十六岁，颜元曾一度信奉道教，既学炼丹法，又学运气术。他说：“童时感于世俗，荡踰为非，尝甚羡叛夫子之道教而得罪天地者，欲学之。”② “感于世俗”这句话表明少年颜元的生活环境中存在不少道教的民众，这和明代中后期以来民间道教广泛流行密切相关。明代尊崇道教，到了世宗嘉靖帝，更崇信道士长生不老之术。《明史》记载：“世宗嗣位，惑内侍崔文等言，好鬼神事，日事斋醮，谏官屡以为言，不纳。”③ 由于官方尊崇，道教在民间信众很多，修炼所用的炼丹法也大行其道。从颜元的行为可以看出，当时刚长大的他对道教法术十分痴迷，强烈追求得道成仙，努力学习丹法和运气术。颜元这一段时间的仙术修炼，对于其以后思想的发展，究竟产生什么影响，由于资料缺乏，难下定论。但是，道教思想重视生命，重视人之“形”的保全，主张通过形神共养达到长生久视，因为“形者，神之舍也，神之主也”④。颜元此时学的正是道教重“形”之养生求仙术，而后来他主张气质本善，认为人可以通过“形”的锻炼去追求本性。前后这两者的相同之处，就是都重视“形”的作用。前期他的道教修炼经历很显然对于后来观念的形成产生了一定的影响。

颜元崇信道教之术长达两年，随后不久他转为信仰儒家。这一转变的关键就是拜贾珍为师，“十九岁，从贾端惠先生学”⑤。需要指出的是，颜元接触儒家却远远早于此。《颜习斋先生年谱》记载他：“十一岁，始学时文。”⑥ 时文是指科举时代应试的文章，而当时科举制是从儒家的经典“四书”“五经”中出题。由此可见，颜元最早接触儒家思想的时间至少在十一岁时。十

① （清）李塨：《颜习斋先生年谱》，载《颜元集》，中华书局 1987 年版，第 709—710 页。
② （清）颜元：《季秋祭孔子文》，载《颜元集》，中华书局 1987 年版，第 523 页。
③ （清）张廷玉等撰：《明史》卷三百零七，中华书局 1974 年版，第 7894 页。
④ （宋）张君房编：《云笈七签》卷九十七，中华书局 2003 年版，第 1986 页。
⑤ （清）李塨：《颜习斋先生年谱·十九岁》，载《颜元集》，中华书局 1987 年版，第 710 页。
⑥ （清）李塨：《颜习斋先生年谱·十一岁》，载《颜元集》，中华书局 1987 年版，第 709 页。

三岁时，颜元跟庠生贾金玉学习。他后为贾金玉的书作序时说："吾师金玉先生自童蒙诲某为儒者学，抚之如子，谆谆望某以出身行政。"① 这说明颜元跟随老师贾金玉学的也是儒学。但是年少的颜元，心思并没有被儒家思想吸引，而是集中在道家之仙术。

颜元能够跟随儒者贾珍学习的桥梁为贾金玉。贾金玉为贾珍的弟弟，颜元由贾金玉处转学贾珍处。贾珍善于教学，在他的启发下，颜元的主要注意力很快转到儒学。当时他为读书废寝忘食，即使因祖父官司牵涉入狱，也不能消磨他向学的意志。他将住所的前室起名为"养浩堂"②。"养浩"二字出自孟子名言"我善养吾浩然之气"，由此可以看出颜元当时对儒学的热爱以及立志做儒家圣人的豪情。

颜元立志做儒家圣人的豪情，让他二十一岁放弃准备科举，不再研习八股，而是专心研究经史。他说："某生于世，狂妄特甚，弱冠余，便弃八股，欲求所谓圣人之道者。"③ 圣人之道，在颜元看来，就是儒家的尧舜禹文武周公孔孟之道。颜元认为科举考试文章，消磨人的意识，不利于追求圣人之道。他在寄给王养粹的信中说："初知时文之丧吾志，遂弃其学。"④ 颜元对圣人之道的热切探求，支撑着他广泛学习经史书籍，积极结识饱学之士并向他们请教。

颜元迁居蠡县一隅的刘村后，学习加倍用功，夜以继日，毫不停歇。《颜习斋先生年谱》这样记载：

> 二十一岁，"阅通鉴，忘寝食，遂弃举业"⑤。
>
> 二十三岁，"见七家兵书，悦之，遂学兵法，究战守机宜，尝彻夜不寐"⑥。
>
> 二十四岁，"举井田、封建、学校、乡举、里选、田赋、阵法，作《王道论》，后更名《存治编》"⑦。

---

① （清）颜元：《美惠方集序》，载《颜元集》，中华书局 1987 年版，第 402 页。
② （清）李塨：《颜习斋先生年谱 · 十九岁》，载《颜元集》，中华书局 1987 年版，第 711 页。
③ （清）颜元：《祭李孝悫文》，载《颜元集》，中华书局 1987 年版，第 531 页。
④ （清）颜元：《初寄王法乾书》，载《颜元集》，中华书局 1987 年版，第 446 页。
⑤ （清）李塨：《颜习斋先生年谱 · 二十一岁》，载《颜元集》，中华书局 1987 年版，第 712 页。
⑥ （清）李塨：《颜习斋先生年谱 · 二十三岁》，载《颜元集》，中华书局 1987 年版，第 712 页。
⑦ （清）李塨：《颜习斋先生年谱 · 二十四岁》，载《颜元集》，中华书局 1987 年版，第 712 页。

通过以上记载，可以看出，颜元当时用功的主要方向在经史和兵法。需要指出的是，这种研究是在他的儒家情怀大框架下展开的，而不是这一阶段他转向了经世之学，不再学习儒学，将经世之学与儒学截然分开。这一点可以从三个方面得到证实。(1) 颜元在三十一岁给王余佑的信中写道："窃思某自二十一岁，颇有愚志，便弃八股业，专事经史及先儒语录。"[①] 由此可见，颜元当时专心攻读的书籍还有儒家语录，并不只阅读史书和兵书。(2) 研读史书和兵书是颜元一生的兴趣，即使是在他的思想转向陆王心学、程朱理学后，乃至转向后来的实学后。翻开《颜习斋先生年谱》，关于这方面的记载不胜枚举。例如：三十岁，"入蠡城，晤张鹏举文升，与论《通鉴》"[②]。三十二岁，"看《纪效新书》"[③]。(3) 从颜元的角度出发，他认为儒家本来就是经世之学，研究历史兴衰和军事方略是儒者的分内之事。他说："天下事皆吾儒分内事"[④]，又说："儒者不能将，不能相，只会择将相，将相皆令何人做乎？"[⑤]

颜元二十四岁完成的《王道论》（后改名为《存治编》），是他治道思想的重要体现，显示他的治理思想与传统儒家理想社会观念的高度契合。颜元说："吾于孟子之论治而悟学矣。"[⑥] 从《王道论》可以看出，他的井田、学校等主张很大程度上源于先秦儒家孟子的思想。正是这一年，颜元将自己的书房命名为"思古"，自号"思古人"。[⑦] 这反映了颜元的重要思想变化，即更多关注社会发展和国计民生。

二　从陆王到程朱

二十三岁左右，颜元思想有了一个大的转变。二十三岁前，颜元接触的儒家思想主要集中在先秦儒家，肆力攻读的是《大学》《中庸》《论语》《孟子》等早期儒家经典。二十四岁时，颜元看到陆九渊、王阳明语录，才知道世界上还有宋明道学一派，"廿十三岁（《年谱》记为二十四岁）得陆王二子

① （清）颜元：《答五公山人王介祺》，载《颜元集》，中华书局 1987 年版，第 429 页。
② （清）李塨：《颜习斋先生年谱 · 三十岁》，载《颜元集》，中华书局 1987 年版，第 719 页。
③ （清）李塨：《颜习斋先生年谱 · 三十二岁》，载《颜元集》，中华书局 1987 年版，第 723 页。
④ （清）颜元：《存学编 · 性理评》，载《颜元集》，中华书局 1987 年版，第 68 页。
⑤ （清）颜元：《存学编 · 性理评》，载《颜元集》，中华书局 1987 年版，第 58 页。
⑥ （清）颜元：《四书正误 · 孟子》，载《颜元集》，中华书局 1987 年版，第 230 页。
⑦ （清）李塨：《颜习斋先生年谱 · 二十四岁》，载《颜元集》，中华书局 1987 年版，第 712 页。

语录，而始知世有道学一派”[①]。

颜元直到二十三岁才接触宋明道学，和师承渊源密切相关，也和他偏居一隅密切相关。师承方面，颜元的启蒙老师吴洞云钻研兵法，贾金玉教授科举时文，贾珍推崇的很可能是先秦儒家[②]，他们都不是程朱陆王的信徒。地域方面，颜元身处蠡县东部的刘村，交通不便，加上家境贫穷，寻找书籍非常困难。他在给王余佑的信中说“地僻无书”[③]。在给刁包的信中，他也说“愧为贫制，无由得书”[④]。但是，外界的条件，既是限制，也是契机。正因为没有理学和心学的师承，他才能不拘于师法家法，一举突破程朱陆王的藩篱；正因为求书困难，他才加倍珍惜，每得到一本书，都夜以继日、废寝忘食地攻读，由此能卓然成一大家。

颜元接触陆王心学源于一次很偶然的机会。他开设私塾后，学生彭好古的父亲彭通经常说及道学。颜元非常奇怪，彭通遂给他出示一本陆王心学书籍。颜元一看非常喜欢，亲手抄写了一份，后来专心攻读。关于这段经历，颜元后来这样回忆：

> 同里彭翁九如以诗画交当时士夫，时为予道语录中言，异而问之。因出陆王要语示予，遂悦之。以为圣人之道在是，学得如陆、王乃人矣，从而肆力焉。[⑤]
>
> 廿三岁得陆、王二子语录，而始知世有道学一派，深悦之，以为孔、孟后身也。[⑥]

---

① 颜元在《王学质疑跋》中写道：“廿三岁得陆、王二子语录，而始知世有道学一派。”《颜习斋先生年谱》则记为二十四岁得陆王要语，两者在时间上有出入。考《颜习斋先生年谱》由其学生李塨写于康熙四十七年（1708）七月，王源进行了考订。颜元《王学质疑跋》收录在《习斋记余》卷六中，《习斋记余》由其学生钟錂编撰于乾隆十五年（1750）。从史料的可信程度上看，颜元自己写的时间当然可信度更高，但此种记载在颜元文献中仅一现，故只能存疑备考。

② 贾珍年少时跟叔父去邹鲁，遍游孔孟遗迹，与孔孟“旷世相感”。后返回蠡县故里后，不求闻达。他对颜元说了一副对联以明志，即“不衫不履，甘愧彬彬君子。必信必果，愿学硁硁小人”。对联中的意蕴显然出自孔子的“言必信、行必果”的教诲。参见《贾处士传》，载《颜元集》，中华书局1987年版，第475—476页。

③ （清）颜元：《答五公山人王介祺》，载《颜元集》，中华书局1987年版，第429页。

④ （清）颜元：《上刁文孝先生》，载《颜元集》，中华书局1987年版，第431页。

⑤ （清）颜元：《未坠集序》，载《颜元集》，中华书局1987年版，第397页。

⑥ （清）颜元：《王学质疑跋》，载《颜元集》，中华书局1987年版，第496页。

由以上两段可知，颜元当时醉心于陆王心学的原因：一是认为陆王是孔孟圣人之道的真传；二是认为学习陆王就是学以成人，就是学做圣人。从二十三岁到二十六岁，三年左右的时间，颜元将学习精力主要放在陆王心学上。他很快就对陆王的要旨与精髓心领神会，“从之直见本心，知行合一，元虽不敏，一若有得于二子者”①。

但是，由于受获取书籍非常困难的限制，颜元当时并没有看到陆王心学的全集。他后来在《读刁文孝用六集十二卷评语》中说：“惟戊申遭丧后，忽觉程朱非孔子正派，始思二家书。以朱学大行，二家高阁。求之十余年，得《象山全集》于陈太守家，得《龙川集》于萧扶沟家。”② 由此可知，颜元在戊申年悟道十余年之后才看到心学大家陆九渊的全集，此时他至少已经四十五岁，距离开始接触陆王心学也已经过去二十多年。此外，颜元学习陆王心学时，他周围没有精通陆王心学的大学者，也没有与他一起朝夕切磋学习之人，这让他在思想产生疑惑时不能及时得到解答，导致他对陆王心学的个别问题长期存在不解。例如，他在五十八岁时写成的《四书正误》中说：“陆子静却自幼便见支离，到后来益自信，仆通不解。”③ 或许有以上各种因素的影响，再加上程朱理学的独特魅力，所以当颜元二十六岁看到《性理大全》后，遂把目光转投向了程朱理学。

颜元阅读《性理大全》后，了解到程朱理学的学术宗旨，认为比陆王“尤纯粹切实”，于是“幡然改志”。④ 从二十六岁到三十四岁，颜元专心研究程朱理学时间长达八九年。这一段时间，他用了极大精力攻读程朱理学，夜以继日地读书，孜孜不倦地践行理学修身方法。同时，他还主动结识程朱理学人士，“一时所得诸长者，率究心于主敬存诚，静坐著书，为程朱陆王把持门户”⑤。颜元经常拜访他们，向他们请教学术问题。随着学习的深入，他自己逐步成为程朱理学专家。纵观这一时期颜元的思想，有四个特点。

一是思想上高度认同宋明理学，特别是程朱一脉。颜元在家里设立道统龛，正位孔子，配位程颢、程颐、朱熹，“朔望拜礼，出入告面，事如父师”⑥。他认为周敦颐、朱熹是真圣人、真孔子，无比崇敬，“于《通书》称

① （清）颜元：《王学质疑跋》，载《颜元集》，中华书局 1987 年版，第 496 页。

② （清）颜元：《读刁文孝用六集十二卷评语》，载《颜元集》，中华书局 1987 年版，第 508 页。

③ （清）颜元：《四书正误・论语》，载《颜元集》，中华书局 1987 年版，第 175 页。

④ （清）颜元：《王学质疑跋》，载《颜元集》，中华书局 1987 年版，第 496 页。

⑤ （清）颜元：《送安平杨静甫作幕序》，载《颜元集》，中华书局 1987 年版，第 406 页。

⑥ （清）颜元：《未坠集序》，载《颜元集》，中华书局 1987 年版，第 397 页。

周子真圣人，于《小学》称朱子真圣人”①。他将理学诸先生著作也看成孔子的真传，“奉《小学》《近思录》等书如孔子经文”②。他积极捍卫理学，将之作为自己的责任，不允许别人质疑程朱理学，“人或有一言疑论诸先生者，忿然力辨，如詈父母”③。

二是他当时的主要思想为程朱理学，同时又兼容陆王心学。颜元由陆王心学入程朱理学，但是并没有将两者完全对立，而是兼容并蓄。其二十九岁所作的《求源歌》，可为一证：

> 六经注脚陆非夸，只须一点是吾家，廿史作锹经作镢，诚敬桔槔勿间歇。去层沙壤又层泥，滚滚源头便在兹，溉田万顷均沾足，涤荡污尘如洗卮。④

《求源歌》题目中的“源”字指人的本心、良知。第一句的意思是说，六经是自己注脚的说法不是陆九渊的夸口之谈；第二句是说，人的本心是自家的准则。这两句均为用典，头一句典出陆九渊“六经注我，我注六经”⑤，后一句典出王阳明“尔那一点良知，是尔自家底准则”⑥。第三句将经史比作锹镢，意为经史是求取本心的工具，第四句说诚与敬的工夫不能间歇，这是程朱理学的思想。第五句到第八句是说去掉外面的层层污尘，就能求取本心。很明显，全诗的思想融会了陆王心学和程朱理学。

三是积极践行理学提倡的生活理念和修养工夫。一为在生活中颜元凡事都依照朱熹所定家礼而行动，“进退起居，吉凶宾嘉，必奉文公家礼为矩获”⑦。二为积极实践程朱理学的主敬、静坐等修养工夫，修养自己的心性。颜元白天在田地里劳作，必静坐五六次，“期于主敬、存诚，虽躬稼胼胝，必乘闲静坐，人群讥笑之，不恤也”⑧。三为努力尝试观喜怒哀乐未发之气象。

---

① （清）颜元：《未坠集序》，载《颜元集》，中华书局 1987 年版，第 397 页。
② （清）颜元：《王学质疑跋》，载《颜元集》，中华书局 1987 年版，第 497 页。
③ （清）颜元：《王学质疑跋》，载《颜元集》，中华书局 1987 年版，第 497 页。
④ （清）李塨：《颜习斋先生年谱 · 二十九岁》，载《颜元集》，中华书局 1987 年版，第 715 页。
⑤ （宋）陆九渊：《陆九渊集 · 语录》，中华书局 1980 年版，第 399 页。
⑥ （明）王守仁：《阳明先生集要 · 语录》，中华书局 2008 年版，第 103 页。
⑦ （清）颜元：《王学质疑跋》，载《颜元集》，中华书局 1987 年版，第 497 页。
⑧ （清）李塨：《颜习斋先生年谱 · 二十六岁》，载《颜元集》，中华书局 1987 年版，第 713 页。

因为勤加练习，到三十岁时，他“静坐观喜怒哀乐未发时气象，觉和、适、修、齐、治、平都在这里”①。这说明他修身练习已经有一定心得。四为坚持写日记，记录当天的喜怒哀乐、功过得失，用日记勘心。颜元从三十岁开始写日记，重点记录每天的各种想法和念头。从这些想法和念头中，他观哪些符合天理，哪些是人欲，进而改正自己。五为借朋友指正自己的错误。二十八岁时，颜元参加了文社，与朋友们“各据所闻，劝善规过”②。

四是支持他崇信程朱理学的是他对圣人之道的追求。现存文献中有多处颜元这种求为圣人的表述，以下是其中一条：

> 及生世二十年后，稍立鄙志，欲求圣贤所谓仁义者；顾粗心浮气，以为独立独成，一往而比肩程、朱，左右孔、孟。③

由此可见，颜元自二十岁时一直力求学为圣人，这种圣人情怀支持了他访学问友，支持他刻苦钻研。在求学的道路上，他一求于经史，二求于陆王心学。当接触程朱理学后，他认为这才是圣人之道，下了极大心力去研习。

三 从程朱到实学

三十四岁时，颜元的学术思想发生重大变化，引发这一变化的是家庭变故。众所周知，儒家思想在相当程度上建立在家庭伦理基础上。《中庸》讲：“君子之道，造端乎夫妇。”④ 父子、君臣、夫妇、兄弟、朋友等人际伦理关系是儒家的关注重点，并建立孝悌忠信等一套伦理准则。颜元是儒家思想的信奉者和践行者，在生活中处理家庭关系一直恪守着儒家伦理规范。戊申年（1668）年初，颜元养祖母刘氏去世。因为父亲不在，颜元决定代父亲守丧，严格遵照宋儒朱熹制定的家礼，在长达半年多的时间里每日痛哭。由于哀恸过度，饮食没有保障，他几乎因此而死去。在守丧的过程中，颜元对这些礼仪的合理性进行反思，发现朱熹的家礼“有违性情者”⑤。在他的观念中，礼仪是圣人依照人

---

① （清）李塨：《颜习斋先生年谱·三十岁》，载《颜元集》，中华书局1987年版，第717页。

② （清）李塨：《颜习斋先生年谱·二十八岁》，载《颜元集》，中华书局1987年版，第714—715页。

③ （清）颜元：《与王顺乾书》，载《颜元集》，中华书局1987年版，第448页。

④ （清）阮元校刻：《中庸》，载嘉庆本《十三经注疏》，中华书局2009年版，第3530页。

⑤ （清）李塨：《颜习斋先生年谱·三十四岁》，载《颜元集》，中华书局1987年版，第726页。

之性情制定的，所以礼仪不能违反人性。随后颜元翻阅古代礼制，发现朱熹对古礼删减不当，由此他对程朱理学的信仰产生动摇，认识到朱子并不是真正的圣人。这一年年末，他阅读《性理大全》，又发现“宋儒之言性，非孟子本旨；宋儒之为学，非尧、舜、周、孔旧道”①。在广泛深入阅读先秦儒家的经典之后，颜元自悟儒家的正学应该是实文、实行、实体、实用的实学。

居丧后的第二年，鉴于“思不如学，而学必以习”，颜元将自己书房的名字改为“习斋”。②（颜元将自己办的家塾也起名为“习斋”）这一年，他分别写成《存性编》《存学编》两部重要著作。在《存性编》里，他指明气质虽然有薄厚、清浊等各种不同，但都是善的，恶是由于“引蔽习染”，反对程朱理学讲气质有恶。在《存学编》里，他阐述尧舜“三事”“六府”、周公孔子“三物”才是儒家的正学，程朱理学、陆王心学都不是儒家正学。这样，再加上之前写的《存治编》（《王道论》）的治理思想，他的实学思想整体框架确定了下来。但此时，颜元还不想公开反对程朱理学，不忍背弃把他引导进入学术殿堂的理论体系，而是“欲扶持将就，作儒统之饩羊”③。

辛未年（1691），五十七岁的颜元为寻找实学人才，决定出游。他从河北一路往河南走，途中拜访多位学者，发现“人人禅子，家家虚文，直与孔门敌对”，这时他才坚信程朱理学和先秦儒学是对立的，“必破一分程朱，始入一分孔孟，乃定以为孔孟、程朱判然两途”④。

回到博野后，颜元决定和宋明理学尤其是程朱一派决裂。他对宋明理学进行猛烈批判，“开二千年不能开之口，下二千年不能下之笔”⑤。他批评宋儒学术于时事无补，“今日满天下都是个虚局，宋儒却还向静坐、章句上做，是欲无敌于天下而不以实，几于抱薪救火矣”⑥。进而指出宋儒不仅无用，还产生恶劣影响，“千余年来率天下入故纸堆中，耗尽身心气力，作弱人、病人、无用人者，皆晦庵为之”⑦。他总结说：“天下宁有异学，不可有假学；

① （清）颜元：《未坠集序》，载《颜元集》，中华书局 1987 年版，第 397 页。
② （清）李塨：《颜习斋先生年谱·三十五岁》，载《颜元集》，中华书局 1987 年版，第 726 页。
③ （清）颜元：《未坠集序》，载《颜元集》，中华书局 1987 年版，第 397 页。
④ （清）李塨：《颜习斋先生年谱·五十七岁》，载《颜元集》，中华书局 1987 年版，第 774 页。
⑤ （清）戴望：《颜氏学记·王昆绳文集》，中华书局 1958 年版，第 210 页。
⑥ （清）颜元：《四书正误·孟子》，载《颜元集》，中华书局 1987 年版，第 231 页。
⑦ （清）颜元：《朱子语类评·训门人类》，载《颜元集》，中华书局 1987 年版，第 251 页。

异学能乱正学，而不能灭正学，有似是而非之学，乃灭之矣。”[①] 成书于这一时期的《四书正误》和《朱子语类评》，是颜元晚年实学思想的集中体现。

颜元进入程朱理学领域多年，后一反理学，提倡实学，这一突破的关键事件就是他戊申年居丧时的顿悟。这一转变看似突然，但仔细考察颜元在这之前的思想行为，不少实学思想的萌芽已经若隐若现。

一是颜元一直重视经世济民，这一倾向即使在他醉心于程朱理学义理探究之时也没有变过。颜元没有像当时很多理学家一样，只关注正心诚意，只着力于静坐和读书。早在二十八岁时，他写给王养粹的信中，就提出：“初知诚、正是为学根本，孝、弟是为学作用，经、济是为学结果。”[②] 将内在的诚、正、孝、弟与外在的经世济民看成一以贯之的统一体。他在研究程朱理学时期也一直关注时事，一直研究史书和兵书，一直思考如何改变社会，实现三代之治。《颜习斋先生年谱》记载他：

> 三十岁，“入蠡城，晤张鹏举文升，与论《通鉴》”[③]。
> 三十一岁，“王介祺来，谈经济”[④]。
> 三十二岁，“看《纪效新书》”[⑤]。

这里提及的《资治通鉴》记录了历史上国家兴衰成败的经验教训，《纪效新书》则是戚继光抗倭练兵和治军经验的总结。从中可以清晰地看出，颜元在信奉程朱理学时期一直重视能给国家社会带来实际效益的经世之学。

二是颜元在信仰程朱理学时，周围师友认为他的思想属于“杂霸”，这说明他当时非常尊崇事功、注重社会实效，这一点也和后来他提倡实学思想时保持一致。《颜习斋先生年谱》有以下记载：

> 二十九岁，“王子规先生以流杂霸也”[⑥]。

---

① （清）李塨：《颜习斋先生年谱·六十四岁》，载《颜元集》，中华书局 1987 年版，第 783 页。
② （清）颜元：《初寄王法乾书》，载《颜元集》，中华书局 1987 年版，第 446 页。
③ （清）李塨：《颜习斋先生年谱·三十岁》，载《颜元集》，中华书局 1987 年版，第 719 页。
④ （清）李塨：《颜习斋先生年谱·三十一岁》，载《颜元集》，中华书局 1987 年版，第 722 页。
⑤ （清）李塨：《颜习斋先生年谱·三十二岁》，载《颜元集》，中华书局 1987 年版，第 723 页。
⑥ （清）李塨：《颜习斋先生年谱·二十九岁》，载《颜元集》，中华书局 1987 年版，第 716 页。

三十二岁，“李晦夫先生言吾子欠涵养，且偏僻，恐类王荆公”①。

由以上可知，在颜元信奉程朱理学时，朋友王养粹认为他的思想容易流入“杂霸”；李明性认为他“偏僻”，思想有些类似王安石。“杂霸”是指用王道掺杂霸道治理国家，特点是重视事功、讲求效用，这在部分儒者看来并不符合王道政治的理念。

三是在信奉程朱理学时，颜元的个别思想已经明显和理学不一致。二十九岁，他在给齐姓秀才的信中写道：“如兵、农、礼、乐、水、火、工、虞之类，皆须探讨，使有其具，不然，时文虽精，究将何用哉!”② 三十一岁时，他对王养粹说：“六艺惟乐无传，御非急用，礼、乐、书、数宜学，若但穷经明理，恐成无用学究。”③ 在这里，颜元认为礼、乐、数、农、火、工、虞等实物都应该勤加学习，不能只读书而不重视实务。同时，他还担心若是一味穷经明理，恐怕会变成对社会无用的人。这些都是后来他的实学思想提倡的。

四是颜元学习程朱理学时高度重视礼仪的践行，而后来他的实学思想中，学礼习礼也是重要内容，两者一脉相承。在醉心于程朱理学期间，颜元不光学习心性义理，还在生活中践行礼仪规范。当时他把朱熹定的家礼作为日常生活的标准，处处遵行。三十二岁时，他在日记中写道：“思孔孟之道，不以礼乐，不能化导万世。”④ 阐明重视礼乐的思想。在悟到实学思想后，他更加注重学礼，勤加练习礼仪，只不过这时习礼的标准改为更古老的先秦礼仪。颜元看重礼的功效，认为在生活中践行礼仪，既能陶冶自己的身心，又能影响周围人们向善。

五是颜元在信奉程朱理学时大力批评科举文章、诗词歌赋、佛教、道教，这一思想也一直持续。二十六岁，他进京考试住在寺庙，劝导僧人放弃佛教信仰，回归人伦世界。参见⑤二十八岁，他批评科举文章“丧吾志”，诗词歌赋“蛊耗人之心思”，佛老之学是“蒙惑人之学术”。⑥ 戊申年（1668）悟道后，他对科举文章、诗词歌赋、佛道的批评更加不遗余力，认为它们败坏人

---

① （清）李塨：《颜习斋先生年谱・三十二岁》，载《颜元集》，中华书局1987年版，第723页。

② （清）颜元：《答齐笃公秀才赠号书》，载《颜元集》，中华书局1987年版，第466页。

③ （清）李塨：《颜习斋先生年谱・三十一岁》，载《颜元集》，中华书局1987年版，第722页。

④ （清）李塨：《颜习斋先生年谱・三十二岁》，载《颜元集》，中华书局1987年版，第724页。

⑤ 参见（清）李塨《颜习斋先生年谱・二十六岁》，载《颜元集》，中华书局1987年版，第713页。

⑥ （清）颜元：《初寄王法乾书》，载《颜元集》，中华书局1987年版，第446页。

心，浪费天下人的心智。四十八岁时，他写成《唤迷途》，集中批评佛道思想。后来颜元将它改名为《存人编》，与《存性编》《存学编》《存治编》并称《四存编》。

六是颜元悟到实学前，已经注意到“习”的重要，这和他后来高度强调“习”的作用一脉相承。1664年，三十岁的颜元在《礼文手钞序》中将朱熹的一段话放在了最前面，即：“虽其行之有时，施之有所，然非讲之素明，习之素熟，则其临事之际，亦无以合宜而应节，是亦不可一日而不讲且习焉者也。”①颜元认为，学礼要讲与习并重，习就要达到熟练，这样才能临事之时自然符合礼节。在认可“习”需要反复熟练上，颜元在悟道前后是一致的。不同的是，悟道前他认为要讲与习并重；悟道后，他认为要少讲多习。悟道后他说：“使为学为教，用力于讲读者一二，加功于习行者八九，则生民幸甚，吾道幸甚。”②

从以上六个方面可以看出，颜元由程朱理学走向实学，其思想既有传承也有创新，是传承中的质变。

清代学者戴望说：“颜元初从陆王程朱而入，返求之六经孔孟，得其指归，足正后儒之失。”③ 颜元从程朱学说进行突破，是颜元的实学思想独具一格的重要原因。颜元同时代的实学家，鉴于心学产生的空虚流弊，或返之于程朱的实读实讲，或返之于汉儒的注疏考据。而颜元则从程朱返之于先秦之孔孟。更重要的是，他不是返之于孔孟之个别言语，而是返之于孔孟的实践精神。通过仔细考察孔子、孟子之经世致用、为天下致太平的行为，他断定汉代考据、宋明理学都不是孔孟的正学，孔孟的正学应该是经邦济民的实学。

支持颜元实现实学突破的外部环境是明末清初天下大乱的时局以及家庭变故的不断出现，内在因素是颜元本人的豪杰性格和深厚的家国情怀。面对家国多故，颜元的心思无法长期沉迷于探求性命、天道的书斋世界里。他积极探求圣人之道在现实生活中如何发挥作用以及什么是真正的圣人之道，他希望学有所用、学以致用，希望学术能为天下培养真正的实用人才。这一精神，我们在他学术思想多变的背后，能够深刻地体会到。同时，一旦寻找到圣人之道，他就以大无畏的精神坚持到底，坚信实学能够给国家社会百姓带来真真切切的福祉。

---

① （清）颜元：《礼文手钞序》，载《颜元集》，中华书局1987年版，第317页。

② （清）颜元：《存学编·总论诸儒讲学》，载《颜元集》，中华书局1987年版，第42页。

③ （清）戴望：《颜氏学记·处士颜先生元》，中华书局1958年版，第4页。

第三节　师友的重要影响

颜元实学思想的产生和演变，既有其本人的主观因素，也有师友的重要影响。在这一过程中，颜元本人坚忍不拔的探求是导向因素，但师友们的影响也不容小觑。正是因为他所结交的很多师友都主张经世致用，反思心学之空虚，所以颜元才得以进入明末清初的实学思潮中。而师友们的帮助，又促进他不是停留在同时代人的通常见解，而是更进一步加以独立思考，形成了自己的实学思想体系。

一　孙奇逢和王余佑

孙奇逢，河北保定容城人，字启泰，号钟元，世称夏峰先生。他为人“好奇节，而内行笃修，负经世之学”①。明天启年间，左光斗、魏大中、周顺昌等人被魏忠贤陷害入狱，孙奇逢与鹿正、张果中不畏强暴，冒死营救，时人称他们为“范阳三烈士”。崇祯年间，清军突破长城进入关内抢掠，容城周围县城相继陷落。孙奇逢率众坚守城池，和清军奋战数昼夜，最终容城得以保全。清军入关后，孙奇逢隐居河南辉县的夏峰村，讲学达二十五年，各方访学拜师者络绎不绝。孙奇逢是当时北方儒学的领军人物，其为学“原本象山、阳明，以慎独为宗，以体认天理为要，以日用伦常为实际”②，晚年则主张调和程朱和陆王。此外，他还重视实践，他说：“学问事，此中同人津津讲求，渐有头绪，总之不离‘躬行’二字。”③

颜元在思想上受到了孙奇逢很大的影响。他自称“私淑孙征君”④，意指虽然没有正式拜孙奇逢为师，但实际是孙奇逢的学生。颜元与孙奇逢为同乡，同属保定府人士。颜元出生时，孙奇逢已经名满天下。在他成长过程中，不断听闻孙奇逢的各种感人事迹。在鼓励颜元立志学为圣人的因素中，孙奇逢的事迹为其中之一。颜元说：“某发未燥，已闻容城孙先生名，然第知清节耳。”⑤

---

① 赵尔巽等撰：《清史稿》卷四百八十，中华书局 1977 年版，第 13100 页。

② 赵尔巽等撰：《清史稿》卷四百八十，中华书局 1977 年版，第 13101 页。

③ （清）孙奇逢：《答田侪兰》，载《夏峰先生集》，中华书局 2004 年版，第 79 页。

④ （清）钟錂：《习斋先生叙略》，载《颜元集》，中华书局 1987 年版，第 620 页。

⑤ （清）颜元：《存学编·上征君孙钟元先生书》，载《颜元集》，中华书局 1987 年版，第 46 页。

颜元长大后，性格笃实，品格高尚，和孙奇逢有很大相似之处。颜元乡居刘村时，朋友彭通与孙奇逢相识，经常对颜元说孙奇逢的事迹，颜元对孙奇逢的崇拜日益加深。后来颜元又认识孙奇逢的学生王之征和王余佑，与他们都成为朋友，并经常往来问学，由此孙奇逢的学术思想逐步影响颜元。从颜元引用孙奇逢的思想和言语看，他读过孙奇逢不少著作。三十八岁时，颜元曾书写孙奇逢撰写的对联以明志："学未到家终是废，品非足色总成浮。"①

戊申年悟道后，颜元专门给孙奇逢写信，希望借助他的学术地位和巨大影响，"以挽天下之士习而复孔门之旧"②。辛未年南游中州，颜元专门去辉县夏峰村拜祭孙奇逢，并一路与多名孙奇逢弟子交流学术。他发现孙氏弟子仍然固守程朱理学，由此让他深感推行实学的艰难，引发他走向彻底批判程朱理学之路。此时，颜元对孙奇逢调和程朱、陆王的观点甚为不满。他说："吾乡若孙钟元先生又以为合朱、陆而成其为真孔子也，而以孔门礼乐射御书数观之，皆未有一焉。"③ 但是，颜元对孙奇逢的人格和气节一直高度敬仰。六十三岁时，颜元和弟子说话，引孙奇逢"赴的汤，蹈的火，才做的人"一句，仍然评价他说："毕竟此老好。"④

王余佑，孙奇逢弟子，字介祺，河北保定府新城人。⑤ 王余佑少小有大志，崇祯年间曾经率众保卫家乡。清军入关后，他隐居易县的五公山，所以被称为"五公山人"。隐居期间，他锐意读书，尤其致力于兵法，著有《廿一史兵略》。王余佑文武双全，善骑射，会武艺，治学范围广泛，举凡天文地理、礼乐政刑、耕桑医卜都致力研究。在学术上他宗法程朱，日常修身以诚敬为主，同时强调生活中躬行实践。

王余佑是颜元在学术上最重要的师友之一。论年龄，颜元少王余佑二十岁；论情感，两人却相交莫逆，堪称忘年之交。三十岁时，颜元步行百余里到五公山访王余佑。第二年，王余佑回拜颜元。从此两人来往不断。

从现存的颜元写给王余佑的两封信《与五公山人王介祺》《答五公山人王

① （清）李塨：《颜习斋先生年谱·三十八岁》，载《颜元集》，中华书局 1987 年版，第 738 页。
② （清）颜元：《存学编·上征君孙钟元先生书》，载《颜元集》，中华书局 1987 年版，第 47 页。
③ （清）颜元：《关中李复元处士》，载《颜元集》，中华书局 1987 年版，第 434 页。
④ （清）颜元：《四书正误·中庸》，载《颜元集》，中华书局 1987 年版，第 166 页。
⑤ 参见赵尔巽等撰《清史稿》卷四百八十，中华书局 1977 年版，第 13135 页。

介祺》中可以看出两人的交流至少有三个特点：一是两人的讨论既涉及修身养性，又涉及经世致用。二是两人都重视军事。颜元在《答五公山人王介祺》信中一开始就介绍研读《武经七书》的过程和心得，提出“七书之粹精在孙子，孙子之粹精在首章”①。三是王余佑借给颜元书籍，解决了颜元穷居乡村得书难的问题。

王余佑也对结识颜元甚为高兴，《五公山人集》中有他回颜元的书信三封。其中一封他称赞颜元：“易老（颜元在朱家字易直）引绳义利，纤微必较，诚吾党功臣，不可一日少者。”② 由此可见两人一见如故、交情莫逆。

王余佑对颜元学术上的帮助，可谓巨大。颜元三十岁后学术日益精进，与王余佑结交应是重要原因。跟着王余佑学习和交流，颜元一方面通过他熟知孙奇逢学术大旨，接触到当时北方儒家的主流思想，另一方面当学术上有疑问时有名师可以求教，由此学业得以大进。

王余佑对颜元自悟实学产生了重要影响。一则在颜元醉心于程朱理学义理研究中，王余佑和他多次讨论经世致用，帮助颜元在实际治理层面深入思考，客观上促进了颜元居丧时的悟道。二则王余佑治学崇尚实践，反对只沉迷于书海，反对坐而论道，这一点和颜元的治学旨趣相一致。正是在两人相互切磋的过程中，颜元对实践的认识不断加深。三是王余佑治学范围甚广，天文地理、礼乐政刑、耕桑医卜等实际事务都在他的治学范围中，这也影响了颜元，促使颜元的治学也不局限在心性义理之中。四是王余佑认为气质本善、气质和天命不可分，这两点对颜元启发很大。颜元在《存性编》附录中专门记载了王余佑的这两个观点：“督亢介祺王氏曰：‘气质即是这身子。不成孩提之童性善，身子偏有不善。’又曰：‘天生人来，浑脱是个善。’又曰：‘气质、天命，分二不得。’”③

王余佑不光在学术上指导颜元，而且在生活待人接物中潜移默化地影响他。颜元多次提到王余佑的高尚人品和博雅气质，他说：“王介祺春风和气……吾羡之，不能之。”④ “思夫子之温、良、恭、俭、让……介祺先生有

---

① （清）颜元：《答五公山人王介祺》，载《颜元集》，中华书局 1987 年版，第 429 页。

② （清）王余佑：《回朱易直、王法乾》，载《五公山人集》，华东师范大学出版社 2011 年版，第 234 页。

③ （清）颜元：《存性编·附录同人语》，载《颜元集》，中华书局 1987 年版，第 34 页。

④ （清）李塨：《颜习斋先生年谱·三十三岁》，载《颜元集》，中华书局 1987 年版，第 724 页。

二焉：温、恭也。”[①] 1684 年，王余佑离世，颜元闻之大哭，可见两人相感之深。

二　刁包和李明性

刁包，字蒙吉，号用六居士，保定府祁州人。[②] 明天启七年，刁包中举，后在祁州家居。明末流民遍地，他出钱设立公益机构收养流民。清军入关后，他隐居不出，专意在祁州读书讲学，来求学者众多。刁包治学宗程朱，学识广博，尤精四书五经和宋明诸儒书。他侍奉父母至孝，后在办理母亲丧事时哀恸过度，得病数月后离世。其主要著作有《四书翼注》《用六集》《斯文正统》等。

刁包是颜元尊崇程朱理学时非常重要的一位导师。刁包长颜元三十一岁，颜元二十余岁涉足程朱理学领域时，刁包在学术上已经造诣深厚、声名远播。颜元听闻刁包的名声后，先寄去两封信，刁包都给予了回复。随后，二十七岁的颜元跋涉百里前往祁州拜访，向刁包问学，这正是颜元得到程朱理学经典书籍《性理大全》后的第二年。可以说，认识了学宗程朱理学的儒学大师刁包，颜元的研习理学之路变得开阔起来，他对程朱的信仰也更加坚定。这次拜访，他从刁包那里得到了其著的《斯文正统》，回到家后，设立道统龛，朝夕祭拜孔子、程颢、程颐、朱熹等儒家先圣。之后，颜元又多次到祁州向刁包求学。二十九岁时，他对人说：“闻祁阳刁先生，尝三往亲炙之矣。”[③] 这说明从二十七岁到二十九岁，他已经长途跋涉去拜访了刁包三次。

颜元思想受刁包影响主要有三处。一是为人处世谨言慎行。刁包持身甚正，以自律作为修身之道，常谓“君子之道三：言语不苟、取与不苟、出处不苟”[④]。颜元在三十二岁、三十三岁时，分别在日记中写下：“思学者自欺之患，在于以能言者为已得”[⑤]，“言多言贱、言少言贵”[⑥]。颜元这种谨言慎行的思想显然有来自刁包的影响。二是重视言行的自我检视。刁包勇于反省

---

① （清）李塨：《颜习斋先生年谱·六十岁》，载《颜元集》，中华书局 1987 年版，第 776 页。
② 参见赵尔巽等撰《清史稿》卷四百八十，中华书局 1977 年版，第 13134 页。
③ （清）颜元：《与王法乾书》，载《颜元集》，中华书局 1987 年版，第 448 页。
④ 佚名撰，王钟翰点校：《清史列传·儒林传》，中华书局 1987 年版，第 5243 页。
⑤ （清）李塨：《颜习斋先生年谱·三十二岁》，载《颜元集》，中华书局 1987 年版，第 723 页。
⑥ （清）李塨：《颜习斋先生年谱·三十三岁》，载《颜元集》，中华书局 1987 年版，第 724 页。

自查，曾谓“吾日三省吾身，心无乃有妄念，言无乃有妄发，事无乃有妄为”①。颜元坚持每天写日记，记录各种妄念和妄为，时常请人审阅指正，勇于改过。三是对待礼仪的态度。刁包办理丧事依朱子家礼而行，颜元后来办养祖母丧事也是严格遵从朱子家礼，在办丧过程中遇到礼仪问题，他还专门向刁包请教。② 这说明颜元关于礼仪的态度，无疑受到了刁包的直接影响。

讨论到颜元和刁包的关系，还应关注颜元和陆世仪的学术关系，因为颜元正是从刁包那里听说过陆世仪的部分学术观点。陆世仪是清初儒学大家，字道威，号桴亭，太仓县人。由于两人部分学术观点有相似之处，由此引发颜元的实学思想是否源于陆世仪的讨论。③

颜元的实学思想确立是在其三十四岁时（1668），当时他居祖母丧，发现程朱理学关于礼制的规定有不近人情处，由此发展出批评程朱理学空虚的实学思想。由此，如果要证明颜元的实学思想受过陆世仪的影响，应该是颜元向陆世仪问过学，或者读过其书，或者有通信进行学术交流的证据。其实，颜元与陆世仪终生没有见过面，至少五十三岁前还未看到陆世仪所写的书。他五十三岁在《答许酉山御史书》中写道：“曩闻太仓陆道威学识似得孔、孟本旨，而终未谋面，已为深憾，至欲读其遗书，竟不可得。”④ 他听刁包介绍过陆世仪的部分思想。在居丧悟道之后，颜元曾经给陆世仪写过一封信，信中介绍了与其渊源的来龙去脉，他说：

> 一日游祁，在故友刁文孝座，闻先生著有佳录，复明孔子六艺之学，门人姜姓在州守幕实笥之，欢然如久旱之闻雷，甚渴之闻溪，恨不即沐甘霖而饮甘泉也。曲致三四，曾不得出。然亦幸三千里外有主张此学者矣，犹未知性理之同然也。既而刁翁出南方诸友手书，有云：“此间有陆桴亭者，才为有用之才，学为有用之学，但把气质许多驳恶杂入天命，

---

① 佚名撰，王钟翰点校：《清史列传·儒林传》，中华书局 1987 年版，第 5243 页。

② 参见（清）颜元《居恩祖妣丧读礼救过》，载《颜元集》，中华书局 1987 年版，第 567 页。

③ 钱穆先生认为“习斋气象似夏峰，议论似桴亭，学术大体，实不出斯二人之间”。见《中国近三百年学术史》，商务印书馆 1997 年版，第 204 页。杨培之先生认为，“就桴亭论学论性的见解来看，和习斋思想见解有好多相同之处，且习斋早年曾闻桴亭学术梗概，所以说习斋学说在一定程度上吸取了桴亭思想中的积极因素，也是应该肯定的”。见《颜习斋与李恕谷》，湖北人民出版社 1956 年版，第 270 页。

④ （清）颜元：《答许酉山御史书》，载《颜元集》，中华书局 1987 年版，第 423 页。

说一般是善，其性善图说中，有‘人性之善正在气质，气质之外无性’等语，殊似新奇骇人。”乃知先生不惟得孔孟学宗，兼悟孔孟性旨，已先得我心矣。①

颜元此封信写作时间有两说，一说写于1672年（据《颜习斋先生年谱·三十八岁》）②，一说写于1674年（据《习斋记余·上太仓陆桴亭先生书》的时间标注）。③ 根据《清史列传·陆世仪》，陆世仪去世时间正是1672年④，由此这封信最有可能写于1672年，而不是1674年。但是，也不能排除1674年的可能，因为古代交通不便，通信困难，而颜元的居住地和太仓县相距两千里，他没及时得到陆世仪的去世信息也存在可能。

从颜元、刁包交往时间上看，颜元在1661年初次到祁州访学⑤，戊申年（1668）二月，养祖母去世，颜元自此长期在家居丧。居丧前后刁包曾邀请颜元到祁州，颜元回了三封信加以拒绝。⑥ 1669年刁包去世。由此可见，颜元信中提到听闻之事只能发生在1661年到1667年。即使按最晚的1667年，距离颜元给陆世仪写信时间（1672年或者1674年），两者至少已经相差五年。但是，颜元在信中此事记载颇为详细，事情经过五年以上还记得这么清楚，则很可能是在听闻后记录到了当天日记中。考颜元生平，他是从三十岁时甲辰年（1664）三月开始记日记。⑦ 由此可以推至，听闻陆世仪思想这事情最可能发生在1664年到1667年，即颜元三十岁到三十三岁。

既然从事件发生时间上已经无法确定，那么可以从学术思想的异同上进行分析。由上述信中内容可以得知，颜元是在祁州从刁包访学时，听他谈及

---

① （清）颜元：《上太仓陆桴亭先生书》，载《颜元集》，中华书局1987年版，第427—428页。

② 参见（清）李塨《颜习斋先生年谱·三十八岁》，载《颜元集》，中华书局1987年版，第737页。

③ （清）颜元：《上太仓陆桴亭先生书》，载《颜元集》，中华书局1987年版，第426页。

④ 参见佚名撰，王钟翰点校《清史列传·儒林传》，中华书局1987年版，第5258页。

⑤ 参见（清）李塨《颜习斋先生年谱·二十七岁》，载《颜元集》，中华书局1987年版，第714页。

⑥ 这三封信件分别是：《答刁文孝先生》，载《颜元集》，中华书局1987年版，第431页；《却祁阳刁先生请》，载《颜元集》，中华书局1987年版，第595页；《再却刁先生请》，载《颜元集》，中华书局1987年版，第432页。

⑦ 参见（清）李塨《颜习斋先生年谱·三十岁》，载《颜元集》，中华书局1987年版，第716页。

陆世仪的学术观点，其要点有二，一为六艺之学，二为气质皆善。

首先，关于六艺之学。在二十九岁时，颜元给齐姓秀才的信中写道：“如兵、农、礼、乐、水、火、工、虞之类，皆须探讨，使有其具，不然，时文虽精，究将何用哉!”① 由此可见，颜元最晚在二十九岁就已经重视以礼乐为代表的六艺。由以上分析可知，颜元听闻陆世仪思想这件事最可能发生在颜元三十岁到三十三岁。由此可见，从时间前后关系上无法证明颜元六艺思想源于陆世仪。

其次，关于气质本善思想。颜元在学术上不是一个随波逐流、人云亦云的人，而是有自己确见就坚持到底的人。其友张罗喆当面屡屡向其提及气质本善，认为程朱理学讲气质有恶不对，颜元当时正醉心于程朱理学，对之均不以为然。② 更何况，颜元只是在刁包住处，间接听说陆世仪持有与张罗喆同样的气质本善观点。间接听说陆世仪的气质本善观点后就被打动，从而受其影响，而直接听说张罗喆的气质本善观点却与之反复辩难，这样的事情显然不合常理。

最后，颜元治学和陆世仪学术宗旨差异甚大。颜元认为儒家的正学是实学，提倡学习以实践练习为主，认为学习要以利国利民为目的，反对程朱理学、陆王心学，反对考据训诂、反对一味读书。陆世仪则学宗程朱，在理学的框架内强调实用。所以说，两人只是对关于学习六艺和气质本善持有相同观点，但学术主体思想存在着明显不同。颜元晚年曾对陆世仪的评语说：“陆道威材识又高矣，亦沾泥带水，更可惜也!”③ 这可以看出他对陆世仪依然固守程朱理学的惋惜，更能证明两人的学术旨趣显著不同。

综上所述，就目前材料分析，从学术严谨的角度，我们无法得出颜元的六艺思想、气质本善思想应该有来自陆世仪思想的影响。梁启超在《中国近三百年学术史》中谈及此时说：“他（陆世仪）论性却有点和颜习斋同调。他教学者止须习学六艺，谓‘天文地理河渠兵法之类，皆切于世用，亟当讲求’，也和习斋学风有点相类。”④ 只说两人学术观点有类似之处，而不提彼

---

① （清）颜元：《答齐笃公秀才赠号书》，载《颜元集》，中华书局 1987 年版，第 466 页。

② 张罗喆去世后，颜元说：“先生赐教，在未著《存性》前。惜当时方执程朱之见，与之反复辩难。”见《存性编》卷二，载《颜元集》，中华书局 1987 年版，第 34 页。

③ （清）李塨：《颜习斋先生年谱 · 六十八岁》，载《颜元集》，中华书局 1987 年版，第 789 页。

④ 梁启超：《中国近三百年学术史》，载《饮冰室合集》，中华书局 2015 年版，第 99 页。

此有影响，则应是在现有材料基础上得到的最合适的说法。

李明性，字洞初，号晦夫，蠡县人。明末天下大乱，李明性正血气方刚，“与乡人习射御贼，挟利刃、大弓、长箭，骑生马疾驰，同辈无敌者”①。李明性在明末考中秀才，清军入关后，他不再从事科举，闭门家居，潜心研究学问。其原为富饶之家，后因清朝圈地，家境陷入贫困。他侍亲至孝，“日鸡鸣，趋堂下四拜，然后升堂问安，亲日五六食必手进”②。李明性治学服膺程朱理学，修身以敬为要，尤重慎独之功，力行古礼。同时，他又主张儒者要文武兼备，晚年更加喜欢射箭，经常与弟子们一起比赛。李明性还让其子李塨跟随颜元学习，后来李塨成为颜元最重要的弟子。

李明性是颜元在蠡县交往的最重要师友之一。李明性年长颜元二十岁，从 1665 年到 1683 年，两人相交十八年。因为同在蠡县，颜元时常到李明性处问学，从他的学问学识、行为举止、言谈风貌等处受益甚多。一是品格上的熏陶。颜元年轻时意气甚盛，行为举止有浮躁之处。李明性则性情安静，沉稳刚毅。对颜元的缺点，李明性既在合适的时机规劝，又润物细无声，用自身气质感化。颜元称赞李明性：“先生不待言语之间，示我者深矣。”③ 二是儒家理想人格的示范。李明性“不行一不义，不取一非有，焚邪经，以辟异，励圣修以教子，敦行持己”④。颜元年少时就期做圣贤，在李明性身上，他看到了儒家理想人格在现实生活中的展现，称其精神风范让“天下儒学之有正传”⑤。由此，颜元在为人处世、待人接物上向李明性看齐，积极修身养性。三是文武兼备的楷模。李明性文武兼修，既潜心研究义理，力行孝悌忠信，又时常练习刀剑骑射。颜元在实学思想中提出儒者既要重视文事，又要重视武备，这在现实生活中理想的典范就是李明性。

三　张罗喆和王养粹

张罗喆，字石卿，清苑县人，明末考中秀才。⑥ 清军入关后，张罗喆隐居家乡，不再出仕。当时，张罗喆非常贫困，但是很有气节，不是贤人给的周

① （清）李塨：《颜习斋先生年谱·三十一岁》，载《颜元集》，中华书局 1987 年版，第 721 页。
② （清）李塨：《颜习斋先生年谱·三十一岁》，载《颜元集》，中华书局 1987 年版，第 721 页。
③ （清）颜元：《祭李孝悫文》，载《颜元集》，中华书局 1987 年版，第 532 页。
④ （清）颜元：《公奠李隐君谥孝悫先生文》，载《颜元集》，中华书局 1987 年版，第 531 页。
⑤ （清）颜元：《公奠李隐君谥孝悫先生文》，载《颜元集》，中华书局 1987 年版，第 531 页。
⑥ 参见徐世昌等编《清儒学案》卷十一，中华书局 2008 年版，第 545 页。

济他不收。他闭门读书，专心研究学问，常与刁包、王余佑等相互切磋学问。他学问精湛，读书广博，广泛阅读经史，治学强调“仁”的重要。

颜元1665年访张罗喆问学，至1669年张罗喆去世，共相交四年。这四年颜元的年龄跨度则是从三十一岁到三十五岁，正是学术思想转变的关键时期，张罗喆对他的影响不容小觑。这些影响主要表现在人性论和宇宙论等方面。张罗喆有三个观点。一是认为人性本善，他指出：“性皆善，而有偏全厚薄不同，故曰‘相近’。”① “尧舜气质即有尧舜之性，呆呆气质即有呆呆之性，而究不可谓性有恶。”② 二是认为人性无二，人之性即气质之性。他说：“人性无二，不可从宋儒分天地之性、气质之性。”③ “义理即寓于气质，不可从宋儒分为二。”④ 三是反对宋儒宇宙论中“无极”的提法。他认为“天者理而已，是；溷语‘无极’，非是”⑤。当时，颜元正在崇信程朱理学，不认可张罗喆的这些观点，与他反复辩论。正是在与张罗喆辩论的过程中，颜元对气质皆善、人性无二等观点产生了深刻印象。后来颜元戊申年居丧悟人性，回头审视，才发现张罗喆的说法正确，但这时张罗喆已经去世，颜元非常痛惜地说：“安得复如先生者而与之言性哉。”⑥

王养粹，字法乾，蠡县北泗村人，十六岁考中定州卫秀才。⑦ 年少时王养粹就志存高远，十九岁立志做圣贤，不再准备科举考试。王养粹一心尊崇孔孟圣人之道，他攻读四书五经，持身以敬，教家以礼，排斥佛老，焚烧八股文。他治学宗程朱理学，尤重明理和修身，以及在日常生活中践行礼仪。

王养粹是颜元一生中最重要的朋友。两人年龄相仿，从颜元二十九岁两人开始交往，到六十五岁时王养粹去世，两人共同学习凡三十六年。在王养粹生前，颜元对弟子说：“久交不懈，三十年相扶翼，则今王法乾也。”⑧ 由此可见两人的关系深厚。两人建立交往之初，就商议各自写日记，十天一见，

---

① （清）李塨：《颜习斋先生年谱・三十一岁》，载《颜元集》，中华书局1987年版，第723页。

② （清）颜元：《存性编・明明德》，载《颜元集》，中华书局1987年版，第2—3页。

③ （清）颜元：《存性编・附录同人语》，载《颜元集》，中华书局1987年版，第34页。

④ （清）李塨：《颜习斋先生年谱・三十一岁》，载《颜元集》，中华书局1987年版，第723页。

⑤ （清）李塨：《颜习斋先生年谱・三十一岁》，载《颜元集》，中华书局1987年版，第723页。

⑥ （清）颜元：《存性编・附录同人语》，载《颜元集》，中华书局1987年版，第34页。

⑦ 参见（清）李塨《颜习斋先生年谱・二十九岁》，载《颜元集》，中华书局1987年版，第716页。

⑧ （清）钟錂编：《颜习斋先生言行录・学问第二十》，载《颜元集》，中华书局1987年版，第694页。

相互点评，规过劝善。这一行为，两人坚持了三十余年，勉励了一生。

和王养粹交友很大程度上改变了颜元的思想轨迹。从此颜元有了一个“磨刀石”来订正自己的言行，有了一个志同道合的同龄朋友可以讨论学术问题，有了一个朋友可以一起行动去拜访名师。在认识王养粹之前，颜元读书遇到极大的困难，那就是一味苦读，身体和精神都出现了毛病。而认识王养粹之后，两人相互切磋，躬行实践，颜元“一切忧郁俱释，颇得乐趣矣”①。颜元在戊申年悟道后，当时最盼望的事情，就是王养粹的到来，期待与王养粹进行学术讨论，验证自己的实学思想，让思想体系更为缜密。② 后来颜元悟到实学，批判程朱理学，而王养粹一直坚守程朱理学。但他们还是坚持定期会晤，相互指正得失，交流思想。1699 年王养粹去世，颜元恸哭，“为之持缌服，朔望祭礼俱废”③。由此可见，两人相交之深。

除了上述六人之外，对颜元实学思想产生影响的重要师友还有多人。王之征，名五修，新安县人，孙奇逢弟子。王之征是颜元得以接触当时北学儒家的关键人物。颜元二十五岁去拜访王之征，正是通过他认识王余佑，进而通过王余佑认识张罗喆，由此得以广交学术名家。颜元非常敬重王之征，曾说：“坦率时思王五修。”④

吕申，字文辅，清苑县人，研究天文，讲习经世济用之学。在颜元信奉程朱理学时，他反对迷信程朱理学，曾对颜元说：“四书朱注有支离者。”⑤

杨计公，安平县人，懂兵法，能技击，精通西方数学，颜元在经世济民之学上的重要朋友。两人“忘年德而接纳，每见则举天文、地志、兵农、水利、算数，披图拈诀，或下及枪棍技击，手著作式，尝终夜不辍”⑥。

张鹏举，字文升，蠡县人，颜元在经世济民之学上的重要交流对象。颜元说：“友朋经济之才，惟王五公、杨计公及文升。”⑦ 两人相交近四十年，经常一起研习兵法韬略、历史兴衰、制度沿革等。

综上可知，颜元真正拜师的只有早年启蒙的吴洞云、贾金玉、贾珍，以

① （清）颜元：《答五公山人王介祺》，载《颜元集》，中华书局 1987 年版，第 429 页。
② 参见（清）颜元《存学编·学辨》，载《颜元集》，中华书局 1987 年版，第 49 页。
③ （清）李塨：《颜习斋先生年谱·六十五岁》，载《颜元集》，中华书局 1987 年版，第 784 页。
④ （清）李塨：《颜习斋先生年谱·五十六岁》，载《颜元集》，中华书局 1987 年版，第 766 页。
⑤ （清）李塨：《颜习斋先生年谱·三十一岁》，载《颜元集》，中华书局 1987 年版，第 723 页。
⑥ （清）颜元：《送安平杨静甫作幕序》，载《颜元集》，中华书局 1987 年版，第 406 页。
⑦ 徐世昌等编：《清儒学案》卷十一，中华书局 2008 年版，第 549 页。

后他为了求学深造，广交各地饱学之士；这些饱学之士有些是颜元的前辈学者，颜元父事之、师事之；有些是颜元的同辈学人，颜元友之。他们或在学术上给予颜元指导，或与颜元朝夕切磋研讨，或及时给颜元提出意见，这都促进了颜元学术思想的提升。在学术思想上，这些师友中，有的人反思程朱理学的流弊，有的人主张人性不能分天命之性与气质之性，有的人主张学术要经世致用，有的人提倡为学要内外兼修、文武兼备，这都给予颜元重要的学术启示，让他得以进入明末清初实学思想的大潮中，后来这些观点也成为他实学思想的重要内容。

第二章 “性即是气质之性”的实性论

实性论是颜元实学思想的基石。他倡导实行、实用，都是人之实性的对外发用。颜元认为人性是实而不是空，反对程朱理学讲存在形而上的天命之性，反对佛教说性空。他主张，人之性只有一个，即依托于人之形体之上的气质之性。他认为，以形体为基础存在的人之性，是上天赋予人的做圣贤的资本。每个人的性都是善的，都禀赋着上天的仁义礼智之德和元亨利贞之力，都有能力成为对国家社会有价值的人。因此，人要充分利用天赋美好之性，挖掘自身的潜能，积极践形尽性，努力成为德才兼备、造福社会的圣贤。

第一节 “性即是气质之性”

颜元认为性就是体现在人的自然形体中的实性，这就是气质之性，否定存在一个抽象的、脱离形体的天命之性。他对“性即是气质之性”的论证包含四部分重要内容：万物的性与形由宇宙间二气四德之理与气凝结而成；理和气不可分割，理即气之理，气即理之气；由理气凝结而成的性形也是不可分离的，舍形则无性，舍性则无形；性不能二分为天命之性、气质之性。这四个方面环环相扣，紧密相连，又层层递进。

一 理气融为一片：“理即气之理，气即理之气”

理气关系是宋明理学的重要论题。颜元不甚喜欢谈论形而上的玄理，因为“盖性、命之说渺茫，不如实行之有确据也”[①]。但为给他提倡的实行、实用寻找本源上的依据，他在理气、人性等方面都进行了一番研究。要清晰了解颜元思想中的理气关系，必须先了解程朱理学的理气观。因为颜元正是在

① （清）李塨：《颜习斋先生年谱·四十九岁》，载《颜元集》，中华书局1987年版，第755页。

反思程朱理学的思想体系基础上，提出自己的理气观。

在程朱理学的体系中，理一般指事物中的规律、规则，气则一般指构成万事万物的原始材料。关于理气关系，程朱理学首先承认理气不相离，有气才有理，有理才有气。朱熹在论述相关问题时说：

> 天下未有无理之气，亦未有无气之理。①
>
> 所谓理与气，此决是二物。但在物上看，则二物浑沦，不可分开各在一处，然不害二物之各为一物也。②

朱熹这是从现实层面上考虑，提出理气相即的观点。因为在现实中，找不到任何一个单独存在、独立运行的“理”。只有在具体的事物中，人们才能去发现或者感知其中的“理”。离开了具体的事物，人们也无从说“理”。凭空地说“理”的绝对性，显然难以服人之心。而这正是朱熹的理学理论的圆融之处，他既承认现实层面的理与气不可分，又从逻辑层面加以区分。朱熹在回答相关提问时指出：

> 问：“先有理，抑先有气?”［朱熹］曰：“理未尝离乎气。然理形而上者，气形而下者。自形而上下言，岂无先后!”③
>
> 或问：“必有是理，然后有是气，如何?”［朱熹］曰：“此本无先后之可言。然必欲推其所从来，则须说先有是理。”④

很显然，虽然朱熹承认理气没先后，但其实他更强调理在气先。在他的理论体系中，“理”是形而上者，是超出具体形质的存在，“气”则是具体的万事万物，为形而下者。理与气在现实层面上虽然不能分先后，但在逻辑上则是“理”在先，“气”在后。朱熹讲“然必欲推其所从来，则须说先有是理”⑤，这则是从生成的层面讨论理气关系。在生成层面，程朱理学的理

---

① （宋）黎靖德编：《朱子语类》卷一，中华书局1986年版，第2页。

② （宋）朱熹：《答刘叔文》，载曾枣庄、刘琳主编《全宋文》，上海辞书出版社、安徽教育出版社2006年版，第247册，第55页。

③ （宋）黎靖德编：《朱子语类》卷一，中华书局1986年版，第3页。

④ （宋）黎靖德编：《朱子语类》卷一，中华书局1986年版，第3页。

⑤ （宋）黎靖德编：《朱子语类》卷一，中华书局1986年版，第3页。

论框架依照《太极图说》的太极衍生万物来构建。在最高级的“太极”层面，朱熹认为：

> “无极而太极”，只是说无形而有理。①
>
> 太极只是天地万物之理。在天地言，则天地中有太极；在万物言，则万物中各有太极。未有天地之先，毕竟是先有此理。②
>
> 问：“有是理便有是气，似不可分先后？”［朱熹］曰：“要之，也先有理。只不可说是今日有是理，明日却有是气；也须有先后。且如万一山河大地都陷了，毕竟理却只在这里。”③

太极是超越具体形质的绝对的“理”的存在，它没有“气”的载体，不依赖“气”。在程朱理学万物生成的理论体系中，“太极”是指宇宙的最初最本源的存在。这也就是说，从时间上、从逻辑上把万事万物往后推，推到最早最原始的那一个点，那么这个点是纯粹的“理”的存在，“无形而有理”。正是这一个最初的“太极”，推动了万物的生成演化，同时又存在于每个事物当中，为万物的存在提供规律、规则的根本保障。

与程朱理学不同，颜元认为世间万物演变的本源为物质性存在的阴阳二气，反对存在作为宇宙生成本源的无形无象的“太极”，不认为世界最根源处是纯粹的脱离形的“理”。他认为程朱理学秉持的《太极图说》宇宙生成观受道教、佛教思想的影响而形成，并不是儒家的传统正确观念。他说：

> 周子太极图，原本之道士陈希夷、禅僧寿涯，岂其论性亦从此误而诸儒遂皆宗之欤？④
>
> 宋家诸先生，胡文昭之外，无不染于禅者。游、杨、谢诸公，朱子言之矣。周子太极图，始无极，终主静。朱子论未发气象，以不观观之，半日静坐，他无论矣。⑤

---

① （宋）黎靖德编：《朱子语类》卷九十四，中华书局1986年版，第2365页。

② （宋）黎靖德编：《朱子语类》卷一，中华书局1986年版，第1页。

③ （宋）黎靖德编：《朱子语类》卷一，中华书局1986年版，第4页。

④ （清）颜元：《存性编·性理评》，载《颜元集》，中华书局1987年版，第10页。

⑤ （清）颜元：《四书正误·中庸》，载《颜元集》，中华书局1987年版，第173页。

颜元进一步指出，周敦颐《太极图说》中的“无极而太极”，则是重床叠架，在理论上根本不通。他说：

> 周子《太极图说》已多了无极二字。极乃房上脊檩，是最上之称，又加以太字，是就无可名处强指之矣，又何所谓无极乎?①

这样，颜元就从理论来源和理论内部矛盾两个方面，对《太极图说》进行了否定。《太极图说》是程朱理学生成世界观的基础，否认它的合理性对程朱理学正确性产生直接的严重冲击。在颜元看来，生成世界上万事万物的是“气”，并不存在一个最高的“太极”在推动。他认为生生不息的上天包含“气、数、理”三个元素。

> 为寒热风雨，生成万物者，气也；其往来代谢、流行不已者，数也；而所以然者，理也。②

这就是说，宇宙中有规律的变化的背后都是物质的运动。这种物质的运动，里面的规律就是“理”。这样，颜元就把理与气统一起来。因为理气是统一的，所以理与气不可分。这种不可分，尤其指在逻辑上、生成上的不可分。朱熹认为理是形而上者、气是形而下者，颜元认为这不正确。他指出：

> 天下有无理之气乎？有无气之理乎？有二气四德外之理气乎?③

在这里，“二气四德”是指阴阳二气与元亨利贞四德。颜元认为在宇宙中是由二气四德化生万物，他专门绘制了《浑天地间二气四德化生万物之图》（图2－1）来演示。在图的说明中，他指出，在世界的生成发动根源处是元气，而不是“太极”。元气由阴阳二气构成，阴阳二气都是有形质的。于是，世界的最高、

---

① （清）颜元：《存人编·唤迷途》，载《颜元集》，中华书局1987年版，第136页。

② （清）钟錂编：《颜习斋先生言行录·齐家第三》，载《颜元集》，中华书局1987年版，第628页。

③ （清）颜元：《存性编·性图》，载《颜元集》，中华书局1987年版，第21页。

最本源的创生动力源泉为有形之物，而在这之上不会存在没有形质的“理”。由此，颜元认为在逻辑上将理与气分为“形而上”与“形而下”没有必要。这也可以解释，为什么在他的现存文献中，没有一条讨论“形而上”“形而下”或“形上”“形下”等思想。

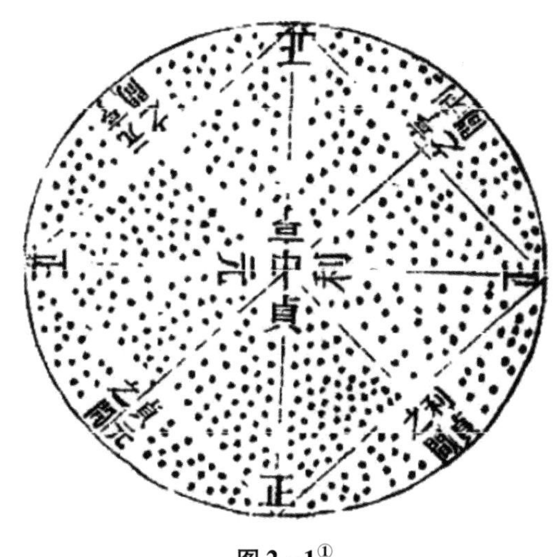

图 2－1[①]

既然理气在逻辑上没有形而上与形而下的区分，那么在具象层面上理气更不可分割。颜元指出，“若无气质，理将安附?”[②] 理只能依托于具体气质存在，世界上没有任何一个理可以脱离气质，谈论脱离气质的理只会是空谈。所以，颜元认为“气即理之气，理即气之理”[③]，这表达了理气相即相合的关系，这也就是“理气融为一片”，相互统一、不能分割。

颜元进一步解释说，理是事物的规律、法则，只有通过具体事物，理才能被感知、被认识。他说：“理者，木中纹理也。其中原有条理，故谚云：顺条顺理。”[④] 在这里，他用了一个形象的事例解释了“理”与“气”的关系。木中的纹理就是“理”，除去木也就不存在纹理，纹理必须依托于木之上。由此可以推出，根本不存在“气”外之“理”，离开具体事物，也就没有“理”。同时，纹理还是木所固有，“其中原有条理”，这表明“理”实际存在

① 图片引自（清）颜元《存学编 存性编》，商务印书馆 1937 年版。

② （清）颜元：《存性编·棉桃喻性》，载《颜元集》，中华书局 1987 年版，第 3 页。

③ （清）颜元：《存性编·驳气质性恶》，载《颜元集》，中华书局 1987 年版，第 1 页。

④ （清）颜元：《四书正误·孟子》，载《颜元集》，中华书局 1987 年版，第 246 页。

于万事万物之中。由此，颜元提出“见理于事”①，也就是在具体事物中去寻找理、探求理。

二　性形生成：“一理赋之性，一气凝之形”

世界上万事万物是一个怎样的存在？这样的存在状态又是怎样形成的？对于这两个问题，颜元都作了认真而又深刻的思考。他指出，世间万物作为性与形的统一体存在着，而这个性与形的由来，则由理与气分别赋予。在《存性编》里，颜元绘制了《浑天地间二气四德化生万物之图》图 2－1 对这两个问题进行了演示，并对图进行了如下说明：

> 大圈，天道统体也。上帝主宰其中，不可以图也。左阳也，右阴也，合之则阴阳无间也。阴阳流行而为四德，元、亨、利、贞也，（颜元自注：四德，先儒即分春、夏、秋、冬，论语所谓“四时行”也。）横竖正画，四德正气正理之达也，四角斜画，四德间气间理之达也。交斜之画，象交通也；满面小点，象万物之化生也，莫不交通，莫不化生也，无非是气是理也。知理气融为一片，则知阴阳二气，天道之良能也；元、亨、利、贞四德，阴阳二气之良能也；化生万物，元、亨、利、贞四德之良能也。知天道之二气，二气之四德，四德之生万物莫非良能，则可以观此图矣。②

在这个图式中，颜元描述了阴阳二气生成万物的模式。根据图中的演绎逻辑，宇宙生成的图景为：阴阳二气→元亨利贞四德→二气四德交感生成万物。图中的大圈，表示宇宙的全体，这个全体以元气的方式存在。由此可知，这个宇宙是一个物质的整体。元气分为阴阳二气，即元气中相互对立又相互统一的两个基本方面。阴阳二气流行而为四德，即“元亨利贞”。进而由二气四德的流行不已、分合交感，产生世间的万事万物。“元亨利贞”下边，颜元自注为“春夏秋冬”，这表明他实际在这里延续了古代的“元亨利贞”概念范畴。例如，宋代朱熹说：“盖天地之心，其德有四，曰元亨利贞，而元无不统；其

① （清）颜元：《存学编·性理评》，载《颜元集》，中华书局 1987 年版，第 71 页。
② （清）颜元：《存性编·性图》，载《颜元集》，中华书局 1987 年版，第 20—21 页。

运行焉，则为春夏秋冬之序，而春生之气无所不通。故人之为心，其德亦有四，曰仁义礼智，而仁无不包。”① 颜元的“元亨利贞”概念内涵与朱熹基本相同，它既指天地创生万物的四种功能，又指仁义礼智四种德性。

在元亨利贞流行化生万物上，颜元继承了中国古代的相关思想，并没有太多的创新。真正创新之处在于，他提出在这个流行化生过程中同时存在着“交、通”的过程，即由元亨利贞的四种德性相互“交、通”形成万事万物（图2－1）。元亨利贞，每一个都分别代表一种德性，每个物体的形成，是由这四者中的几者“交、通”而成的。他指出：“交者，二德合或三四合也；通者，自一德达一德。”② 这就是在说，“交”是两个德性或三四个德性的汇合，“通”，则是指自一德通往另外一德，进而可以相互转化。在宇宙中，“莫不交通，莫不化生”③，进而产生万事万物。再进一步，颜元又将这种“交、通”细分为十六变，十六变又演化为三十六类，三十六类再变，进而“不可胜穷”。“不可胜穷”的四德运动变化，产生了世界上形态各异的万事万物。颜元通过绘制这种大化流行、相互交通的图景，形象地演绎了万物的创生过程。

四德“交、通”形成万物，交通的内容是什么？颜元说：“无非是气是理也。”④ 因为元亨利贞四德中本身蕴含着理与气。他在解释《浑天地间二气四德化生万物之图》图2－1中使用的直线时说道：“横竖正画，四德正气正理之达也，四角斜画，四德间气间理之达也。”⑤ 这就表明，四德不是一种抽象理念的存在，而是一种理与气的统一体，一种物质和规律的统一体。万物由元亨利贞四德“交、通”而成，四德所带的理与气也赋予到每一个物体身上，万物都是理与气的统一体。颜元进一步指出：

> 天之生万物与人也，一理赋之性，一气凝之形。⑥

这就是说：万物的性，由宇宙中二气四德的“理”赋予；万物的形体，由宇

① （宋）朱熹：《仁说》，载曾枣庄、刘琳主编《全宋文》，上海辞书出版社、安徽教育出版社2006年版，第251册，第230页。

② （清）颜元：《存性编·性图》，载《颜元集》，中华书局1987年版，第22页。

③ （清）颜元：《存性编·性图》，载《颜元集》，中华书局1987年版，第21页。

④ （清）颜元：《存性编·性图》，载《颜元集》，中华书局1987年版，第21页。

⑤ （清）颜元：《存性编·性图》，载《颜元集》，中华书局1987年版，第20—21页。

⑥ （清）颜元：《与何茂才千里书》，载《颜元集》，中华书局1987年版，第457页。

宙中二气四德的“气”赋予。这就是颜元关于万物性形起源的判断，这也为他的人性论奠定了理论基础。

正因为颜元认为“万物之性，此理之赋也”①，所以他也经常讲天理。例如，他说：“天理胜则精神清明，人欲炽则意思昏浊，此理甚明。而人每舍清明而甘昏浊，暴弃孰甚！”② 表面上看，颜元使用的“天理”一词和他批判的程朱理学强调的“天理”是一样的。实际上，思维的逻辑理路已经发生了重大变化。在程朱理学的概念体系中，“天理”用于指创生万物的最根源的“理”。程朱理学认为，“理”是宇宙中最根源处的存在，万物由“理”而产生。这个“理”下贯到人类社会，就变成了人世间的道德伦理原则。由于这个“理”先于具体事物的一般原则，于是程朱理学就将中国传统的“天”的概念和这个“理”联系起来，称之为“天理”，或者等同起来，说“天者，理也”③，用来强调“理”的必然性、永恒性。颜元则反对将天直接等于理，他在和弟子问答时讨论了这一问题：

> 曰：“天是理。”先生（颜元）曰：“天兼理、气、数，须知我与天是一个理，是一个气、数；又要知这理与气、数是活泼，而呼吸往来、灵应感通者也。”④

这就是说，天既不是单独的理，也不是单独的气，而兼有理、数、气。因为天是气，所以是一种物质存在；天又兼理，所以物质中又有规律、规则。这个规律、规则在形成人的过程中变成人之性存在于人身上。以上是按照从上往下的逻辑进行推理的。如果按照颜元的宇宙生成模式，从下往上来推的话，则是人之性由宇宙中的理赋予，宇宙中的理为二气四德之理。既然是二气四德之理，那么这个理就不是单独存在的，而是与气交融在一起的，“理气融为一片”。这个在宇宙中与气交融的理，在形成人的过程中，赋予到人身上，进而变成人之性，也就是道德伦理规则中的仁义礼智，“存之为仁义礼智，谓之

---

① （清）颜元：《存性编·性图》，载《颜元集》，中华书局1987年版，第21页。

② （清）钟錂编：《颜习斋先生言行录·不为第十八》，载《颜元集》，中华书局1987年版，第688页。

③ （宋）黎靖德编：《朱子语类》卷一，中华书局1986年版，第2页。

④ （清）钟錂编：《颜习斋先生言行录·齐家第三》，载《颜元集》，中华书局1987年版，第627—628页。

性者，以在内之元亨利贞名之也”[①]。由此可知，颜元和程朱理学的“天理”概念在指人世间道德伦理法则这一内涵上是相同的，但在宇宙生成根源处是什么上却有极大的不同，推理的逻辑理路也有着根本不同，一个是从气本论上推出的，一个是从理本论上推出的。

颜元认为性是二气四德之理赋予人之形体上，这个性是实性，所以他反对佛教说缘起性空，尤其批评佛教讲人之性为空。他批评说：“彼佛，大之空天、地、君、亲而不恤，小之视耳、目、手、足为贼害，惟阖眼内顾，存养一点性灵，犹瞽目人坐暗室，耳目不接天下之声色，身心不接天下之人事，而方寸率思无所不妙，可谓妄矣，安在其洞照万象也哉!”[②] 他认为佛家为了存养心头的性灵，就认为世间万物为空，认为自身的形体为贼，这是一种虚妄的心理状态。他指出：“佛不能使天无日月，不能使地无山川，不能使人无耳目，安在其能空乎!”[③] 这就是说，佛教的教义再精妙，逻辑再严谨，都只是人的主观，而客观世界的日月、山川都依然存在，人自身的形体依然存在，佛都不能使之消失，这就说明佛教讲性空是站不住脚的。颜元认为，客观世界是真实的，人性也是真实的，人性存在于人的形体之中，这是他和佛教的性空理论的区别所在。

三 性形不二：“舍形则无性矣，舍性亦无形矣”

形与性的不可分割性，是颜元实性论的重要特点。颜元认为，万物的性与形因为禀受宇宙中的理与气而产生，既然宇宙中理与气是不可分离的统一体，那么性和形也必须是完整的统一体。他指出：“形，性之形也；性，形之性也，舍形则无性矣，舍性亦无形矣。”[④] 这句话用肯定和否定两种论述，表达了形与性的统一性。这一方面表明，性是形的性，只有有形的物体才能去谈论性，离开有形的物体，性也不成立。另一方面表明，形是性的形，只要有形的物体，就会有性，世界上找不到任何一个无性的物体。性与形的相互关系是相即相合、不能分割的，这就是“形性不二”。

要理解颜元“形性不二”的观念，必须了解他关于“性”概念的定义特

① （清）颜元：《存性编·性图》，载《颜元集》，中华书局 1987 年版，第 21 页。
② （清）颜元：《存人编·唤迷途》，载《颜元集》，中华书局 1987 年版，第 128 页。
③ （清）颜元：《存人编·唤迷途》，载《颜元集》，中华书局 1987 年版，第 125 页。
④ （清）颜元：《存人编·唤迷途》，载《颜元集》，中华书局 1987 年版，第 128 页。

点。在颜元看来，“性”绝不仅仅是人内心的道德原则。从他使用的大量的关于“性”的概念来看，颜元的“性”可以分为两种，一种是专门指仁义礼智等道德价值属性，他称之为人心之性；另一种则是指物体的各种性能、法则，这种物体的法则，既包含物理上的，也包含生理上的，还包含心理上的。这两种使用方式，在颜元那里，是一种包含关系，后者包含前者。颜元在人身上使用人性一词时，往往是指人心之性，也就是仁义礼智。在第一种人心之性的使用上，颜元和理学家基本相似，所不同的是第二种广义范围的“性”概念的使用。陈埴是朱熹的得意门生，他就认为生理上天赋的功能不是人之性，只有仁义礼智等道德价值属性是人之性。在与人对答时，他说：

> 问：“目视耳听，此气质之性也。然视之所以明，听之所以聪，抑气质之性耶，抑义理之性耶？”
>
> ［陈埴］曰：“目视耳听，物也；视明听聪，物之则也。来问可施于物则，不可施于言性。若言性，当云好色好声，气质之性；正色正声，义理之性。”①

颜元认为陈埴的说法是错误的，他评论说：

> 《诗》云：“天生烝民，有物有则；民之秉彝，好是懿德。”孔子曰：“为此诗者，其知道乎！有物必有则；民之秉彝也，故好是彝德。”详《诗》与子言，物则非性而何？②

他又指出：

> 天命之谓性，视者目之性，听者耳之性，仁义礼智者心之性。③

---

① （清）颜元：《存性编·性理评》，载《颜元集》，中华书局1987年版，第14页。亦见（宋）陈埴：《近思杂问》，华东师范出版社2015年版，第6页。

② （清）颜元：《存性编·性理评》，载《颜元集》，中华书局1987年版，第14页。

③ （清）钟錂编：《颜习斋先生辟异录·辟祟邪异》，载《颜元集》，中华书局1987年版，第606页。

从以上可以看出：在陈埴看来，物则就是物则，性就是性，两者有着绝对的界限，不能混为一谈；人的生理功能只是物则，而人具有的天赋良善道德品质才是性，所以只有谈论“好色好声”“正色正声”才是谈性。而这在颜元看来，物则就是性，不能在说性时把物则排除掉；如果性不是物则，仅仅是人精神中的概念，那么性就可以脱离物体而存在。颜元认为，陈埴的观点混淆了什么是性。如果不承认生理的为性，只承认心理的、精神的为性，则心理存在的性（仁义礼智）如何能够在个人不存在时而继续存在，如何能说这个心理的性就是天道、天理。这在经验层面显然是说不通的。所以颜元认为，“夫‘性’字从‘生心’，正指人生以后而言”①，必须承认生理的性能也是性，它只不过和心理的性属于不同的层次。正是因为天道的生生不息和二气四德的聚散不已，将性不断地聚合到个体身上，这样的性才是“天理”，就和人类永远都会目视耳听一样，人类的价值观念仁义礼智也生生不息地存在于每个个体身上。

理解了颜元的“性”概念的特点，那么就不难理解他为什么坚持“形性不二”。因为在他看来，人之性根本无法从人的具体形体中分离，只有附在人身上的性才是真实的性。不管是各种感官的性，还是人心中的性，舍弃了形体，就不存在了，所谓的纯粹理念之性只是“虚理”。正因为人有形体，有了具体的物质载体，人才有凭借去认识或寻找内心中的本性，“失性者据形求之，尽性者于形尽之”②；正因为人有此形体，有了能够在实践中锻炼的依托，所以人才可以通过修养身心去陶冶内心之性，“修身以复性，据性之形以治性也”③。

从“形性不二”的角度出发，颜元对佛教的相关义理提出强烈批评。他认为佛教的教义，教导人忍受现世形体的痛苦，去求得灵魂的超脱，违反了人的天然本性。他说：“佛轻视了此身，说被此身累碍，耳受许多声，目受许多色，口鼻受许多味，心意受许多事物，不得爽利空的去，所以将自己耳目口鼻都看作贼。充其意，直是死灭了，方不受这形体累碍，所以言圆寂，言涅盘，有九定三解脱诸妄说，总之，是要不生这贼也，总之，是要全其一点

① （清）颜元：《存性编·性理评》，载《颜元集》，中华书局1987年版，第6页。
② （清）颜元：《存人编·唤迷途》，载《颜元集》，中华书局1987年版，第128页。
③ （清）颜元：《存人编·唤迷途》，载《颜元集》，中华书局1987年版，第128页。

幻觉之性也。”[①] 颜元指出，形与性是一体的，不存在形之外的性，也不存在性外的形，“有生方有性，若如佛教，则天下并性亦无矣”[②]。他认为佛教徒试图摆脱形体去悟性或折磨形体去求性，则要么是自欺欺人，要么是伤害人本身固有的美好天性，“贼其形则贼其性矣”[③]。这都导致所谓的求道修行，其实质正如无源之水、无本之木，是一场虚幻。

四 性不可分：“性即是气质之性”

在颜元看来，人之性只有一个，那就是具体落实在每一个人形体之上，亦即气质上的性，“性即是气质之性”[④]。这种落在气质上的性，才是人们可以在实践中把握的真实的性。去掉人性所依托的气质而言性，性就会成为虚幻的无用的道理。颜元说：“去此气质，则性反为两间无作用之虚理矣。”[⑤] 这就是说，即使解说天命之性的义理再精微无比，那也是无用的虚理，对人生、对社会没有任何用处。研究依托在气质上的人之性，才是实理，才能对人生、对社会有价值。

由“性即是气质之性”的实性论出发，颜元对程朱理学将人之性分为天命之性和气质之性的人性二分法深为不满。他在《存性编》中说：

> 譬之目矣：眶、疱、睛，气质也；其中光明能见物者，性也。将谓光明之理专视正色，眶、疱、睛乃视邪色乎？余谓光明之理固是天命，眶、疱、睛皆是天命，更不必分何者是天命之性，何者是气质之性；只宜言天命人以目之性。[⑥]

在这里颜元以眼睛视物来例说明人之性。眼睛的物质依托是眶、疱、睛，这些器官相互配合产生看到外物的功能，这就是性。如果按照程朱理学的天命之性、气质之性的善恶之分的逻辑，那么就可以说视觉之理是只观看外界符合道德上善原则的事物，而人在现实中看到恶的事物则是由于视觉器官。颜

① （清）颜元：《存人编·唤迷途》，载《颜元集》，中华书局 1987 年版，第 127 页。
② （清）颜元：《存人编·唤迷途》，载《颜元集》，中华书局 1987 年版，第 127—128 页。
③ （清）颜元：《存人编·唤迷途》，载《颜元集》，中华书局 1987 年版，第 128 页。
④ （清）颜元：《存性编·明明德》，载《颜元集》，中华书局 1987 年版，第 2 页。
⑤ （清）颜元：《存性编·棉桃喻性》，载《颜元集》，中华书局 1987 年版，第 3 页。
⑥ （清）颜元：《存性编·驳气质性恶》，载《颜元集》，中华书局 1987 年版，第 1 页。

元认为，这显然是荒谬的。由此他说，视觉器官和视觉之理都是天命，“更不必分何者是天命之性，何者是气质之性”①，实际上只有一个性，这就是眼睛之性，也就是气质之性。通过这个例子，颜元阐释了性必须附在气质上才可以发挥作用的道理。要深刻了解颜元的“性即是气质之性”的思想，还必须将之与他批判的程朱理学人性观进行对比。

朱熹认为，人是由天道的理和气产生的，理赋予人之性，气赋予人之形，“天以阴阳五行化生万物，气以成形，而理亦赋焉，犹命令也。于是人物之生，因各得其所赋之理，以为健顺五常之德，所谓性也”②。人所禀受的天之理，就是天命之性；理落到具体的人身上，又必须与气交杂，则形成了气质之性。朱熹说：“论天地之性，则专指理言；论气质之性，则以理与气杂而言之。”③ 天命之性与气质之性又是人善恶的来源，天命之性是纯善的，气质之性则有善有不善。程朱理学的人性二分理论，由二程提出，朱熹加以完善。朱熹认为这种人性二分理论，既解决了现实生活中人的恶的来源问题，又可以让人有向善的价值追求，极大地补充先秦孟子的性善论，让性善论的学说变得周密完整。他称赞二程说：

> 孟子之论，尽是说性善。至有不善，说是陷溺，是说其初无不善，后来方有不善耳。若如此，却似“论性不论气”，有些不备。却得程氏说出气质来接一接，便接得有首尾，一齐圆备了。④

颜元则认为朱熹恰恰是没有理解孟子的性善论，认为程朱理学讲天命之性、气质之性二分，是对孟子性善论的违背，反而不如孟子的说法完备。他说：

> 程、朱，志为学者也；即所见异于孟子，亦当虚心以思：何为孟子之见如彼？或者我未之至乎？更研求告子、荀、扬之所以非与孟子之所以是，自当得之。乃竟取诸说统之为气质之性，别孟子为本来之性，自

① （清）颜元：《存性编 · 驳气质性恶》，载《颜元集》，中华书局 1987 年版，第 1 页。

② （宋）朱熹：《四书章句集注 · 中庸章句》，中华书局 1983 年版，第 17 页。

③ （宋）黎靖德编：《朱子语类》卷四，中华书局 1986 年版，第 67 页。

④ （宋）黎靖德编：《朱子语类》卷四，中华书局 1986 年版，第 65 页。

以为新发之秘，兼全之识，反视孟子为偏而未备。①

在这里，颜元对程朱理学的气质之性的说法提出了批评。需要指出的是，虽然颜元也用“气质之性”这一概念，但实际上指的是形之性，在他看来，形就是气质，他说：“此形非他，气质之谓也。”② 颜元的气质之性的内涵是没有恶存在的。程朱理学的气质之性，则是由性分天命之性、气质之性的两分法中得来，它夹杂理与气，存在着恶的可能。这是颜元和程朱关于气质之性的内涵的区别之处。

那么，为什么朱熹和颜元，一个说孟子性善论不完备，另一个说完备。这应该从他们的人性论的天道依据上进行考察。从表面上看，两人的相关论述似乎有相似之处，因为朱熹也讲性形由理气生成、性与形不可分离，他说：

人物之生，必禀此理，然后有性；必禀此气，然后有形。③
性非气质，则无所寄；气非天性，则无所成。④

以上和颜元说的“一理赋之性，一气凝之形”，“舍形则无性矣，舍性亦无形矣”，从字面看上去非常相似。但是实际上两人在理论起始本源处存在着巨大的差异，导致后来的推理结论虽然表述有相似，但实际内涵相差很大。

朱熹认为人之性由天理赋予，这个天理就是宇宙中的“太极”。“太极”即最根本、最完整的理，它推动了万事万物的生成，“太极只是天地万物之理”⑤。“未有天地之先，毕竟也只是理。有此理，便有此天地；若无此理，便亦无天地，无人无物。”⑥ 太极又是至善的道德，特别是指仁义礼智四种道德属性。在形成人的过程中，这个“太极”也赋予到每个人心中，于是人心都有一个“太极”。由此，每个人心中都有天命之性，这就是仁义礼智等道德属性。

---

① （清）颜元：《存性编·性理评》，载《颜元集》，中华书局 1987 年版，第 16 页。

② （清）颜元：《存性编·棉桃喻性》，载《颜元集》，中华书局 1987 年版，第 3 页。

③ （宋）朱熹：《答黄道夫》，载曾枣庄、刘琳主编《全宋文》，上海辞书出版社、安徽教育出版社 2006 年版，第 248 册，第 275 页。

④ （宋）黎靖德编：《朱子语类》卷四，中华书局 1986 年版，第 67 页。

⑤ （宋）黎靖德编：《朱子语类》卷一，中华书局 1986 年版，第 1 页。

⑥ （宋）黎靖德编：《朱子语类》卷一，中华书局 1986 年版，第 1 页。

颜元认为人的性由理赋予，这个理是元亨利贞四德之理。在《浑天地间二气四德化生万物之图》（图2－1）说明中，他说道：“四德之理气，分合交感而生万物。”① 他的元亨利贞概念，具有双重性，既指天地创生万物的四种功能，也指仁义礼智等四种德性。但是，与朱熹不同的是，他不认为四德是平均地赋予每个人身上，而是认为四德通过“分、合、交、感”，使得每个人身上有一种到四种不等的德性。他解释说：“聚者，理气结也，一德聚，或二三四德共聚也。”② 同时，每个人身上即使只具有一个德性，但也是和其他德性相通的，“通者，自一德达一德”③。四德“分、合、交、感”有十六变，十六变又变为三十二类，“三十二类之变，又不可胜穷焉”④，于是演化为多种多样的现实生活中的人性。颜元用“分、合、交、感”的构造方式，给现实中多样的人性提供了创生过程上的依据。

综上所述，朱熹的人性理论，阐释了每个人心中都有一个完整的“仁义礼智”之性；而颜元的人性理论，则说明了每个人心中都有“仁义礼智”四种德性中的某几种，这某几种德性又有各种各样的表现形式，同时也和不具备、不显现的那些德性相通着。这就构成了两人人性理论在生成起点上的重大差异。于是，朱熹将这种与天地间的“太极”相通的人心中的“仁义礼智”之性，称为天命之性；而将天命之性与人的气质的结合，受到气质的影响，从而形成的现实中的人性，称为气质之性。而颜元则不认为每个人身上都平均地拥有完整的“仁义礼智”四种德性。于是，他认为只有现实中的人性才是真实的人性，每个人性都是具体的，是依附在气质上面的，“非气质无以为性，非气质无以见性也”⑤。颜元的人性理论，既承认现实中人性的多样性，又承认人性中有善端，为人们向善提供了价值理念上的依据，构成了中国古代人性理论谱系中的重要一环。

第二节　人性皆善

颜元认为，人之本性均为善。性是气质之性，气质是性的依托，性与气

---

① （清）颜元：《存性编·性图》，载《颜元集》，中华书局1987年版，第24页。
② （清）颜元：《存性编·性图》，载《颜元集》，中华书局1987年版，第23页。
③ （清）颜元：《存性编·性图》，载《颜元集》，中华书局1987年版，第22页。
④ （清）颜元：《存性编·性图》，载《颜元集》，中华书局1987年版，第25页。
⑤ （清）颜元：《存性编·性理评》，载《颜元集》，中华书局1987年版，第15页。

质是辩证统一的关系。人之性为善，则气质也必须是善的。他反对气质有恶，反问说："可谓性为善，气质偏有恶乎？"[①] 同时，情是性之动，才是情之力，三者统一于人之气质。气质无恶，性无恶，则情、才也没有恶。颜元反对程朱理学将性分为天命之性、气质之性，进而谓气质、情、才有善恶。他认为，现实中人有恶的原因是引蔽习染和误用其情，是由于后天的环境影响和情感的不当使用。

一　气质皆善："非气质无以为性"

"气质"的范畴在颜元人性论中具有重要的地位。他说："非气质无以为性，非气质无以见性也。"[②] 性既然依托在气质之上，如果按照程朱理学的说法，气质中有恶，那么人之性怎么会是善的？这显然是不合理的，这正是颜元批评程朱理学的地方。

颜元使用"气质"一词，虽然有时也用在万物生成时，但多从事实层面上使用，将之和人的"形"等同起来，用来指代人的生物和心理材质；而程朱理学使用的"气质"概念，则兼顾生成和事实两个层面的含义。这正是两者的差异之处。那么，从"气质"概念的内涵进行考察，可以清晰地看出两者人性论的差异所在。

在指代人的生物材质上，古代中国思想家最早使用"形"的概念。例如，《荀子·天论》："形具而神生，好恶喜怒哀乐臧焉。"[③]《管子·内业》："人之生也，天出其精，地出其形，合此以为人。"[④] 而"气"的概念，在古代则表达人的身体和精神的生成材质或存在基础。例如，《庄子·知北游》："人之生，气之聚也。"[⑤]《孟子·公孙丑上》："气，体之充也。"[⑥] 北宋时，张载将"气"与"质"连用，用这一蕴含着生成意义的词来指代人的形体或人的品质。他说：

> 气质犹人言性气，气有刚柔、缓速、清浊之气也，质，才也。[⑦]

---

① （清）颜元：《存性编·棉桃喻性》，载《颜元集》，中华书局 1987 年版，第 3 页。
② （清）颜元：《存性编·性理评》，载《颜元集》，中华书局 1987 年版，第 15 页。
③ （战国）荀子著，王先谦集解：《荀子集解》卷十一，中华书局 1988 年版，第 309 页。
④ 黎翔凤注释：《管子校注》卷十六，中华书局 2004 年版，第 945 页。
⑤ （战国）庄周著，王先谦集解：《庄子集解》卷六，中华书局 1987 年版，第 186 页。
⑥ （战国）孟子著，郑训佐、靳永译注：《孟子译注》卷三，齐鲁书社 2009 年版，第 45 页。
⑦ （宋）张载：《经学理窟》，载《张载集》，中华书局 1978 年版，第 281 页。

由以上可以看出，张载将人看作气与质的组合，又将气细分为刚柔、缓速、清浊之气。由此，人的气质就有刚柔、缓速、清浊之分。后来的朱熹等理学家都基本延续了张载的气质概念，进而将气质看成现实社会中人性之恶的来源。朱熹说：

> 气，是那初禀底；质，是成这模样了底。①
>
> 禀得气清者，性便在清气之中，这清气不隔蔽那善；禀得气浊者，性在浊气之中，为浊气所蔽。②
>
> 人之性皆善。然而有生下来善底，有生下来便恶底，此是气禀不同。③

由此可看出，朱熹认为气质是人与生俱来的材质，人性中的恶是跟随气质而来的。程朱理学这种富有生成意义的“气质”概念，以及将人性分为天命之性与气质之性，是为了解决人性本善理论与事实经验层面中的恶的兼容问题。在现实生活中，有善人，有恶人。恶人的“恶”从哪里来，这是中国古代思想家一直在考虑的问题。进一步讲，有的人变恶可能是长大后受外界环境的影响，有的人却自幼就凶狠，那么先秦的儒家讲人性本善，就在现实中受到了严峻的挑战，面临着理论和实际无法相融的问题。所以即使在先秦时期，孟子极力强调人性本善，但一直无法让后人完全信服，不断有后来人提出新的人性主张，如荀子说人性本恶，扬雄讲人性善恶混，韩愈将性分成三品。程朱理学关于人性二元论的说法，一方面，认为天命之性是善的，人人都有天命之性，都有仁义礼智的善根；另一方面，每个人身上具体的天命之性，又因为禀得的先天气质不同而存在差异，禀的清气多者就善，禀的浊气多者就恶。这就是程颢讲的：“有自幼而善，有自幼而恶，是气禀有然也。善固性也，然恶亦不可不谓之性也。”④ 但由于人人身上都有天命之性，即使是恶人，只要下功夫去“存天理灭人欲”，去“变化气质”，那么同样可以变成善人。

---

① （宋）黎靖德编：《朱子语类》卷十四，中华书局 1986 年版，第 259 页。

② （宋）黎靖德编：《朱子语类》卷九十四，中华书局 1986 年版，第 2381 页。

③ （宋）黎靖德编：《朱子语类》卷四，中华书局 1986 年版，第 69 页。

④ （宋）程颢、程颐：《二程集 · 遗书卷第一》，中华书局 2004 年版，第 10 页。

所以“气质”概念的提出，以及将性二分为天命之性与气质之性，被认为较好地完善了人性善理论。朱熹在与门人对话时这样评价气质学说的提出：

> 道夫问：“气质之说，始于何人？”［朱熹］曰：“此起于张程。某以为极有功于圣门，有补于后学，读之使人深有感于张程，前此未曾有人说到此。如韩退之原性中说三品，说得也是，但不曾分明说是气质之性耳。性那里有三品来！孟子说性善，但说得本原处，下面却不曾说得气质之性，所以亦费分疏。诸子说性恶与善恶混。使张程之说早出，则这许多说话自不用纷争。故张程之说立，则诸子之说泯矣。”①

颜元对程朱理学的气质说的批评，也正源于此，源于怎么对待现实中人之恶的问题。颜元坚持自己的性善论是对孟子学说的继承。我们知道，孟子所处的战国中期，列国纷争，战乱不已，“争地以战，杀人盈野，争城以战，杀人盈城”②，各种恶言恶行随处可见。孟子提出人性本善说，让现实生活中的恶人可以通过修身养性而成为善人的思想有了坚实的伦理依据。颜元坚持认为，孟子人性本善的思想是正确的，而程朱理学的气质学说恰恰给恶人提供借口，让恶人我行我素，不改恶行。颜元在《存性编》中说：

> 程、张于众论无统之时，独出“气质之性”一论，使荀、扬以来诸家所言皆有所依归，而世人无穷之恶皆有所归咎，是以其徒如空谷闻音，欣然著论垂世。而天下之为善者愈阻，曰，“我非无志也，但气质原不如圣贤耳”。天下之为恶者愈不惩，曰，“我非乐为恶也，但气质无如何耳”。③

颜元认为，如果说“有自幼而善，有自幼而恶，是气禀有然也”，④ 那么反而让现实中的恶人自甘堕落，继续为非作歹。如果恶人要成为善人，要经

---

① （宋）黎靖德编：《朱子语类》卷四，中华书局 1986 年版，第 70 页。

② （清）阮元校刻：《孟子注疏·离娄上》，载嘉庆本《十三经注疏》，中华书局 2009 年版，第 5920 页。

③ （清）颜元：《存性编·性理评》，载《颜元集》，中华书局 1987 年版，第 12 页。

④ 颜元引程颢语，参见（清）颜元《存性编·驳气质性恶》，载《颜元集》，中华书局 1987 年版，第 1 页。

过一段刻苦艰难的“变化气质”的修行，而继续做恶人，则可以继续享受轻松，那么有什么动力去支持恶人改变自己的“气质之性”，而追求那虚空中的“天命之性”？颜元由此认为，程朱理学的气质学说，表面上看似解决了性善论的理论与实践相融合的问题，实际上反而将问题的严重性扩大了，让现实生活中的恶人修身的动力变得不足，实质上还是没有完满地解决性善理论与实际的兼容问题。正因为如此，颜元坚持认为所有人的先天气质都是善的，反对现实生活中有人的气质生下来就是恶的。他从元气生成万物的过程、经验层面上各种各样的人的气质的来源两个方面，来阐述这个问题。

首先，从元气生成万物的过程来看。如前一节所述，颜元认为元气生成万物，是由阴阳二气交感而成元亨利贞四德，进而二气四德的流行变化，生成世间的万物。世间万物都是二气四德的凝聚。万物的性与气质，都是二气四德赋予的，无论怎么变化都是二气四德的理气。“万物之性，此理之赋也；万物之气质，此气之凝也。正者此理此气也，间者亦此理此气也，交杂者莫非此理此气也；高明者此理此气也，卑暗者亦此理此气也，清厚者此理此气也，浊薄者亦此理此气也，长短、偏全、通塞莫非此理此气也。”① 而二气四德是天道中的至善，“四德不外于二气，二气不外于天道也，举不得以恶言也”②。由二气四德生成的万物，当然也都是善的。颜元由此推论说：“昆虫、草木、蛇蝎、豺狼，皆此天道之理之气所为，而不可以恶言。”③ 颜元特别指出，人类尤其得天地之精华，“二气四德者，未凝结之人也；人者，已凝结之二气四德也”④。所以，人的气质也是绝对的善，“谓气质有恶，是元亨利贞之理谓之天道，元亨利贞之气不谓之天道也”⑤。

其次，从经验层面上各种各样的人的气质的来源的角度来看。颜元认为，四德有十六种运动变化形态，又有三十六种类别，每种类别有中、正、间、斜之分。人类的气质类别就是由四德的变化而形成的。他指出：“至于人，清浊、厚薄、长短、高下，或有所清，有所浊，有时厚，有时薄，大长小长，大短小短，时高时下，参差无尽之变，皆四德之妙所为也。”⑥ 但无论四德怎

---

① （清）颜元：《存性编·性图》，载《颜元集》，中华书局 1987 年版，第 21 页。
② （清）颜元：《存性编·性图》，载《颜元集》，中华书局 1987 年版，第 25 页。
③ （清）颜元：《存性编·性图》，载《颜元集》，中华书局 1987 年版，第 25 页。
④ （清）颜元：《存性编·性图》，载《颜元集》，中华书局 1987 年版，第 21 页。
⑤ （清）颜元：《存性编·性图》，载《颜元集》，中华书局 1987 年版，第 21 页。
⑥ （清）颜元：《存性编·性图》，载《颜元集》，中华书局 1987 年版，第 23 页。

么变化而来，人的气质都由四德中的气凝聚，每个人都秉持了四德的部分属性，只不过有薄厚、清浊、长短、高下等分别。而四德是阴阳二气的良能，阴阳二气是天道的良能，而天道又没有恶。所以，“虽各有不同，而盈宇宙无异气，无异理”①，人类社会中各种各样的人的先天气质也就是善的。

颜元认为气质之善是人之所以为人的基础，是人能够成为尧、舜那样的圣人的凭借。他说：“耳目、口鼻、手足、五脏、六腑、筋骨、血肉、毛发俱秀且备者，人之质也，虽惷，犹异于物也；呼吸充周荣润，运用乎五官百骸粹且灵者，人之气也，虽惷，犹异于物也；故曰‘人为万物之灵’，故曰‘人皆可以为尧舜’。其灵而能为者，即气质也。”②

从气质皆善的角度出发，颜元批评了程、朱的气质论，他说：

> 可惜二先生（程、朱）之高明，隐为佛氏六贼之说浸乱，一口两舌而不自觉！若谓气恶，则理亦恶，若谓理善，则气亦善。盖气即理之气，理即气之理，乌得谓理纯一善而气质偏有恶哉！③
>
> 将天生一副作圣全体，参杂以习染，谓之有恶，未免不使人去其本无而使人憎其本有，蒙晦先圣尽性之旨而授世间无志人一口柄。④

由这两段话可以看出，颜元认为程朱理学的气质论存在三个方面的问题。第一个问题是由从程朱理学认可的天地之间的理气皆为善，推导不出来赋予到人身上的理是善的气质却是恶的。对于这个问题，朱熹解释是因为气在形成人的时候滚来滚去，由此在每个人身上的气有清浊厚薄。他说：“人所禀之气，虽皆是天地之正气，但滚来滚去，便有昏明厚薄之异。盖气是有形之物。才是有形之物，便自有美有恶也。”⑤ 颜元则认为，虽然气在形成人的过程中有各种变化，但总是天地中的善气，不会在创造人的过程中产生恶。

第二个问题，程朱理学的气质为善的标准太高，导致人群中这样的人很少，导致人憎恨自己的先天品质，进而“授世间无志人一口柄”。按照禀气的

---

① （清）颜元：《存性编·性图》，载《颜元集》，中华书局 1987 年版，第 26 页。
② （清）颜元：《存性编·性理评》，载《颜元集》，中华书局 1987 年版，第 15 页。
③ （清）颜元：《存性编·驳气质性恶》，载《颜元集》，中华书局 1987 年版，第 1 页。
④ （清）颜元：《存学编·上征君孙钟元先生书》，载《颜元集》，中华书局 1987 年版，第 46 页。
⑤ （宋）黎靖德编：《朱子语类》卷四，中华书局 1986 年版，第 68 页。

不同，朱熹将人物分成若干类：“气之为物，有清浊昏明之不同。禀其清明之气而无物欲之累，则为圣；禀其清明而未纯全，则未免微有物欲之累，而能克以去之，则为贤；禀其昏浊之气，又为物欲之所蔽而不能去，则为愚，为不肖。”① 由此可见，在朱熹看来，除了天生的圣人之外，其他人的天生气质都不是善的。这样的话，就极大地提高了做善人的标准。天下芸芸众生，在世上奔走几十载，如果说天生气质就为不善，又在世间不断受到外部不良环境的影响，那么有志向去做善人、做圣人的人又会有几个？而且，由程朱气质学说发展出来的修养论，集中于个人的思虑和自省，这种思虑和自省对普通人来说又是难度极高。这两点问题结合起来，于是颜元一针见血地指出：“程、朱敬身之训，又谁肯信而行之乎？”② 所以，他批评说，程朱理学的气质人性论只是“镜花水月”，只是听起来很美，没有多大的实际意义，舍去事实经验层面的气质则性只会是“两间无作用之虚理”。

第三个问题是颜元认为程朱的气质论受到了佛教的影响，已经不是儒家的本来面目。关于这个问题，颜元在《存性编·性理评》有着详细的评论，他说：

> 魏晋以来，佛老肆行，乃于形体之外别状一空虚幻觉之性灵，礼乐之外别作一闭目静坐之存养。佛者曰“入定”，儒者曰吾道亦有“入定”也。老者曰“内丹”，儒者曰吾道亦有“内丹”也。借四子、五经之文，行楞严、参同之事，以躬习其事为粗迹，则自以气骨血肉为分外，于是始以性、命为精，形体为累，乃敢以有恶加之气质，相衍而莫觉其非矣。贤如朱子，而有“气质为吾性害”之语，他何说乎！③
>
> 今乃以本来之气质而恶之，其势不并本来之性而恶之不已也。以作圣之气质而视为污性、坏性、害性之物，明是禅家六贼之说，其势不混儒、释而一之不已也。④

在这两段话中，颜元既从历史角度，又从思想角度分析了程朱理学气质学说

---

① （宋）朱熹：《玉山讲义》，载曾枣庄、刘琳主编《全宋文》，上海辞书出版社、安徽教育出版社2006年版，第251册，第370页。

② （清）颜元：《存性编·棉桃喻性》，载《颜元集》，中华书局1987年版，第3页。

③ （清）颜元：《存性编·性理评》，载《颜元集》，中华书局1987年版，第13页。

④ （清）颜元：《存性编·性理评》，载《颜元集》，中华书局1987年版，第15页。

受到的佛教道教的影响。从历史角度看，先有佛教、道教重性轻形的理论，而程、朱等人的气质学说后出。从思想角度看，程、朱等人“出入佛老”多年，其关于气质（形体）内容也多有和佛老相似之处，与佛教、道教有着相同的思想倾向。在时间上是先后，在内容上是相似，由此颜元认定程朱理学的气质学说是“借四子、五经之文，行楞严、参同之事”，与先秦孔孟的宗旨完全不一致，所以“程、张诸儒气质之性愈分析，孔、孟之性旨愈晦蒙矣”①。

颜元的气质学说与程朱理学显然不同，他坚持气质皆善，认为“气质正吾性之附丽处，正吾性作用处，正性功着手处”②。只有通过气质，人才能认识到自己善良的本性，才能践行自己善良的本性。同时，因为气质皆善，所有人的气质都是善的，那么人去作恶，就是玷污自己的本性，“人知为丝毫之恶，皆自黜其光莹之本体，极神圣之善，始自践其固有之形骸”③。将人的气质称为“光莹之本体”，颜元是尝试在人的心中构建起防范作恶的道德堤坝，让恶人有信心和底气去改过迁善，这也正是中国传统性善论的重要价值。

二　情、才无恶：“非情才无以见性”

颜元与程朱在人性论上的重要分歧，还有情与才是否有恶。颜元认为，这是性善论的一个非常重要的领域，是另一个不得不辩的重要议题。如果性是善的，而人之跟随先天而来的情与才却是恶的，那么人依然可以情、才不佳为借口，以情、才不如圣人为理由，拒绝改过迁善。如果这样的话，无论再怎么强调人性本善，那么依然是无力的呐喊。所以颜元说：“有告子二或人之性道，孟子不得已而言性善也，犹今日有荀、扬、佛、老、程、张之性道，吾不得已而言才、情、气质之善也。”④ 由此可知，颜元是以孟子为榜样，力辟程朱理学的情、才有恶论。所以要了解颜元的情才观，必须先认识程朱为什么说情、才有不善。

程朱理学认为，情、才与性的关系密切，言性不能不言情、才。首先，在“情”“才”的概念上，程朱理学有自己的一套思想体系。“情”在中国古

① （清）颜元：《存性编·性图》，载《颜元集》，中华书局 1987 年版，第 20 页。

② （清）钟錂编：《颜习斋先生言行录·王次亭第十二》，载《颜元集》，中华书局 1987 年版，第 664 页。

③ （清）颜元：《存性编·性图》，载《颜元集》，中华书局 1987 年版，第 22 页。

④ （清）颜元：《存性编·图跋》，载《颜元集》，中华书局 1987 年版，第 33 页。

代有多种内涵。《礼记》中说：“何谓人情？喜、怒、哀、惧、爱、恶、欲，七者弗学而能。”① 荀子讲：“性之好、恶、喜、怒、哀、乐谓之情。”② 但程朱理学使用“情”的内涵则与之不大相同，它主要指的孟子所说的人心中四端的对外发用，即恻隐之心、羞恶之心、辞让之心、是非之心的对外发用。朱熹说：“四端，情也。”③ “恻隐、羞恶、辞逊、是非，是情之所发之名。”④ “才”在古代主要指材质、才能。东汉王充说：“故夫临事知愚，操行清浊，性与才也。”⑤ 这里的“才”即指才能。但程朱理学中的“才”的概念则主要指人表达内心四端之情的力量大小。朱熹指出：“才是心之力，是有气力去做底。”⑥

其次，程朱的“情”“才”概念之所以有自己的一套思想体系，是因为他们主要不是从语源学上去理解“情”“才”，而是在心、性、情、才之间的道德关系诠释中来界定“情”“才”。朱熹说：

> 性者，心之理；情者，心之动。才便是那情之会恁地者。情与才绝相近。但情是遇物而发，路陌曲折恁地去底；才是那会如此底。要之，千头万绪，皆是从心上来。⑦（朱熹）
>
> 问：“情与才何别？”［朱熹］曰：“情只是所发之路陌，才是会恁地去做底。且如恻隐，有恳切者，有不恳切者，是则才之有不同。”又问：“如此，则才与心之用相类？”［朱熹］曰：“才是心之力，是有气力去做底。心是管摄主宰者，此心之所以为大也。”⑧

由此可知，朱熹认为，性、情、才是人心中的道德品质、道德情感、道德能力。“情是心之动”，是指人心之道德品质要展现出来，要通过道德感情得以表达。只有通过道德情感表达，才能判断一个人的道德品质。这个道德品质

① （清）孙希旦：《礼记集解》卷二十二，中华书局1989年版，第606页。
② （战国）荀子著，王先谦集解：《荀子集解》卷十六，中华书局1988年版，第412页。
③ （宋）黎靖德编：《朱子语类》卷五，中华书局1986年版，第89页。
④ （宋）黎靖德编：《朱子语类》卷五，中华书局1986年版，第92页。
⑤ （汉）王充著，黄晖撰：《论衡校释》，中华书局1990年版，第20页。
⑥ （宋）黎靖德编：《朱子语类》卷五，中华书局1986年版，第97页。
⑦ （宋）黎靖德编：《朱子语类》卷五，中华书局1986年版，第97页。
⑧ （宋）黎靖德编：《朱子语类》卷五，中华书局1986年版，第97页。

在程朱理学看来，就是仁义礼智四种道德属性在人心中的内化；道德情感则是对应着仁义礼智的恻隐、羞恶、辞逊、是非四端之情。“才是心之力”，也就是人表达内心中道德情感的能力。朱熹认为只有表达内心中天理之善的能力是“才”。他反对说“能为善便是才”，而认为“能为善而本善者是才”，即基于善心而表现善的能力才是“才”。因为如果只承认为善的能力是“才”，而不设立内心的良善基点的话，那么就得承认“能为恶亦是才也”①，这一点是朱熹不可以接受的。

既然“情”是四端之心的表达，“才”是“能为善而本善者”，那么为什么说情、才有恶呢？而且，如果人性本善的话，本善的性又如何产生有恶的情、才呢？这一问题，朱熹是这样回答的：

> 伊川谓“性禀于天，才禀于气”，是也。只有性是一定。情与心与才，便合着气了。心本未尝不同，随人生得来便别了。情则可以善，可以恶。②
>
> 问：“孟子言情、才皆善，如何?”［朱熹］曰：“情本自善，其发也未有染污，何尝不善。才只是资质，亦无不善。譬物之白者，未染时只是白也。”③
>
> 问：“孟子论才专言善，何也?”［朱熹］曰：“才本是善，但为气所染，故有善、不善，亦是人不能尽其才。”④

由此可知，朱熹认为人的情、才原本都是善的，但在理气生成人的过程中，情、才与气交杂；而气又有清有浊，于是体现在具体人身上的情、才则有善有不善。所以，从天命之性的角度来看，人之情、才皆为善；从气质之性的角度来看，则人之情、才有善有恶。这就为现实生活中的林林总总、样式各异的人性和气质提供了重要的理论支持。

颜元反对朱熹的说法，他从气质皆善的角度出发，力证情、才皆善。颜元使用“情”的概念和朱熹一致，也是指四端之情。他说：“心之理曰性，性

---

① （宋）黎靖德编：《朱子语类》卷五，中华书局1986年版，第97页。

② （宋）黎靖德编：《朱子语类》卷五，中华书局1986年版，第97页。

③ （宋）黎靖德编：《朱子语类》卷五十九，中华书局1986年版，第1381页。

④ （宋）黎靖德编：《朱子语类》卷五十九，中华书局1986年版，第1382页。

之动曰情，情之力曰才。”[①] 这与朱熹的表达是一致的。在概念内涵一致的情况下，颜元展开了他关于情、才的道德性质的论证。为此，他专门绘制了一张《孟子性、情、才皆善之图》（图2－2）。

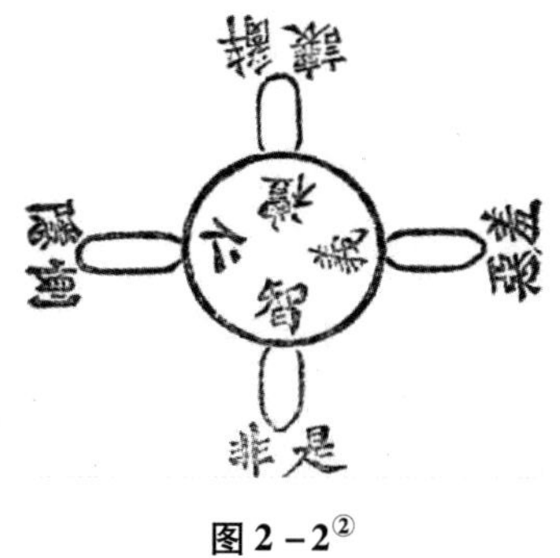

图2－2[②]

并作了以下说明：

> 圈，心也；仁、义、礼、智，性也；心一理而统此四者，非块然有四件也。既非块然四件，何由而名为仁、义、礼、智也？以发之者知之也，则恻隐、羞恶、辞让、是非也。发者，情也，能发而见于事者，才也；则非情、才无以见性，非气质无所为情、才，即无所为性。是情非他，即性之见也；才非他，即性之能也；气质非他，即性、情、才之气质也；一理而异其名也。若谓性善而才、情有恶，譬则苗矣，是谓种麻而秸实遂杂麦也；性善而气质有恶，譬则树矣，是谓内之神理属柳而外之枝干乃为槐也。[③]

颜元认为，情、才都出于性，都属于心；心内在的道德属性是仁义礼智，仁义礼智虽然有四个名称，其实都是心中之性；之所以分别叫四个名字，则是因为已发的情有四种，也就是恻隐之情、羞恶之情、辞让之情、是非之情；情能够发动则需要心之力，这就是“才”；性、情、才是一个相互联系、不可分割的整体。以上颜元的这些论述和朱熹都是一致的。而不一样之处，就在于颜元强调了气质的作用，从气质与情、才的关系上辨析情、才为善，认为

① （清）李塨：《颜习斋先生年谱·五十岁》，载《颜元集》，中华书局1987年版，第757页。

② 图片引自（清）颜元《四存编》，四存学校1935年版。

③ （清）颜元：《存性编·性图》，载《颜元集》，中华书局1987年版，第27页。

既然每个人的气质都是善的，那么情、才也一定是善的。这一点在颜元论证二气四德生成人之情、才的过程中也可以明显看出来，他这么写道：

> 二气四德者，未凝结之人也；人者，已凝结之二气四德也。存之为仁义礼智，谓之性者，以在内之元亨利贞名之也；发之为恻隐、羞恶、辞让、是非，谓之情者，以及物之元亨利贞言之也；才者，性之为情者也，是元亨利贞之力也。谓情有恶，是谓已发之元亨利贞，非未发之元亨利贞也。谓才有恶，是谓蓄者元亨利贞，能作者非元亨利贞也；谓气质有恶，是元亨利贞之理谓之天道，元亨利贞之气不谓之天道也。噫！天下有无理之气乎？有无气之理乎？有二气四德外之理气乎？恶其发者，是即恶其存之渐也；恶其力者，是即恶其本之渐也；恶其气者，是即恶其理之渐也。何也？人之性，即天之道也。①

颜元认为，“情”是人心中元亨利贞四德发用到外物上的表现，“才”是人心中的元亨利贞四德之力。如果认为“情”有恶，那就相当于说发用在外物上的四德不是人心中至善之四德；如果认为“才”有恶，那相当于说已经积聚在外物上的四德之力不是人心中未发的四德之力。这样一来，那么就出现了两种性质的元亨利贞四德，一种是善的，一种是恶的。这显然是矛盾的。而且，因为“盈宇宙无异气，无异理”，元亨利贞四德只能有一种性质，那就是至善，它是由天道赋予的。以上是从下往上的逻辑进行推理论证的。如果按照从天道生成人的角度从上往下推来解释，那么这个逻辑就是天道→阴阳二气→元亨利贞四德→人。人是“已凝结之二气四德也”。在二气四德生成人的过程中，天道的至善，传递到人身上，由此人的气质、情、才都是善的。如果说情、才有不善，那么就是说气质有不善，即表示二气四德有不善，即表示天道有不善，而天道事实上却无不善。颜元这是从已发、未发的矛盾性来证明情、才都是善的，也就是说如果承认心中蕴含的情、才是善的，那么发用出来的情、才也只能是善的，“上只有一性，若以性不能为善，则诬性也；若谓才或情不能为善，则诬才与情也”②。颜元认为程朱理学情才观的问题所

① （清）颜元：《存性编·性图》，载《颜元集》，中华书局1987年版，第21—22页。
② （清）颜元：《存性编·性图》，载《颜元集》，中华书局1987年版，第19页。

在就是情、才有恶。他说：

> 朱子原亦识性，但为佛氏所染，为世人恶习所混。若无程、张气质之论，当必求“性情才”及“引蔽习染”七字之分界，而性情才之皆善，与后日恶之所从来判然矣。①

引蔽习染是指人在生活中遇到外界环境影响。颜元认为，未发的情、才都是善的，已发的情、才受外部环境影响才变得有善恶，而朱熹没有看到外部环境的影响，将人未发的情、才与受到外部影响而表现出来的情、才等同起来。但是，颜元这样批评朱熹对吗？从前文可以看到，朱熹并不是从未发、已发的角度论证情、才有不善，并不是说内在的情、才是善的，而发用出来的情、才则变得有善恶。朱熹是指有的人的情、才是善的，有的人的情、才是不善的，这种善与不善是由气质之性带来的，是在天之理气生成人的过程中形成的。

颜元从天道生成人的角度证明人的情、才皆善，而朱熹从天道生成人的角度证明一些人的情、才有恶，那么两者的差异出现在哪里？仔细考察，就可发现其在于两者对于天道生成人过程中“气”的性质的定义。颜元认为，天道生成人的气，无论怎么变化，都是善的，所以情、才在人身上与天地间的善气相结合，当然也是善的。他说：“气质皆善，以清浊厚薄虽不同，而性皆元亨利贞之理，情、才、气质皆元亨利贞之力之气若质也，从何处加不善二字？”② 又说：“三十二类不外于十六变也，十六变不外四德也，四德不外于二气，二气不外于天道也，举不得以恶言也。”③ 但是朱熹却与此看法不一样。他认为天地之气虽然为正气，在形成人的过程中滚来滚去，于是每个人身上的禀气有清浊薄厚等不同。既然是清浊薄厚，那么在现实生活中就表现为善、不善。朱熹说：“性是形而上者，气是形而下者。形而上者全是天理，形而下者只是那查滓。至于形，又是查滓至浊者也。”④ 他认为，情与才虽然都出于性，但是在人身上夹杂着浊气，因此就不能不说情、才有恶。朱熹在

① （清）颜元：《存性编·明明德》，载《颜元集》，中华书局1987年版，第2页。
② （清）颜元：《四书正误·孟子》，载《颜元集》，中华书局1987年版，第237页。
③ （清）颜元：《存性编·性图》，载《颜元集》，中华书局1987年版，第25页。
④ （宋）黎靖德编：《朱子语类》卷五，中华书局1986年版，第97页。

回答相关问题时这样说：

> 问："集注说'孟子专指其出于性者言之，程子兼指其禀于气者言之'，又是如何？"
>
> ［朱熹］曰："固是。要之，才只是一个才，才之初，亦无不善。缘他气禀有善恶，故其才亦有善恶。孟子自其同者言之，故以为出于性；程子自其异者言之，故以为禀于气。大抵孟子多是专以性言，故以为性善，才亦无不善。到周子程子张子，方始说到气上。要之，须兼是二者言之方备。"①

朱熹认为，孟子说"乃若其情，则可以为善矣，乃所谓善也，若夫为不善，非才之罪也"②。这是因为孟子单纯指人之性而言之，所以认为"才"没有不善。孟子所说的人之性在程朱理学看来是指"天命之性"。而程颐说："才禀于气，气有清浊，禀其清者为贤，禀其浊者为愚。"③ 朱熹认为这是就性与气结合而言之，于是"才"就有善与不善。比较孟子与程颐的说法，朱熹认为程颐的更为完备。颜元则认为孟子的说法更正确，"孟子于百说纷纷之中，明性善及才情之善，有功万世"④。他指出，现实中的情、才有恶是因为外部环境的影响造成的，程朱理学的说法是"以引蔽习染杂才、情、气质，则大诬乎才、情、气质矣"⑤。

那么说，颜元和程朱关于情、才的说法哪个是正确的？这似乎是一个没有答案的问题。因为从颜元的"性即是气质之性"的人性论体系中，必然能推出情、才皆善。按照颜元的逻辑，如果承认有的人天生的情、才就是恶的，那么其气质也不会是善的；如果气质不是善的，那么人性也就不会皆善；人性不皆善，人性本善就没法成立。所以，承认情、才皆善，这是颜元人性一元论的必然要求。同样，从程朱理学人性二元论的角度，也必然可以推出情、才有恶，以便解释现实社会中呈现的善恶不一的各种人性。如果承认所有人

---

① （宋）黎靖德编：《朱子语类》卷五十九，中华书局1986年版，第1383页。

② （清）阮元校刻：《孟子注疏·告子上》，载嘉庆本《十三经注疏》，中华书局2009年版，第5981页。

③ （宋）程颢、程颐：《二程集·遗书卷第十八》，中华书局2004年版，第204页。

④ （清）颜元：《存性编·性理评》，载《颜元集》，中华书局1987年版，第13页。

⑤ （清）颜元：《存性编·性图》，载《颜元集》，中华书局1987年版，第27页。

在事实经验层面的情、才都是善的，而这个善性的情、才又是由人的气质之性发出的，这就与程朱理学主张的气质之性有善有恶相互矛盾。所以，承认人的气质之性有善恶的不同，必然也得承认人的情、才有善恶的区分。于是，程朱将情与才的至善归之于天命之性，将现实生活中情、才的善恶不同归之于气质之性，让两者各有所属，这就是二程所说的“论气不论性，不明；论性不论气，不备”①。这样的情、才善恶两属逻辑也是程朱人性二分法的当然归宿。

分析完颜元建立在情是四端之情基础上的情善论，还有一个相关问题也应该注意，那就是颜元对待喜怒哀惧爱恶欲七情的态度，也就是对待人之日常基本情感的态度。他是否也认为人之七情都是善的，以及每个人都应该充分自由地发挥基本情感？其实，颜元直接谈及七情的时候并不多，但依然可以根据他的语言和行为分析其观点之大端。他在和王养粹的对话中说道：

> 朱子述伊川曰：“形既生矣，外物触其形而动于中矣。其中动而七情出，曰喜、怒、哀、惧、爱、恶、欲，情既炽而益荡，其性凿矣。”
>
> “情既炽”句，是归罪于情矣。非。王子（王养粹）曰：程子之言似不非。炽便是恶。予曰：孝子之情浓，忠臣之情盛，炽亦何恶？贤者又惑于庄周矣。②（颜元评）

在这里，颜元的回答其实偷换了概念，王养粹问他的是七情之情，他的回答则针对当时属于绝对道德正确的忠孝之情。但是，因为王养粹问的是七情之情，颜元是在清晰了解问题的情况下这样回答的，所以这同样表达了他对七情的真实看法，那就是七情只要发用正确，就不是恶。颜元在评价弟子李塨的日记时说道：“自勘私欲不生，七情中节，待人处事，无不妥当，乃为慊。”③ 这里的“七情中节”，是说七情的对外发用符合礼仪法度、道德规范。把这句话与他对王养粹说的话结合起来看，则可以看出颜元对于七情的基本态度，那就是七情本身不是恶的，但七情的对外发用要符合道德规范。既然不是恶的，那么是否可以说颜元就认为七情是善的。其实颜元并没有这样直

---

① （宋）黎靖德编：《朱子语类》卷五十九，中华书局 1986 年版，第 1384 页；亦参见程颢、程颐《二程集·遗书卷第六》，中华书局 2004 年版，第 81 页。

② （清）颜元：《存性编·性理评》，载《颜元集》，中华书局 1987 年版，第 5 页。

③ （清）李塨：《颜习斋先生年谱·四十七岁》，载《颜元集》，中华书局 1987 年版，第 752 页。

接阐述，但是按照颜元关于二气四德凝结成人的生成逻辑，则大概他认为人心中未发之七情是善的，已发之七情如果符合道德规范，也是善的。如果发用出来的七情不符合道德规范，但没有损害国家社会群众利益，则可以称之为不正确，但也不能称之为恶。他在评论朱熹相关观点时说：

> “动”字与中庸“发”字无异，而其是非真妄，特决于有节与无节、中节与不中节之间耳。(朱熹)①
>
> 以不中节为非亦可，但以为恶妄则不可。彼忠臣义士，不中节者岂少哉!②（颜元评）

由此可见，颜元对七情的发用比较宽容。在善、恶之间，他又加了一个“非”，用来包容发用出来的七情。这样的话，发用出来的七情即使不是善的，也不直接等于恶。由此可见，颜元对人之七情的态度比程朱理学家宽容。

除了“情”之外，人的基本属性中还包括“欲”，那么是否颜元就对已发情欲无限支持，肯定人之情欲的合理性呢？从颜元的言行来看，他对人之基本欲望是包容的，但对超过基本需求的人欲是严加防范的，主张要充分警觉。上边提到的他对李塨日记的评语中就有一句“私欲不生”，同样在《颜习斋先生言行录》中也有多处他关于警惕人欲的言论：

> 立春前，砚水连日不冰。因思吾人天理暗长一分，人欲自暗消一分。③（颜元）
>
> 先生（颜元）教及门活心之法，只要自检一念之动，是人欲，便克治之，便刚断之，则自活。④

此外，和上述材料一样，在《颜元集》中提到“人欲”的其他之处，基本是

---

① （宋）朱熹：《答胡广仲》，载曾枣庄、刘琳主编《全宋文》，上海辞书出版社、安徽教育出版社2006年版，第246册，第211页。

② （清）颜元：《存性编·性理评》，载《颜元集》，中华书局1987年版，第5页。

③ （清）钟錂编：《颜习斋先生言行录·学问第二十》，载《颜元集》，中华书局1987年版，第694页。

④ （清）钟錂编：《颜习斋先生言行录·教及门第十四》，载《颜元集》，中华书局1987年版，第670页。

以负面的含义出现的。由以上可以看出，颜元认为人们要时刻警惕人欲的出现。他强调人欲天理的对立，没有对超出基本需求的人欲加以肯定，这一点和程朱理学的看法是基本一致的。但两者也有不同的地方，颜元主张人欲为恶时强调的是后天引蔽习染而导致，他说，“自验无事时种种杂念，皆属生平闻见，言事境物，可见有生后皆因习作主”①，而程朱理学则强调人欲之恶的先天气质成分。

三 恶的成因：“引蔽习染”和“误用其情”

中国历史上一直多灾多难，战乱、瘟疫、灾荒等不断出现在中华大地上。面对事实经验层面人的种种善恶表现，中国古代思想家一直思考人之本性。而人性论探究的一大重要问题领域，就是现实生活中的恶是不是属于人性。对此，古代思想家们提出了各种人性论以求解释这个问题，例如，荀子说人性本恶，扬雄讲人性善恶混，韩愈将人性分为三品。长期以来中国传统文化的主流认可的是性善论，但是性善论在解释现实恶的方面，面对三大棘手问题。

既然人性本善，所有人的本性都是善良的，那么人世间的种种罪恶又来自何方？这是第一个问题。即便承认人性本善，人世间的小罪小恶可以用后天环境影响来解释，那么大奸大恶、罪大恶极、恶贯满盈之人是否也能够用后天环境因素充分解释？这是第二个问题。既然人性本善，为什么会有自幼就好勇斗狠的人、自幼就荒淫无度的人和自幼就凶恶无比的人？诸如此类自幼而恶的人，他们的恶又来自何方？这是第三个问题。

因此，如何在人性本善的框架内解释现实生活中这些恶现象的来源问题，就成为秉持性善论的思想家一直孜孜以求的梦想。程朱理学的产生，一个重要的原因，就是为了解决以上这三大问题。程、朱将人性一分为二，一方面讲天命之性绝对为善，人性之善由上天赋予，这给了讲人性本善巨大的底气；另一方面讲气质之性有善有恶，现实中人性之恶的问题也有了答案。所以，程朱理学在坚持性善论的前提下，比较圆融地解决了事实经验层面的人性之恶问题，这也是程朱理学的人性论在两宋以后数百年长盛不衰的重要原因。颜元坚持人性本善论，但是他不同意程朱理学对恶的解释，不同意将恶纳入

---

① （清）李塨：《颜习斋先生年谱·三十五岁》，载《颜元集》，中华书局1987年版，第730页。

气质之性。

首先，对于第一个问题，颜元认为人性本善，人之恶是由于后天的引蔽习染。他说：

> 至于人，清浊、厚薄、长短、高下，或有所清，有所浊，有时厚，有时薄，大长小长，大短小短，时高时下，参差无尽之变，皆四德之妙所为也。世固有妖氛瘴疠，亦因人物有所激感而成，如人性之有引蔽习染，而非其本然也。①
>
> 性、情、才之皆善，与后日恶之所从来判然矣。惟先儒既开此论，遂以恶归之气质而求变化之，岂不思气质即二气四德所结聚者，乌得谓之恶！其恶者，引蔽习染也。②

颜元认为，世间的人虽然有各种各样的类型，但都是“四德之妙所为”，又因为元亨利贞四德是天地之间至善的良能，所以人性皆为善。人之所以恶则是因为人物之间“有所激感”，由于引蔽习染，但这不是人性的本来面貌，“人性之有引蔽习染，而非其本然也”③。引蔽是指人在成长过程中为外物所引，以至于人的善良本性被遮蔽。孟子说：“耳目之官不思，而蔽于物，物交物，则引之而已矣。”④ 孟子这里是指人的感官容易被外界的形形色色吸引。颜元将孟子的“引”思想的应用范围扩大，不光指人的感官，也指心性被外界的不良环境吸引，进而导致迷失本性。习染是指人处于环境中，习以为常，为环境所染。《墨子·所染》记载：“子墨子言见染丝者而叹，曰：‘染于苍则苍，染于黄则黄，所入者变，其色亦变。五入必，而已则为五色矣。故染不可不慎也所染’。”⑤ 颜元在墨子“染”的观念基础上，加上一个“习”字，强调习惯成自然，人在这种自然的趋势下不停地被环境感染。颜元举例说，苏轼迷信佛教，“必是自幼生长川、蜀之地，习见僧人，多读佛书，入鲍鱼肆不觉其臭矣”⑥。引蔽与习染结合起来，人日益迷失善良本性而不自觉，各种

---

① （清）颜元：《存性编·性图》，载《颜元集》，中华书局 1987 年版，第 23 页。
② （清）颜元：《存性编·明明德》，载《颜元集》，中华书局 1987 年版，第 2 页。
③ （清）颜元：《存性编·性图》，载《颜元集》，中华书局 1987 年版，第 23 页。
④ （宋）朱熹：《四书章句集注·孟子集注》，中华书局 1983 年版，第 335 页。
⑤ 吴毓江：《墨子校注》，中华书局 2006 年版，第 16 页。
⑥ （清）颜元：《存人编·唤迷途》，载《颜元集》，中华书局 1987 年版，第 133 页。

不当行为也就随之出现。颜元专门绘制了《孟子性情才皆善为不善非才之罪图》（图 2－3）来演示这一情况：

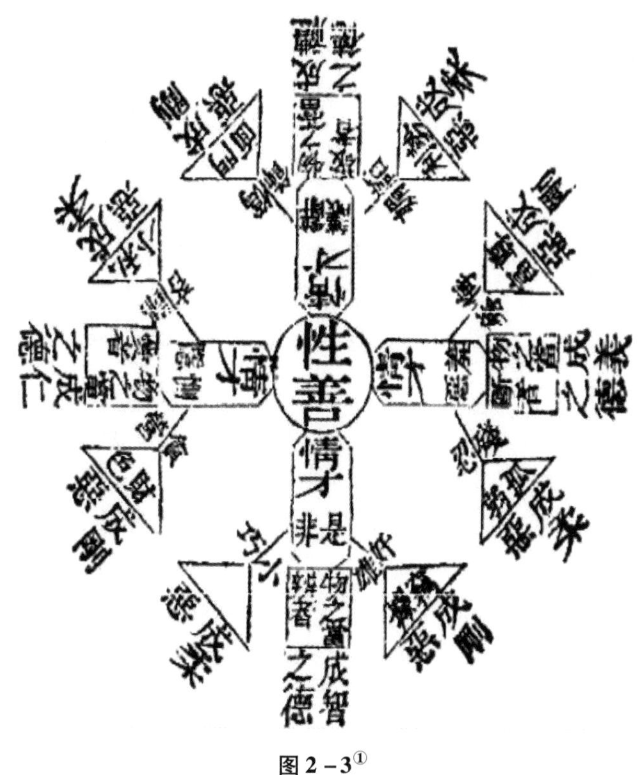

图 2－3[①]

在图的说明中，他解释道：

> 及世味纷乘，贞邪不一，惟圣人禀有全德，大中至正，顺应而不失其则。下此者，财色诱于外，引而之左，则蔽其当爱而不见，爱其所不当爱，而贪营之刚恶出焉；私小据于己，引而之右，则蔽其当爱而不见，爱其所不当爱，而鄙吝之柔恶出焉；以至羞恶被引而为侮夺、残忍，辞让被引而为伪饰、谄媚，是非被引而为奸雄、小巧，种种之恶所从来也。[②]

① 图片引自（清）颜元《存学编　存性编》，商务印书馆 1937 年版。

② （清）颜元：《存性编 · 性图》，载《颜元集》，中华书局 1987 年版，第 28 页。

颜元认为，恻隐、羞恶、辞让、是非四端之情，在引蔽的作用下，演变出人世间的种种恶行。其中，恻隐之情被引蔽，则成刚恶、柔恶；羞恶之情被引蔽，则成侮夺、残忍；辞让之情被引蔽，则成伪饰、谄媚；是非之情被引蔽，而成奸雄、小巧。

其次，对于第二个问题，颜元认为即使大奸大恶、恶贯满盈的人依然本性是善的，只不过是积习日久，难以返回本初之善。他说：

> 狠毒残暴，亦必有外物引之，遂为所蔽而僻焉，久之相习而成，遂莫辨其为后起、为本来，大率杀人戕物，皆偏于义者为之也。若当其未有引蔽，未有习染，而指其一身之羞恶者曰，此是杀人，此是戕物，岂不诬乎?①
>
> 人则极凶大憝，本体自在，止视反不反、力不力之间耳。尝言盗跖，天下之极恶矣，年至八十，染之至深矣，倘乍见孺子入井，亦必有怵惕恻隐之心，但习染重者不易反也。蠡一吏妇，淫奢无度，已踰四旬，疑其习性成矣；丁亥城破，产失归田，朴素勤俭，一如农家。乃知系跖囹圄数年，而出之孔子之堂，又数年亦可复善。吾故曰，不惟有生之初不可谓气质有恶，即习染凶极之余亦不可谓气质有恶也。②

颜元认为，大奸大恶之人的形成需要一个过程。在这个过程中刚开始一定有外物引诱，后来不断地受恶劣环境的熏陶，进而对恶行习以为常、不以为非，不断做出罪恶的行为。在这一个过程中，大恶之人的善良本性虽然逐步迷失，但依然存在。这里，颜元举了一个假设性的例子，说天下极恶之人盗跖，乍见小孩掉入井中，也一定会在心中生出怵惕恻隐之心。朱熹在讲孟子浩然正气章时也提到过盗跖。他说："如所谓'恻隐之心，人皆有之'，只是理如此。若论盗跖，便几于无此心矣。"③ 颜元和朱熹对盗跖似的极恶之人心中的善端，一个说必有，一个说几近没有，中间的差异一目了然，这也是两人在人性论上的重要分歧。颜元由极恶之人心中的善端还必然存在的认知下，提出"系

① （清）颜元：《存性编·性理评》，载《颜元集》，中华书局 1987 年版，第 9 页。
② （清）颜元：《存性编·性图》，载《颜元集》，中华书局 1987 年版，第 29 页。
③ （宋）黎靖德编：《朱子语类》卷五十二，中华书局 1986 年版，第 1244 页。

跖图圄数年，而出之孔子之堂，又数年亦可复善”。这就是认为极恶之人也可以改造，只要综合利用德与法两种方法，经过数年，极恶之人也会返回他的善良本性。

最后，对于第三个问题，颜元认为自幼而恶的人，不是本性就是恶，而是有偏。他在《存性编·性理评》中评价朱熹的观点时，对这个问题有专门的阐释：

> 水流至海而不污者，气禀清明，自幼而善，圣人性之而全其天者也。流未远而已浊者，气禀偏驳之甚，自幼而恶者也。流既远而方浊者，长而见异物而迁焉，失其赤子之心者也。浊有多少，气之昏明纯驳有浅深也。不可以浊者不为水，恶亦不可不谓之性也。[①]（朱熹）
>
> 水流未远而浊，是水出泉即遇易亏之土，水全无与也，水亦无如何也。人之自幼而恶，是本身气质偏驳，易于引蔽习染，人与有责也，人可自力也。如何可伦！人家墙卑，易于招盗，墙诚有咎也，但责墙曰“汝即盗也”，受乎哉？[②]（颜元评）

颜元认为，人之自幼而恶者，因为气质偏驳，加之生在不良的环境下，进而变坏。但是这类人的本性依然是善的，就好比家中围墙低矮，容易招引盗贼，围墙固然是一个原因，但不可以说围墙是盗贼，因此，也不能说自幼而恶的人本性就是恶的。

结合颜元在天地化生万物的宇宙图式中所说的：“四德之理气，分合交感而生万物。其禀乎四德之中者，则其性质调和。……其禀乎四德之边者，则其性质偏僻。”[③] 可以推知，颜元在上述材料中使用的气质偏驳实际上指的是气质之性偏驳。天赋的气质之性偏驳容易受外部环境影响，所以“人与有责也”，人之天性要承担一定的责任。颜元这样分析是符合客观实际的，人之性格都是在遗传和环境的因素交互作用下形成的。在现实中同样的不良环境中长大，人的表现会千差万别，有的人会变得谨小慎微，有的人会变得胡作非

---

① （宋）朱熹著，江永集注：《近思录集注》，华东师范大学出版社 2015 年版，第 23 页。颜元在《存性编·性理评》中引此全文，并加以评论，载《颜元集》，中华书局 1987 年版，第 10—11 页。

② （清）颜元：《存性编·性理评》，载《颜元集》，中华书局 1987 年版，第 11 页。

③ （清）颜元：《存性编·性图》，载《颜元集》，中华书局 1987 年版，第 24 页。

为，人之天赋之性固然有区别。但是，颜元认为，第一，即使人之天赋之性各有不同，但依然都是善的；第二，气质之性为偏驳者，也不可以谓之恶。对于这两点，颜元有着详细的阐释。

对于第一点，颜元在对孔子的“性相近，习相远”的观念进行解释时说：

> 孔子曰：“性相近也，习相远也。”此二语乃自罕言中偶一言之，遂为千古言性之准。性之相近如真金，轻重多寡虽不同，其为金俱相若也。惟其有差等，故不曰“同”；惟其同一善，故曰“近”。将天下圣贤、豪杰、常人不一之恣性，皆于“性相近”一言包括，故曰“人皆可以为尧、舜”；将世人引蔽习染、好色好货以至弑君弑父无穷之罪恶，皆于“习相远”一句定案，故曰“非才之罪也”“非天之降材尔殊也”，孔、孟之旨一也。①

颜元认为，“性相近”是说人禀赋的善性各有差别，不是整齐划一的，所以不说性相同，但即使有层次差别也都属于同一性质的善。在这里他将人之性比作金子，用金子的成色和重量来表达人性在现实层面的层次差别，进而指出有层次差别也都是金子。“习相远”则是指后天的影响，千差万别的天赋人性在后天环境的不断影响下，展现在事实经验层面的差异更为巨大。

对于第二点，颜元认为，偏驳固然客观存在，但是仍然不可以称之为恶。他说：

> 盖周子之言善恶，或亦如言偏全耳。然偏不可谓为恶也；偏亦命于天者也，杂亦命于天者也，恶乃成于习耳。②
>
> 全体者为全体之圣贤，偏胜者为偏至之圣贤，下至椿、津之友恭，牛宏之宽恕，皆不可谓非一节之圣。宋儒乃以偏为恶；不知偏不引蔽，偏亦善也，未可以引蔽之偏诬偏也。③

---

① （清）颜元：《存性编·性理评》，载《颜元集》，中华书局1987年版，第7页。

② （清）颜元：《存性编·性理评》，载《颜元集》，中华书局1987年版，第10页。

③ （清）颜元：《存性编·性图》，载《颜元集》，中华书局1987年版，第31页。

颜元认为，本性偏之人，这个偏也是由天道之二气四德所赋予的，也兼有二气四德中的仁义礼智等至善的道德属性，不可以谓之恶。他批评宋儒以偏为恶的说法，认为天性偏驳的人没有后天的外物引诱，没有日积月累的环境习染，依然可以做圣贤。他说：“今即气禀偏而即命之曰恶，是指刀而坐以杀人也，庸知刀之能利用杀贼乎!”① 但是，颜元承认天性偏驳之人容易流于恶，所以他说：“赋禀偏驳，引之既易而反之甚难，引愈频而蔽愈远，习渐久而染渐深，以至染成贪营、鄙吝之性之情，而本来之仁不可知矣。”② 一个本性偏之人，又生长在恶劣的环境下，非常容易被环境中的坏风气熏染，容易被环境中的形形色色迷惑，于是形成了根深蒂固的恶性，要想返回其善良天性也越加困难。但是颜元认为，即使是性偏之人，面对恶劣环境，依然是“人可自力也”③，强调人的主观能动性对环境的改造作用，提倡人自立图强，不为环境所困。

颜元分析恶的成因，除了引蔽习染，另外一个重要理论，就是认为人误用其情，误用恻隐、羞恶、辞让、是非四端之情。他解释说：

> 气质偏驳者易流，见妻子可爱，反以爱父母者爱之，父母反不爱焉；见鸟兽、草木可爱，反以爱人者爱之，人反不爱焉；是谓贪营、鄙吝。以至贪所爱而弑父弑君，吝所爱而杀身丧国，皆非其爱之罪，误爱之罪也。又不特不仁而已也；至于爱不获宜而为不义，爱无节文而为无礼，爱昏其明而为不智，皆一误为之也，固非仁之罪也，亦岂恻隐之罪哉？使笃爱于父母，则爱妻子非恶也；使笃爱于人，则爱物非恶也……耳听邪声，目视邪色，非耳目之罪也，亦非视听之罪也，皆误也，皆误用其情也。④

颜元认为，天性偏驳的人，将应该用到父母身上的爱，用到了妻子身上，反而不爱父母了，将爱人之心用在了动物、植物上面，反而不爱人了，这就逐步养成了贪营、鄙吝的性格；进而“贪所爱而弑父弑君，吝所爱而杀身丧

① （清）颜元：《存性编·性理评》，载《颜元集》，中华书局1987年版，第6页。
② （清）颜元：《存性编·性图》，载《颜元集》，中华书局1987年版，第28—29页。
③ （清）颜元：《存性编·性理评》，载《颜元集》，中华书局1987年版，第11页。
④ （清）颜元：《存性编·性图》，载《颜元集》，中华书局1987年版，第30页。

国”，但这都不是爱心本身的原因，而是人错误应用爱心的缘故。如果一个人不只偏爱妻子，也爱父母，则爱妻子就不是恶；不只偏爱动植物，也爱人类，那么爱动植物也不是恶。由此，颜元认为，人世间的种种恶行，在最开始形成阶段，都是因为误用了四端之情。

在人之恶形成的过程中，误用其情与引蔽习染都是重要因素，颜元说："误始恶，不误不恶也；引蔽始误，不引蔽不误也；习染始终误，不习染不终误也。"① 这就是说，误用四端之情是开始阶段的恶，而如果没有误用，就不会有后来的恶行；环境中的外物引诱是最初阶段的误，而如果没有引蔽，就不会有后来的错误；环境不断地习染是伴随始终的误，如果没有习染，那么人的罪恶错误也不会一发不可收。所以，颜元指出，“去其引蔽习染者，则犹是爱之情也，犹是爱之才也，犹是用爱之人之气质也”②。只要去掉人在后天环境的习染，那么人之情仍然是可以爱人之情，人之才依然是可以爱人之才，人之气质依然是可以爱人之气质。

颜元对人之本性充满了信心，认为人性中没有恶，即便恶人的人性中也没有恶；恶来自人对自己原本善性的四端之情的错误应用，以及后天的引蔽习染。既然种种罪恶都可以还原为人之本善的四端之情，那么一个恶人、一个罪人，即使承受社会舆论、法律等极大压力，他依然可以对自己的本性充满信心，有了做好人和善人的道德底气。颜元的这种充满理想化的人性论，在教育学、犯罪心理学上无疑是意义重大的。

第三节　践形尽性

“尽性”是颜元实性论的另一个重要领域。既然性就是形之性，就是体现于人的具体存在中的性，那么要“尽性”，必须“践形”。由此可见，“尽性”和“践形”是一分为二又合二为一的关系。践形不仅要践外在之形，还要践形中之性；尽性不仅要尽人心之性，还要尽人的形体之性。因此，践形尽性，就要充分发挥上天赋予的人之善，挖掘人内心的仁义礼智之德和元亨利贞之力，成为德才兼备、造福社会的圣贤。

---

① （清）颜元：《存性编·性图》，载《颜元集》，中华书局1987年版，第30页。

② （清）颜元：《存性编·性图》，载《颜元集》，中华书局1987年版，第30页。

一 作圣践形：“人至圣人乃充满此形”

“践形”一词出自《孟子》。孟子说：“形色，天性也，惟圣人然后可以践形。”① 朱熹在《四书章句集注》中对此的解释是：“人之有形有色，无不各有自然之理，所谓天性也。践，如践言之践。盖众人有是形，而不能尽其理，故无以践其形；惟圣人有是形，而又能尽其理，然后可以践其形而无歉也。”② 颜元和朱熹的解释相差很大，他说：

> 孟子一生苦心，见人即言性善，言性善必取才情故迹一一指示，而直指曰：“形色，天性也，惟圣人然后可以践形。”明乎人不能作圣，皆负此形也，人至圣人乃充满此形也。此形非他，气质之谓也。以作圣之具而谓其有恶，人必将贱恶吾气质，程、朱敬身之训，又谁肯信而行之乎?③

从上文可以看出，颜元表达的意思主要有两个。（1）人的形体就是人的气质，它是善的，没有恶。（2）上天赋予的形体是人的“作圣之具”，所以每个人都有成为圣人的潜质。对于孟子提出的“践形”的内涵，可以有两种理解：一种是，人要积极扩充自己内心的善良本性，让美好德性充分滋润自己的体态容貌，实现内在美与外在美相结合；另一种解释是，人要努力学做圣人，让形体内蕴藏的各种美好得到充分展现，这种美好既包括内心中天赋善性的充分展现，又包括生理器官作用的充分发挥。颜元指出：“人不能作圣，皆负此形也，人至圣人乃充满此形也。”④ 这里他强调了人要学做圣人的重要性。同时，他在《存人编》中写道：“即以耳目论，吾尧、舜明四目，达四聪，使吾目明彻四方，天下之形无蔽焉，使吾耳聪达四境，天下之声无壅焉，此其所以光被四表也。”⑤ 这里他用古代圣人典范实现的耳聪目明的至高境界诠释“践形”的内涵。所以，颜元的“践形”内涵应采用第二种

---

① （清）阮元校刻：《孟子注疏·尽心上》，载嘉庆本《十三经注疏》，中华书局 2009 年版，第 6027 页。

② （宋）朱熹：《四书章句集注·孟子集注》，中华书局 1983 年版，第 360—361 页。

③ （清）颜元：《存性编·棉桃喻性》，载《颜元集》，中华书局 1987 年版，第 3 页。

④ （清）颜元：《存性编·棉桃喻性》，载《颜元集》，中华书局 1987 年版，第 3 页。

⑤ （清）颜元：《存人编·唤迷途》，载《颜元集》，中华书局 1987 年版，第 128 页。

解释。

如上所引，在“践形”的内涵上，颜元批评了朱熹，认为他不但没有正确理解孟子，反而“晦圣贤践形、尽性之旨”①，遮蔽了孟子的真正意思。因此，分析颜元和朱熹关于“践形”的差别之处，能够更加清晰地看出颜元践形观的特点。《朱子语类》记载，朱熹在同弟子讨论孟子的“践形”时这么说：

> 蜚卿问：“既是圣人，如何却方可以践形？”［朱熹］曰：“践，如掩覆得过底模样，如伊川说充其形色，自是说得好了。形，只是这形体。色，如‘临丧则有哀色，介胄则有不可犯之色’之类。天之生人，人之得于天，其具耳目口鼻者，莫不皆有此理。耳便必当无有不聪，目便必当无有不明，口便必能尽别天下之味，鼻便必能尽别天下之臭，圣人与常人都一般。惟众人有气禀之杂，物欲之累，虽同是耳也而不足于聪，虽同是目也而不足于明，虽同是口也而不足以别味，虽同是鼻也而不足以别臭。是虽有是形，惟其不足，故不能充践此形。惟圣人耳则十分聪，而无一毫之不聪；目则十分明，而无一毫之不明；以至于口鼻，莫不皆然。惟圣人如此，方可以践此形；惟众人如彼，自不可以践此形。”②

将以上引文，结合前面所引朱熹对孟子践形的相关注释，可以看出朱熹和颜元有两点不同。一是在“践”字的意义上。朱熹注释孟子关于践形一句时说：“践，如践言之践。”③ 解“践”字为“践言”之“践”，意思是实现、履行。如前所引，颜元解释“践形”时说：“人至圣人乃充满此形也。”将“践”字解为“充满”。二是在“形”的内涵上。朱熹用耳目口鼻等生理器官解“形”，其意义仅限于人体的生理基础。他解释“践形”时说：“盖众人有是形，而不能尽其理，故无以践其形；惟圣人有是形，而又能尽其理，然后可以践其形而无歉也。”④ 这就是说，只有圣人能够充分发挥各种器官的天赋功

---

① （清）李塨：《颜习斋先生年谱·三十六岁》，载《颜元集》，中华书局 1987 年版，第 731 页。
② （宋）黎靖德编：《朱子语类》卷六十，中华书局 1986 年版，第 1452 页。
③ （宋）朱熹：《四书章句集注·孟子集注》，中华书局 1983 年版，第 360 页。
④ （宋）朱熹：《四书章句集注·孟子集注》，中华书局 1983 年版，第 360—361 页。

能，能够让器官的天赋之理充分展现，实现践形，而普通人做不到这一点。而颜元的“形”概念则涵盖人在事实经验层面的全部所有，“此形非他，气质之谓也”①。它既包括耳目口鼻等生理器官，还包括性、情、才等心理现象。此一点是颜元和朱熹在践形观上最关键的区别所在。正因为对“形”的理解不同，所以颜元说朱熹没有理解孟子的意思。在颜元看来，“形”等于气质，不仅包括生理器官，还包括性、情、才。如果按照程朱理学所说，气质有恶，情与才有恶，那么气质、情、才恶之人的践形就成了践恶之形，这显然违反了孟子的本义。

将“形”理解为人与生俱来的全部美好的生理和心理材质，这是颜元践形观最重要的特点。颜元的践形观正是建立在对人的无比美好的认知基础上的。他认为，人是万物之灵，人的形体更是上天赋予人的美好材质。在《人论》中他写道：

> 天地者，万物之大父母也；父母者，传天地之化者也。人则独得天地之全，为万物之秀也。得全于天地，斯异于万物而独贵；惟秀于万物，斯役使万物而独灵。独贵于万物而得全于天地，则无亏欠于天地，是谓天地之肖子。独灵于万物而为秀于天地，则有功劳于天地，是谓天地之孝子。②

颜元指出，人独得天地之灵气的全体，在世间万物中最优异。所以人的形体（气质）即使有千差万别，也都是天地灵气之所在，“人者，已凝结之二气四德也”③。人是世间最具有灵性的，所以说每个人都有资本成为圣人。颜元进一步指出，人身上有灵性并且能够主动作为，就因为人有气质，“其灵而能为者，即气质也”④。正是基于“人为万物之灵”和“其灵而能为者，即气质也”的看法，颜元认为形体（气质）是人的“作圣之具”⑤，人不成为圣人，不充分利用自己与生俱来的美好形体，都是亏负了自己的天赋

① （清）颜元：《存性编·棉桃喻性》，载《颜元集》，中华书局1987年版，第3页。
② （清）颜元：《人论》，载《颜元集》，中华书局1987年版，第511页。
③ （清）颜元：《存性编·性图》，载《颜元集》，中华书局1987年版，第21页。
④ （清）颜元：《存性编·性理评》，载《颜元集》，中华书局1987年版，第15页。
⑤ （清）颜元：《存性编·棉桃喻性》，载《颜元集》，中华书局1987年版，第3页。

好材质。

那么人的形体（气质）有千差万别，是不是人人都可以成为圣人，人人都可以成为尧舜？颜元认为是肯定的，他在关于人性的《单绘一隅即元亨以见意之图》（图2－4）的说明中详细解释说：

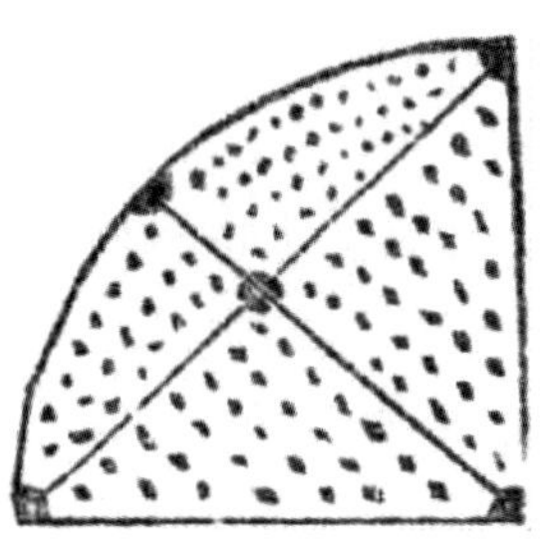

图2－4[①]

> 其隅中若干小点，或大，或小，或方，或圆，或齐，或锐，或疏，或密，或冲，或僻，或近中，或近正，或近间，或近斜，或近元，或近亨，盖亦莫不以一德或二德，总含四德之气理而寓一中，所谓“人得天地之中以生”也。是故通、塞、正、曲，虽各有不同，而盈宇宙无异气，无异理。苟勉力为之，而勿刻以行其恻隐，不傲以行其恭敬，亦无不可为黄、樊、颜、西、伊、周也。故曰“人皆可以为尧舜”。[②]

颜元在图形中用无数个不同大小和位置的点，比喻人的天生形体（气质）的千差万别。他认为，虽然有千差万别，但都蕴含着元亨利贞（仁义礼智）四德中的几种德性，并且还和其他的德相互交通，所以人“总含四德之气理而寓一中”。因此，只要人能够充分发扬自身所蕴含的恻隐之心、羞恶之心、辞让之心、是非之心，积极努力地去践履，也无不可以成为圣人，这就是“人皆可以成尧舜”。

虽然颜元说“人皆可以为尧舜”，但他所说的“人不能作圣，皆负此形也”，并不是指所有人都要努力成为尧舜那样的“内圣外王”的圣人。他认为，人要根据自身特有的天赋形体（气质），积极努力把自己的天赋善良发挥

---

① 图片引自（清）颜元《四存编》，四存学会1935年版。

② （清）颜元：《存性编·性图》，载《颜元集》，中华书局1987年版，第26页。

出来，这就是圣人。颜元对圣人的定义是广泛的，并没有局限于“内圣外王”的成说，并提出“一节之圣”的概念，他说：

> 全体者为全体之圣贤，偏胜者为偏至之圣贤，下至椿、津之友恭，牛宏之宽恕，皆不可谓非一节之圣。①

颜元认为，每个人的禀赋是不同的，有的人秉持的天赋善良成分多，有的人秉持得少。即使是秉持少的人，只要按照天赋材质充分发挥善良潜能，也可以成为“一节之圣”，即成为某一方面的圣人，因为“本性之仁必寓有义、礼、智，四德不相离也，但不尽如圣人之全，相济如携耳”②。

那么社会底层的劳动者，这些人文化层次比较低，道德水平参差不齐，是社会中存在的最广泛群体，他们如何践形，能否成为圣人？对于这一问题，颜元的回答是肯定的，他说：

> 赴易，同友人行。[颜元] 指途人谓之曰：孟子言“人皆可以为尧、舜”。如彼推车者、荷担者、执鞭者、趋役者，虽加数十年学问之功，兼以师友之熏陶，岂即能为尧、舜？友不能答。先生曰：孟子非谓“钦明”“浚哲”“知如神而仁如天”，斯为尧、舜之德也；非谓“时雍”“风动”“地平天成”“万物咸若”，斯为尧、舜之事也；若然，则颜、曾以下恐难言之，况彼碌碌者乎！只就各人身分，各人地位，全得各人资性，不失天赋善良，则随在皆尧、舜矣。如推货者不饰贾，不伪货；鞭役者不罔上，尽下分，斯皆尧、舜矣。③

颜元在这里认为，社会底层劳动者，像“推车者、荷担者、执鞭者、趋役者”，也可以践形，也可以成为圣人。在这里他同样指出圣人没有一模一样的模板。如果非得要和尧舜一样才是圣人的话，那么孔子的弟子除了颜回、曾子外都难以算得上是圣人，更别说是普通的社会底层人民。对于社会底层人

---

① （清）颜元：《存性编·性图》，载《颜元集》，中华书局1987年版，第31页。
② （清）颜元：《存性编·性图》，载《颜元集》，中华书局1987年版，第31页。
③ （清）钟錂编：《颜习斋先生言行录·吾辈第八》，载《颜元集》，中华书局1987年版，第648—649页。

民来说，他认为只要在社会中尽职尽责，本分做人，保持善良，这也就是尧舜。这是颜元从社会关系角度、从人类社会的良性运转角度，提出的践形内涵。颜元认为，践形中的“形”包括“形”中的“性”，而仁义礼智就是人之道德本性。社会底层的人们，只要在社会交往中充分发挥自己的恻隐之心、恭敬之心、辞让之心、是非之心，对人和善，保持善良，不做违法乱纪的事情，讲求职业道德和社会美德，那就是圣人，就“斯皆尧、舜矣”。

在现实社会中已经被引蔽习染而成的恶人，如何践形？这也是颜元思考的问题。颜元认为，“人性皆善，虽甚恶人必有善念一动之时”①，恶人依然可以成为圣人。他说：

> 祸始于引蔽，成于习染，以耳目、口鼻、四肢、百骸可为圣人之身，竟呼之曰禽兽，犹币帛素色，而既污之后，遂呼之曰赤帛黑帛也，而岂其材之本然哉！然人为万物之灵，又非币帛所可伦也。币帛既染，虽故质尚在，而骤不能复素；人则极凶大憝，本体自在，止视反不反、力不力之间耳。②

颜元认为，恶人的形体，即耳目、口鼻、四肢、百骸等，是“可为圣人之身”。虽然是恶人，但他的内心中依然蕴藏着仁义礼智等德性，“本体自在”，只要去掉引蔽习染带来的恶行恶习，心中这些美好德性就能显现出来。这时候，当遇见应该发挥内心善良德性的事情，只要不刻意掩盖，充分发挥恻隐、羞恶、辞让、是非等情感，那么这个恶人的道德本性就得以恢复。恢复了心中善良道德本性的恶人，只要继续充分利用他的“可为圣人之身”，积极践履上天赋予他的善良禀赋，那这个人也能够成为尧舜。即便这个人的天生气质偏驳，但如果用力为之，也可以成为“一节之圣”，“虽间斜，而用力为之，亦无不可为黄、樊、颜、西、伊、周也”③。

二　据形尽性：“尽性者于形尽之”

《周易·说卦》讲：“穷理尽性以至于命。”④《中庸》说：“唯天下至诚，

---

① （清）颜元：《存人编·唤迷途》，载《颜元集》，中华书局1987年版，第137页。

② （清）颜元：《存性编·性图》，载《颜元集》，中华书局1987年版，第29页。

③ （清）颜元：《存性编·性图》，载《颜元集》，中华书局1987年版，第26页。

④ （清）阮元校刻：《周易正义·说卦》，载嘉庆本《十三经注疏》，中华书局2009年版，第196页。

为能尽其性；能尽其性，则能尽人之性；能尽人之性，则能尽物之性；能尽物之性，则可以赞天地之化育；可以赞天地之化育，则可以与天地参矣。”[①]在这两部重要的先秦经典中，都出现了“尽性”一词。由此，尽性成为后世儒家讨论的重要命题。颜元认为，尽性必须从人之形体出发，充分发挥人天赋之美好本性，“尽性者于形尽之”[②]。在他看来，性并不单指人内心中精神性的存在物，而是与形体融为一体存在着。他指出：“尧、舜、周、孔之言性也，合身言之，故曰‘有物有则’。”[③] 这个“合身言之”的性既包括精神层面，也包括物质层面；既包括人心之性，也包括耳之性、目之性等生理之性。所以，颜元经常将践形与尽性连用，这也正是颜元的尽性观的最大的特点。

颜元的尽性观的基础是认为“形性不二”，即形与性不可分离，不能光谈性不谈形，也不能光谈形不谈性。从逻辑上可以分为“形”“性”两个名词，但在实际中，形与性必须是统一体。由于形与性是一个整体，所以无论是尽己之性、尽人之性、尽物之性，都要从形体入手。颜元说：“古之圣贤只是完自己性分，与天下人共完性分，‘成己成物’四字便了……仆谓性道教直从人说起，从人做起。”[④] 每个人尽性都要从自身形体做起，“治耳目即治心思也”[⑤]，在形体中体会上天赋予人之性理。他指出：

> 尧、舜、周、孔之言性也，合身言之，故曰“有物有则”。尧舜性之，汤武身之。尧、舜率性而出，身之所行皆性也；汤、武修身以复性，据性之形以治性也。孔门后惟孟子见及此，故曰“形色天性，惟圣人然后可以践形”。形，性之形也；性，形之性也。舍形则无性矣，舍性亦无形矣。失性者据形求之，尽性者于形尽之，贼其形则贼其性矣。[⑥]

颜元认为，圣人言性，都是“合身言之”，结合天赋形体谈性，根据天赋形体尽性。他按照圣人的禀赋不同，对尽性的层次加以区分。第一层次是尧、舜。

① （清）阮元校刻：《礼记正义·中庸》，载嘉庆本《十三经注疏》，中华书局2009年版，第3543页。
② （清）颜元：《存人编·唤迷途》，载《颜元集》，中华书局1987年版，第128页。
③ （清）颜元：《存人编·唤迷途》，载《颜元集》，中华书局1987年版，第128页。
④ （清）颜元：《四书正误·中庸》，载《颜元集》，中华书局1987年版，第170页。
⑤ （清）颜元：《四书正误·孟子》，载《颜元集》，中华书局1987年版，第238页。
⑥ （清）颜元：《存人编·唤迷途》，载《颜元集》，中华书局1987年版，第128页。

他们的尽性是自然而然的，所作所为都是天赋美好之性的直接发用。第二层次是商汤、周武王。他们的尽性是修养身心以回复天赋之美好本性，根据形体去完善自身之性。两个层次的圣人的尽性虽然略有不同，但都有个共同点，就是秉持形与性不分离，实现了践形和尽性完美统一。颜元认为，普通人与尧舜汤武一样由上天禀赋美好之形与性，所以要努力学习他们，在形中尽性，在形中求性。

颜元尽性观的另外一个重要特点是，不仅认为人的“形”内之理为性，还认为人的“形”的对外良善发用也为性。他说：“‘作用为性’四字不差，只佛氏与宋儒偏无作用耳。尧、舜之‘明四目，达四聪’‘仁如天，智如神’，尽一身之性也；‘克谐以孝，敦睦九族’，尽一家之性也；‘百姓昭明，黎民于变时雍’，与天下共尽其性也。天地清宁，万世永赖，合古今乾坤通尽其性也。”① 这就是说，尧舜等圣人的尽性有三个层次，即自身、家庭（家族）、天下。这里的“尽一身之性”的说法，和传统儒家尽性观在范围上基本一致，而“尽一家之性”“与天下共尽其性”的说法，则将人对外产生的实际良善作用包括在内。颜元这种尽性观，也和他强调人要对世界有所作为和强调学术要经世致用的观点是一致的。

颜元从不使用“穷理尽性”这一先秦文献中现成的说法，在他现存的所有文献中没有一条这样的记载。这表示他认为，只穷理达不到尽性的目标。颜元批评宋儒“蒙晦先圣尽性之旨”②，既因为宋儒将气质之性视为有恶，也因为他认为宋儒不懂“据性之形以治性”。③ 宋儒将穷理和尽性紧密联系起来，认为穷理、尽性、至于命三者是一个逻辑紧密的关系，所以要尽性需要先穷理。但在具体说法上，宋儒之间又有不同。程颐认为，只要专心穷理，穷尽理则尽性、至于命；张载认为这三者是个先后顺序，需要一件一件地去做。程颐说：

> 穷理尽性以至于命，以序言之不得不然，其实只能穷理便尽性至命也。④

① （清）颜元：《朱子语类评·训门人类》，载《颜元集》，中华书局1987年版，第284页。

② （清）颜元：《存学编·上征君孙钟元先生书》，载《颜元集》，中华书局1987年版，第46页。

③ （清）颜元：《存人编·唤迷途》，载《颜元集》，中华书局1987年版，第128页。

④ （宋）程颢、程颐：《二程集·遗书卷第二十二》，中华书局2004年版，第292页。

张载指出：

> 二程解穷理尽性以至于命，只穷理便是至于命，亦是失于太快。此义尽有次序，须是穷理，便能尽得己之性。尽得己之性，则推类又尽人之性；既尽得人之性，须是并万物之性一齐尽得，如此然后至于天道也。其间煞有事，岂有当下理会了？学者须是穷理为先，如此则方有学。①

颜元认为，程颐和张载的说法都不正确。按照程颐的说法，只要穷理就可以了，尽性与至于命的工夫都不需要专门去做，这是融尽性于穷理之中。按照张载的说法，穷理、尽性、至于命，是一个先后次第的关系，但尽性必须先穷理，“学者须是穷理为先”，归根结底还是提倡专注于穷理。颜元则认为，只穷理尽不了性。他说：“‘穷理居敬’四字，以文观之甚美，以实考之，则以读书为穷理功力，以恍惚道体为穷理精妙，以讲解著述为穷理事业。”② 这就是说，宋儒的穷理只是穷书中之理，只是求心头之性，但是却不去亲身实践礼乐，不关注身处世界的实际事务，不学习造福世界的实际知识技能，结果还是尽不了性，既尽不了自身的性，更尽不了人之性、物之性。

对比颜元和朱熹关于尽性的不同说法，也能看出颜元尽性观的特色。朱熹说：

> 尽性，性有仁，须尽得仁；有义，须尽得义，无一些欠缺方是尽。践形，人有形，形必有性。耳，形也，必尽其聪，然后能践耳之形；目，形也，必尽其明，然后能践目之形。践形，如践言之“践”。伊川云：“践形是充人之形。”尽性、践形，只是一事。③
>
> 问：“‘至诚尽性，尽人，尽物’，如何是‘尽’”？［朱熹］曰：“性便是仁义礼智。‘尽’云者，无所往而不尽也。”④

---

① （清）莫友芝辑：《十先生中庸集解》，中华书局 2017 年版，第 164 页。
② （清）颜元：《存学编 · 性理评》，载《颜元集》，中华书局 1987 年版，第 59 页。
③ （宋）黎靖德编：《朱子语类》卷六十，中华书局 1986 年版，第 1452 页。
④ （宋）黎靖德编：《朱子语类》卷六十四，中华书局 1986 年版，第 1569 页。

在朱熹看来，“尽”是指完全展开，“无所往而不尽”，没有一点欠缺，“性”是指人心之仁义礼智，“尽性”则是指完全展开心中之仁义礼智的美好德性。“形”是指耳、目、口、鼻等人体器官，完全展开了这些器官的性能，才是“践形”。因此，朱熹认为，在要实现完全展开性能这一目标上，尽性和践形是一致的，所以二者是相通的。

将朱熹的说法和颜元的对比，可以看出，颜元强调据形以尽性，强调形与性不可分割，“治耳目即治心思也”①，这在朱熹看来是不能成立的。颜元认为践形与尽性为一体，是一以贯之的，而朱熹则认为两者是分开的，各有各的领域，不能混为一谈。

颜元的尽性观还有一个特点，就是特别看重学习上古三代经典的礼乐。他认为学者要实现尽性，就要学习和实践经典礼乐，因为它是圣人制定出来陶冶人之性情的一套规范。他说：

> 天之生万物与人也，一理赋之性，一气凝之形。故吾养吾性之理，尝备万物之理以调剂之；吾养吾形之气，亦尝借万物之气以宣泄之。圣人明其然也，是以画衣冠，饬簠簋，制宫室，第宗庙，辨车旗，别饮食，或假诸形象羽毛以制礼，范民性于升降、周旋、跪拜、次叙、肃让；又镕金、琢石、窍竹、纠丝、刮匏、陶土、张革、击木，文羽钥，武干戚，节声律，撰诗歌，选伶佾，以作乐，调人气于歌韵舞仪，畅其积郁，舒其筋骨，和其血脉，化其乖暴，缓其急躁，而圣人致其中和以尽其性、践其形者在此，致家国天下之中和，天地之中和，以为位育，使生民、天地皆尽其性、践其形者，亦在此矣。②

颜元认为，宇宙万物之间的理气是相通的，上天既将理气赋予了人，也赋予了世间的万物。所以，人要调养自己的人性之理和形体之气，可以借助万物之理气。上古流传下来的礼乐，是圣人根据世间万物之理气，制定的一套舒展人之形体、调养人之性情的规范。所以，人要尽性必须学习实践上古的礼乐，用身去做，用耳去听，在形体的礼乐践行中去认知和调养自己的性情。

---

① （清）颜元：《四书正误·孟子》，载《颜元集》，中华书局1987年版，第238页。
② （清）颜元：《与何茂才千里书》，载《颜元集》，中华书局1987年版，第457—458页。

沐浴在礼乐中，人就可以逐步体会到上天赋予自己的美好本性。正如颜元所说：“予之视听言动，果克己复礼，践形而尽性也，则存性于身矣。”[①] 由此，他提倡形性合一的修身锻炼，“失性者据形求之，尽性者于形尽之”[②]，在践习礼乐中修养自身的德性，在实事实业中展现自身的天赋美好之性。

① （清）颜元：《未坠集序》，载《颜元集》，中华书局1987年版，第398页。
② （清）颜元：《存人编·唤迷途》，载《颜元集》，中华书局1987年版，第128页。

第三章 “实行”“实用”的为学论

为学论是颜元实学思想的重要内容。他主张，为学要以对国家、社会实际有用为目的，面向有实际效益的知识和技能，通过实行和实践进行学习，进而让学问实有诸身。颜元讲学习时，有两个立论背景需要注意。一是他炽热的为民情怀。① 颜元生长在明末清初，痛心生灵涂炭，所以他将保障百姓的生命权、生存权、发展权作为国家、社会最重要的事务，作为学习和学术最重要的目的。二是他对人之生命的有限性的认识。颜元意识到，个体的生命长度有限，精力旺盛之时则更短暂，所以必须集中时间精力学习对国家、社会、百姓有用的实事实务。正是从这两点出发，他将“为”字与“学”字联系在一起，指出学的内涵应是“为学”，表示学的方式不应只是讲、读、著、述，更多应是行、习、动、用。他强调实行与实用，提倡在行中学，在用中学，学以致用，学以经世。

第一节 为学之核心要义：学必求实

“实”是颜元为学论的中心词汇。他主张，为学要面向对社会有益的实际知识和技能，不应该学脱离现实的空虚理论；为学应该通过实践和行动，只有时习力行才能掌握知识和技能；为学应该充分运用人之形体去实践，进而形成习惯，内化到人的身心处，而不能只是用听说读写思去学。

一 崇实黜虚：“三事”“六府”“三物”与“天道性命”

学习，是一个自然人成长为社会人的过程，也是一个社会人不断成长进

① 颜元“心血屏营，则无一刻不流注民物，每酒阑灯灺，抵掌天下事，辄浩歌泣下”（《颜元集》，第101页）。他在读记录明末死难士大夫的甲申殉难录时，“至‘愧无半策匡时难，惟余一死报君恩’，未尝不凄然泣下也！”（《颜元集》，62页）此外，他在读到宋代林逋祭程颐的文中“不背其师有之，有益于世则未”一句时，“又不觉废卷浩叹，为生民怆惶久之！”（《颜元集》，62页）

而为社会作贡献的过程。在这个学以成人的过程中，学什么内容无疑是关键所在。朱熹在《四书章句集注》中对“学”的定义为：“学之为言效也。人性皆善，而觉有先后，后觉者必效先觉之所为，乃可以明善而复其初也。”① 他将“学”解释为“效”，进而从性善论的角度，将“学”的内容解释为道德的学习。在这个道德的学习过程中，人应该向先觉之人学习，效仿先觉之人的所作所为，进而理解自己的天赋本性也和先觉之人一样都是善的，从而返回天赋本性之善。按照程朱理学的看法，先觉之人主要指尧、舜、禹、汤、文、武、周公、孔子等先秦的儒家圣人，效仿先觉之人，也就是向这些圣人学习。但是圣人只留给后世以书籍，则学习的过程，无疑需要先研究圣人之经典书籍。既然学习的目的是“明善而复其初”，那么直接研究圣人书籍中所讲的天道、性、命之理，无疑是学以成人的捷径，所以朱熹说：“学而不论性，不知所学何事。”②

同朱熹一样，颜元的为学之道也是针对儒家的学者而言的，所以他同样认为应该向儒家的古圣先贤学习，但是他不认为“学”就等于研读圣贤书中的天道、性、命之义理。他说：“盖性、命之说渺茫，不如实行之有确据也。”③ 这就是说，性、命之义理虚无缥缈，不如实际践行有确切依据，所以颜元认为，性、命之义理不可以作为学习的主要内容。这里需要指出的是，虽然颜元写有《存性编》讨论天道、性、命，但他认为这是自己不得已的申辩，因为先秦之后的各种“假学”蒙晦儒家圣贤的真精神。他指出：“今日有荀、扬、佛、老、程、张之性道，吾不得已而言才、情、气质之善也。”④ 基于这种认识，在实际的学习和教学过程中，颜元很少言天道、性、命。

既然学习不能只是研读儒家经典中的性、命之义理，那么应该学什么内容？颜元指出：“盖诗、书、六艺以及兵、农、水、火在天地间灿著者，皆文也，皆所当学之也。”⑤ 这就是说，凡是人类创造的灿烂的文化，都应该去学。这里所引的诗、书、六艺可以帮助人们培养品德与陶冶性情，而兵、农、水、火等都是能够用之于社会、造福百姓的实事实务。比如，“兵”指军事，学习

① （宋）朱熹：《四书章句集注・论语集注》，中华书局 1983 年版，第 47 页。
② （宋）黎靖德编：《朱子语类》卷一百二十四，中华书局 1986 年版，第 2974 页。
③ （清）李塨：《颜习斋先生年谱・四十九岁》，载《颜元集》，中华书局 1987 年版，第 755 页。
④ （清）颜元：《存性编・图跋》，载《颜元集》，中华书局 1987 年版，第 33 页。
⑤ （清）颜元：《存学编・性理评》，载《颜元集》，中华书局 1987 年版，第 59 页。

军事知识能够保家卫国；“农”指农学，农业是立国之本，学习农学的重要性不言而喻；“水”指水利学，能够帮助人们战胜水患，进而充分利用水利造福社会。

除了这些知识之外，颜元还非常看重技能的学习。他认为，只有纯知识还不够，还需要掌握各项技能，才能更好服务国家、社会事业的发展。在他设计的礼、乐、射（射箭）、御（驾驶）、书（书写）、数（数学）及兵（军事）、农（农业）、钱（财政）、谷（粮食）、水（水利）、火（火力）、工（制造）、虞（能源开采）等学习科目中，射、御、书等科目均以技能为主，而其他科目也多有对技能层面的学习要求。

颜元认为，实用知识与技能的载体不仅是书籍，而且包括客观世界中的具体事物、人类社会中的具体实务以及掌握这些知识技能的人。因此，学习不能仅在书中求知识，更要深入社会中去学。比如，要想学习水利学，不仅要看水利学书籍，而且要去水利工程处实地观察工程实体，还需要参与或观察工程的兴建、运转、维护，还需要向懂得水利知识技能的人请教。

从以上可知，颜元关于学的内容与程朱理学有着显著的差异，在起初之处就有明显不同。程朱理学将重点放在了培养人之德性，强调正心诚意，要求反求诸己，体认内心的天理，所以借助读书帮助明理。而颜元则将重点放在培养实用的人才，主张学习实事实务，在学习实事实务的过程中培养能力、陶冶品行。与上述学习内容相关的是，程朱理学将儒家重点讲述心性之学的《大学》《中庸》从《礼记》中抽出来，与《论语》《孟子》并列为四书，这又在儒家道统上强调了这种学问的正确性和正统性。正因为如此，颜元也为自己的观点寻找先秦圣贤的说法作为依据，以便与程朱理学相抗衡。他说：

> 唐、虞之世，学治俱在六府、三事，外六府、三事而别有学术，便是异端。周、孔之时，学治只有个三物，外三物而别有学术，便是外道。①

颜元认为，唐虞尧舜之时，学问都体现在“三事”“六府”之中；周公、孔子

---

① （清）钟錂编：《颜习斋先生言行录 · 世情第十七》，载《颜元集》，中华书局 1987 年版，第 685 页。

之时，学问都在“三物”之中；所以“三事”“六府”“三物”才是先秦儒家的正学，除了正学之外的学问，便是异端外道。“三事”之说出自《尚书·大禹谟》，指的是“正德、利用、厚生”①。这些都是与百姓民生相关的美好价值原则和目标。这些价值目标可以随着时代的变迁被不停地注入新的实践内容。“六府”之说也出自《尚书·大禹谟》，指“水、火、金、木、土、谷”②。它是按照民生事务的属性进行的知识分类，同样也可以在新时代加入新的内容，并不是固定不变的事项。“三物”之说指《周礼·大司徒》中的六德（知、仁、圣、义、忠、和）、六行（孝、友、睦、姻、任、恤）、六艺（礼、乐、射、御、书、数）。③ 它涵盖了对人的道德、知识、技能等方面的要求。由此可见，“三事”“六府”“三物”既包含了人类社会良性运行所需要的基本知识和技能，又蕴含了变通精神，这体现着历史性与时代性的统一。

历史性与时代性的统一，不仅体现在“三事”“六府”“三物”之学的内涵中，而且体现在其蕴藏的深层次精神上。颜元指出，“三事”“六府”“三物”之学的价值底色是圣人重视实事实务。他说：“夫尧、舜之道而必以‘事’名，周、孔之学而必以‘物’名，俨若预烛后世必有离事离物而为心口悬空之道，纸墨虚华之学，而先为之防杜者。”④ 他认为，人们不仅要学习古圣先贤“三事”“三物”等蕴含的具体知识和技能，更要继承其以实事实务为中心的精神实质，学习任何对当前现实社会有益的实事实务。

在“三事”“六府”“三物”之学中，颜元尤其重视六艺的实践，认为六艺在这些学习内容中最重要。他说：“妄有存学一编，复明周孔六德、六行、六艺；而于六艺尤致意焉，谓是六德之作用，六行之材具。”⑤ 这里他指出，六艺是周公孔子之学的核心内容，六艺是六德的对外发用，是培养六行的载体。他又说：“周公以六艺教人，正就人伦日用为教，故曰‘修道谓教’。盖

---

① （清）阮元校刻：《尚书正义·大禹谟》，载嘉庆本《十三经注疏》，中华书局2009年版，第283页。

② （清）阮元校刻：《尚书正义·大禹谟》，载嘉庆本《十三经注疏》，中华书局2009年版，第283页。

③ 参见（清）阮元校刻《周礼注疏·大司徒》，载嘉庆本《十三经注疏》，中华书局2009年版，第1523页。

④ （清）颜元：《寄桐乡钱生晓城》，载《颜元集》，中华书局1987年版，第439页。

⑤ （清）颜元：《大学辨业序》，载《颜元集》，中华书局1987年版，第396页。

三物之六德，其发现为六行，而实事为六艺，孔门‘学而时习之’即此也。”① 六艺是儒家圣人周公、孔子共同的教学内容。颜元还说：“一贯之道，惟曾、赐得闻；及门与天下所可见者，诗、书、六艺而已。乌得以天道、性、命常举诸口而人人语之哉。”② 他指出，孔子对弟子们传授的正是六艺之学，而罕言天道、性、命。这是从历史事实上否定宋儒常谈论天道、性、命的合理性。既然宋儒认为孔子是圣人，而孔子平日多研习六艺，罕言天道、性、命，由此可见宋儒所传并非孔子的真学。但是宋儒并非不知道孔子对六艺的重视，从朱熹的言论中就可以看出这一点，他说：

> 古人便都从小学中学了，所以大来都不费力，如礼乐射御书数，大纲都学了。及至长大，也更不大段学，便只理会穷理、致知工夫。而今自小失了，要补填，实是难。但须庄敬诚实，立其基本，逐事逐物，理会道理。待此通透，意诚心正了，就切身处理会，旋旋去理会礼乐射御书数。今则无所用乎御。如礼乐射书数，也是合当理会底，皆是切用。但不先就切身处理会得道理，便教考究得些礼文制度，又干自家身己甚事！③

可以看出，朱熹非常明白六艺的重要性。他认为在春秋时期，人们从小就接触礼乐射御书数六艺，长大后对于性、命的道理不需要用力学，也自然明白。但现在的人们从小缺乏六艺的熏陶，如果硬要补填，实在是难以推行。所以他认为应该先去努力理解性、命之义理，然后再去学习六艺。朱熹这种说法结合古今情形不同而立论，看似非常有道理，但是颜元认为朱熹颠倒了逻辑，他说：

> 夫艺学，古人自八岁后即习行，反以为难，道理通透，诚意正心，乃大学之纯功，反以为易而先之，斯不亦颠倒矣乎！况舍置道理之材具、心意之作用，断无真通透、真诚正之理。④

---

① （清）李塨：《颜习斋先生年谱·五十七岁》，载《颜元集》，中华书局1987年版，第771页。

② （清）颜元：《存学编·由道》，载《颜元集》，中华书局1987年版，第39—40页。

③ （宋）黎靖德编：《朱子语类》卷七，中华书局1986年版，第125页。

④ （清）颜元：《存学编·性理评》，载《颜元集》，中华书局1987年版，第72页。

颜元指出，古人小学时学的六艺被认为难学，古人大学时学的正心诚意等心性上的修炼反而被认为容易，而古人和今人在智力上并没有区别，所以朱熹的说法显然不符合常理；而且没有六艺作为载体，只是空谈空思，也不会对正心诚意有真正透彻的理解。进一步，他指出，宋儒将实践六艺放在理会性、命之义理之后，流风所及，往往是师生共聚一起，只谈论天道性命、正心诚意，而不去学习实践六艺，这种现象造成了严重的社会后果。颜元批评说：

> 是以当日谈天论性，聪明者如打诨猜拳，愚浊者如捉风听梦，但仿佛口角，各自以为孔、颜复出矣。至于靖康之际，户比肩摩皆主敬习静之人，而朝陛疆场无片筹寸绩之士。①

这就是说，谈天说性而不实践六艺，只会是捕风捉影，而谈论者心理却获得无限满足，以为这样就是“道通天地有形外”②，以为以此就能比肩古代圣贤，其实却于世事无补，面对国家危难只能袖手旁观。程朱理学对于天道、性、命之义理的探究是一套十分精密的理论体系，语言文字的逻辑性非常缜密，符合士大夫对语言、逻辑高雅的要求，这反而导致士大夫普遍瞧不起社会实践，进而实际办事能力弱化。颜元看出理学这种脱离实际、自明高雅的空虚倾向，他说：

> 为爱静空谈之学，久必至厌事，厌事必至废事，遇事即茫然，贤豪不免，况常人乎？予尝言误人才、败天下事者，宋人之学，不其信夫！③

颜元指出，长期喜欢清谈性、命，必然会讨厌办理具体事务，讨厌办理具体事务必然导致废弃事情不办，而到了真正遇见事情时就会一片茫然。颜元就此认为，宋儒之学在本质上与孔孟之学不同，“近世言学者，心性之外无余理，静敬之外无余功。细考其气象，疑与孔门若不相似然”④。因此，他认为

---

① （清）颜元：《存学编·由道》，载《颜元集》，中华书局1987年版，第40页。

② （宋）程颢、程颐：《二程集》，中华书局2004年版，第482页。

③ （清）李塨：《颜习斋先生年谱·六十岁》，载《颜元集》，中华书局1987年版，第776页。

④ （清）颜元：《存学编·上征君孙钟元先生书》，载《颜元集》，中华书局1987年版，第46页。

宋儒之学实际上是一种虚学。他对比孟子与宋儒之学时说：

> 前圣鲜有说“理”者，孟子忽发出，宋人遂一切废弃而倡为明“理”之学。不知孟子之所谓“理义悦心”有自己脚注，曰仁义忠信，乐善不倦。仁义又有许多注脚：未有仁遗亲、义后君，居天下广居，立正位，行大道，井田，学校。今一切抹杀，而心头玩弄，曰“孔颜乐处”，曰“义理悦心”，使前后贤豪皆笼盖于释氏极乐世界中，不几舍人而理会土乎哉?①

颜元认为，孟子并不单纯谈论“理”，而是将“仁义忠信，乐善不倦”等实践行为作为“理”的注脚；孟子谈论仁义，也有“立正位，行大道，井田，学校”等实际内容作为注脚；而宋儒将孟子的注脚一概抹杀，只是“心头玩弄”性理，在脑海中进行知识的思辨、推演。基于此，颜元判定宋儒实际上传授的不是孟子之学，而是佛教空虚之道。他指出，宋儒的理学与佛教是一个相互交织的关系，“释氏，谈虚之宋儒；宋儒，谈理之释氏”②。对于宋儒和佛教在义理上相争，颜元认为这反而让世事更加空虚。他说：

> 今彼以空言乱天下，吾亦以空言与之角，又不斩其根而反授之柄，我无以深服天下之心而鼓吾党之气，是以当日一出，徒以口舌致党祸；流而后世，全以章句误乾坤。上者只学先儒讲著，稍涉文义即欲承先启后；下者但问朝廷科甲，才能揣摩皆骛富贵利达。浮言之祸甚于焚坑，吾道何日再见其行哉!③

颜元认为，要反对佛教的虚谈，必须大力弘扬实学。他说：“彼以其虚，我以其实。程、朱当远宗孔子，近师安定，以六德、六行、六艺及兵农、钱谷、水火、工虞之类教其门人，成就数十百通儒。”④ 正是基于同样的原因，对于宋儒空谈性命义理的虚学，颜元力倡学习“三事”“六府”“三物”，以求为

---

① （清）颜元：《四书正误·孟子》，载《颜元集》，中华书局1987年版，第237页。

② （清）颜元：《朱子语类评·训门人类》，载《颜元集》，中华书局1987年版，第285页。

③ （清）颜元：《存学编·由道》，载《颜元集》，中华书局1987年版，第40页。

④ （清）颜元：《存学编·由道》，载《颜元集》，中华书局1987年版，第40页。

天下造就实用的人才，让天下之学风返归于实。

二 动以求实："时习力行"与"读著主静"

德国军事家毛奇将军指出："从知到能，尚有一跃。"[①] 知是认识世界，能是改造世界，认识世界和改造世界之间存在着一条鸿沟。在认识世界活动中，人可以保持一种客观的态度，或者说必须保持客观，这样面对客体时才能够中立地观察，进而认识客体。同时，认知可以通过直接观察，也可以通过书籍等载体进行间接观察。无论是哪一种观察，在认识的过程中，人都要从客观的角度运用记忆、归纳、推理等能力，进而形成对客体的全面充分的认识。而在改造世界的活动中，人必须进入客观环境中。这个客观环境或者是由人构成的，或者是由物构成的，或者是人与物的混合体。在改造世界的过程中，人不能作为客观存在，而是作为主观融入客体中。要想改造成功，人要充分运用观察认知、综合判断、快速决断、快速反应、情绪控制、人际关系协调等各种能力，才能克服外在事物的阻力，让外部事物按照自己的意志而发展。所以说，改造世界比认识世界需要的素质和能力更综合、更全面，从知到能，尚有一跃。

儒家经典《大学》设计了学者从认识世界到改造世界的一个渐进过程："古之欲明明德于天下者，先治其国；欲治其国者，先齐其家；欲齐其家者，先修其身；欲修其身者，先正其心；欲正其心者，先诚其意；欲诚其意者，先致其知；致知在格物。"[②] 宋代以后，《大学》与《中庸》《论语》《孟子》一起被列为四书，成为与五经并列的儒家经典，其理论的权威性和正确性得到了儒家各个思想学派的公认。从《大学》这段话可以看出，如果要治国平天下，需要从格物致知做起。毫无疑问，这出现了从个人行为到社会行为的转变，从认识世界到改造世界的跨越。问题是，如果承认《大学》这种设计是正确的话，那么如何才能从"知"跨越到"能"。

宋明时期，朱熹和王阳明的学问之异同就集中体现在对《大学》这段话的不同理解上。王阳明曾专门写有《大学问》阐发自己的观点，反驳朱熹的学说。[③] 但是朱熹和王阳明都将"格物致知"解释成人的认知活动。朱熹在

---

① 谭徐锋主编：《蒋百里全集》第二卷，北京工业大学出版社 2015 年版，第 305 页。

② （清）阮元校刻：《礼记正义 · 大学》，载嘉庆本《十三经注疏》，中华书局 2009 年版，第 3631 页。

③ 参见（明）王守仁《大学问》，载《王文成公全书》，中华书局 2015 年版，第 1113—1119 页。

《大学集注》中将“格物”解释成：“格，至也。物，犹事也。穷至事物之理，欲其极处无不到也。”① 他将致知解释为：“致，推极也。知，犹识也。推极吾之知识，欲其所知无不尽也。”② 那么“格物致知”就成为一个探求自然界、人类社会与人的内心之理的纯知性活动。王阳明将“格物”解释成：“物者，事也，凡意之所发必有其事，意所在之事谓之物。格者，正也，正其不正以归于正之谓也。正其不正者，去恶之谓也。归于正者，为善之谓也。夫是之谓格。”③ 在他看来，“物”是人之意念中的“物”，“格物”就是正事，改正关于事物的不好意念，使之归于善。关于“致知”，王阳明说：“‘致知’云者，非若后儒所谓充广其知识之谓也，致吾心之良知焉耳。良知者，孟子所谓‘是非之心，人皆有之’者也。”④ 那么王阳明的“格物致知”，其实还是人认识世界的知性活动，只不过与朱熹不同的是，王阳明的这个世界是人意念中的道德世界。

关于如何从认知世界跨越到改造世界，朱熹和王阳明也有相似之处。朱熹认为《大学》规划的道路可以分为：“正心以上，皆所以修身也。齐家以下，则举此而措之耳。”⑤ 这就是说，格物致知、正心诚意是根基，齐家和治国平天下就是将格物致知所得的知识和正心诚意所得的天理推用到家、国、天下。王阳明的观点也和朱熹类似。王阳明说：“人只要成就自家心体，则用在其中。如养得心体，果有未发之中，自然有发而中节之和，自然无施不可。”⑥ 明代阳明后学徐阶在《王文成公全书序》中论王阳明学术大旨时说：“其大要以谓人心虚灵莫不有知，唯不以私欲蔽塞其虚灵者，则不假外索，而于天下之事自无所感而不通，无所措而不当。盖诚意、正心、修身、齐家、治国、平天下，必先致知之本旨，而千变万化，一以贯之之道也。故尝语门人云：良知之外更无知，致知之外更无学。”⑦ 由这两段引文可见，王阳明注重的是内心良知的磨炼，力求脱去私欲遮蔽，显露出内心本有的良知，将良知推至外物，则事事物物各得其所，治国平天下之功也在其中。

---

① （宋）朱熹：《四书章句集注·大学章句》，中华书局 1983 年版，第 4 页。

② （宋）朱熹：《四书章句集注·大学章句》，中华书局 1983 年版，第 4 页。

③ （明）王守仁：《大学问》，载《王文成公全书》，中华书局 2015 年版，第 1118 页。

④ （明）王守仁：《大学问》，载《王文成公全书》，中华书局 2015 年版，第 1117 页。

⑤ （宋）朱熹：《四书章句集注·大学章句》，中华书局 1983 年版，第 4 页。

⑥ （明）王守仁：《传习录》，载《王文成公全书》，中华书局 2015 年版，第 27 页。

⑦ （明）徐阶：《王文成公全书序》，载《王文成公全书》，中华书局 2015 年版，第 2 页。

颜元与程朱理学、陆王心学的重大区别就在于，从知到能怎么跃过去的问题，也就是如何能从格物致知跨越到治国平天下。既然知与能对人的素质和能力要求并不一样，那么儒者如何从学习阶段能顺利过渡到应用阶段，进而成功治理国家造福百姓。在颜元看来，朱熹和王阳明的理论，和儒家改造世界的治国平天下的使命，南辕北辙，相隔千里，压根做不到治国平天下。而且导致信奉该学说的学者重心轻行，只重视心头思、纸上写，不注重实际事务的学习和办事能力的培养，乃至以为只要修养德性，认识内心之明，其他事务可以轻而易举办到。这一心态可以从颜元的好友王养粹身上得到证明。王养粹是程朱理学的信奉者，他对颜元说："静中养得明，自会临事顺应。"① 颜元南下河南时见到的鄢陵学者李乾行的心态更为夸张。李乾行说："何须学习，但操存功至，即可将百万兵，无不如意。"② 综合王养粹和李乾行的观点可见，在程朱陆王学说的影响下，当时很多儒者的学习心态处于一种虚妄的状态，他们整日读书讲学，致力于正心诚意，不用精力研究实际事务，对实际事务不知不懂，乃至看不起。对于这种现象，颜元一针见血地指出，对于任何学问，不学就不懂，不学就不会，绝不是只需要正心诚意，就可以一通百通，片面的道德学习离培养出改造社会的能力相差甚远。基于这种原因，他将程朱理学、陆王心学浪费学子的时间精力比喻为"杀人"，他说：

> 果息王学而朱学独行，不杀人耶！果息朱学而独行王学，不杀人耶！今天下百里无一士，千里无一贤，朝无政事，野无善俗，生民沦丧，谁执其咎耶！③

在颜元看来，即使儒者严格按照朱熹和王阳明的教诲去学习和修养，要么广泛读书以求豁然贯通认识本心之理，要么静坐革去私欲的习染求得内心的良知，那么也往往会成为有德无才之人，成为对国家、社会无用之人。但国家、社会的公共管理事业又迫切需要德才兼备的人去承担。儒者要出仕为官，承

---

① （清）钟錂编：《颜习斋先生言行录 · 世情第十七》，载《颜元集》，中华书局 1987 年版，第 685 页。

② （清）李塨：《颜习斋先生年谱 · 五十七岁》，载《颜元集》，中华书局 1987 年版，第 772 页。

③ （清）颜元：《阅张氏王学质疑评》，载《颜元集》，中华书局 1987 年版，第 494 页。

担起治国安邦、为百姓谋福祉的重任，这是儒家学说的根基，所以孔子讲“道千乘之国”“务民之义”，《大学》说治国平天下。并且汉代以后中国的选官制度主要就是面向儒家，政府的中高级官员几乎都是学习儒家学说出身。在这种历史背景下，当儒者没有足够的才能承担起治国平天下的重任时，那么就会耽误国家、社会事业。颜元生活在明末清初，亲眼看见杀戮和毁灭，看到无数百姓在生死线上挣扎，看到“行人断绝而百里无烟火”[①]。他反思这一人间惨剧出现的原因，是学术出现了严重的问题，是程朱理学、陆王心学的空虚学说的盛行，使得学子们整天读书静坐，培养不出来治国理政的实际才能。

基于上述原因，颜元否定程朱理学、陆王心学的学习方法和修养工夫的正确性，认为都无法培养治国平天下的才能。程朱理学的治学方法主要有读书、讲学、著述、主敬、静坐等。陆王心学则有“先立乎其大”“致良知”“知行合一”等。对于这些方法，颜元均加以质疑和批评。颜元指出，这些方法要么是静态的，要么是只注重德性培养的，要么是只在书斋里学而不和现实社会事务打交道的。按照这些方法学出来的人，无法实现从知到能的跨越，无法从认识世界跨越到改变世界。颜元强调：“非去帖括制艺与读、著、主静之道，祸终此乾坤矣!”[②]

经过认真研究和反复思考，颜元提出，要从知跨越到能，必须采取动态的学习方法，面向能够对国家、社会事业产生有益影响的实事实务，用全身的精力去练习、行动和实践。

颜元指出，学问之道的正确表述应该是“为学”，必须将代表行动的“为”字放在“学”的前面。他指出，这才是孔子学问之道的真精神：

> 夫子教伯鱼为周南、召南，“为”字不可以读讲混过为者，歌其诗，奏其乐，则效其义意，率修其事实也。[③]

为学就要实际练习、操作、践行，要求人全身心参与到学习中，而不能只是

---

① （清）颜元：《存治编·封建》，载《颜元集》，中华书局1987年版，第113页。

② （清）李塨：《颜习斋先生年谱·六十六岁》，载《颜元集》，中华书局1987年版，第787页。

③ （清）钟錂编：《颜习斋先生言行录·法乾第六》，载《颜元集》，中华书局1987年版，第641页。

听说读写思。只有全身心投入练习和践行，人才能真正学到知识和技能，才不会一学就忘。为学的精髓就是“动”，只有“动”才能学有所获、学有所成，颜元说：

> 三皇、五帝、三王、周、孔，皆教天下以动之圣人也，皆以动造成世道之圣人也。五霸之假，正假其动也，汉、唐袭其动之一二，以造其世也。晋、宋之苟安，佛之空，老之无，周、程、朱、邵之静坐，徒事口笔，总之皆不动也，而人才尽矣，圣道亡矣，乾坤降矣。吾尝言一身动则一身强，一家动则一家强，一国动则一国强，天下动则天下强。①

颜元认为，动是儒家学问的真精神，动才能身体强健、国家强盛。三皇、五帝、周、孔等圣人都是“动”的精神的实践者，秦汉之后儒者的读、著、主静等静态学法都不是儒家的学问之道。

学习不仅要动，而且要反复动。颜元在先秦儒家圣贤的语录中特意拈出“习”字来强调反复动的重要性。“习”字在《说文解字》中的解释是：“数飞也，从羽从白。”② 朱熹在解《论语》“学而时习之”一句时解“习”为：“习，鸟数飞也。学之不已，如鸟数飞也。”③ 由此可见，“习”的本义为鸟练习飞行，进而引申为人的反复练习实践的行为。颜元指出，习是孔门真正的为学方法：

> 吾夫子之学，“学而时习之”之学也。习礼、习乐、习射御、习书数，以至兵、农、钱、谷、水、火、工、虞，莫不学且习也，故曰“博学之”。④

颜元认为，孔子的学习方法就是将“学”与“习”相结合，不仅采用读书思考的学习方式，还用练习、温习加以领会和巩固。“学而时习之”就是按照时

---

① （清）钟錂编：《颜习斋先生言行录·学须第十三》，载《颜元集》，中华书局1987年版，第669页。

② （汉）许慎：《说文解字》，上海书店出版社2016年版，第86页。

③ （宋）朱熹：《四书章句集注·论语集注》，中华书局1983年版，第47页。

④ （清）颜元：《阅张氏王学质疑评》，载《颜元集》，中华书局1987年版，第490—491页。

间反复练习、温习，只有这样才能记忆深刻，真正掌握知识和技能。他指出，“习”字是学习的要领所在，不用“习”的方法来学习，终究是无用的。他说：“心中醒，口中说，纸上作，不从身上习过，皆无用也。”[①]

以上是针对知识和技能的学习，那么对于道德的学习又该怎样？正如前面所述，程朱理学和陆王心学都高度重视道德的学习。其实颜元和程朱陆王一样重视道德，他要培养的是德才兼备的人才，但他认为道德的提升不能只从认识上去用力，而是也要通过“习”来培养。他说：

> 人心动物也，习于事则有所寄而不妄动，故吾儒时习力行，皆所以治心。[②]

他认为人的心是时刻活动的，只有做事时心才不妄动。在这一点上，颜元有在田地里劳作的亲身体会。他说：“吾用力农事，不遑食寝，邪妄之念，亦自不起。”[③] 所以，他认为要想培养良好的道德，必须“时习力行”，积极做事，在事中陶冶自己的情操，在社会实践中锻炼品行。

颜元以行动为中心的反复学习法，无疑符合现代心理学中的学习规律。现代心理学认为，学习是“因经验而使行为或行为潜势产生较为持久改变的历程”[④]。根据这个定义，学习包括三个要素：一是行为或行为潜势发生改变；二是这个改变较为持久；三是学习因经验而生。经验和实践是学习得以可能的必要因素。对于人类来说，只有不断练习和行动，使得经验不断地被强化，才能出现较为持久的改变，才能实现学习目的。

要真正成为“有用之才”，只在学校学习还不够。颜元进一步主张，学子在学校学有所成后，要在社会上的小范围、小地域加以实践和应用，这样既能巩固德性、知识、技能，又能通过实践检验、改进、提升学习效果。在小范围、小领域表现优异的学子，提拔他在更大范围中施展才能。依此类推，逐步将有底层实践经验的人提拔到国家治理的中高级岗位。颜元这样设计官

---

① （清）颜元：《存学编·性理评》，载《颜元集》，中华书局1987年版，第56页。

② （清）钟錂编：《颜习斋先生言行录·刚峰第七》，载《颜元集》，中华书局1987年版，第646页。

③ （清）钟錂编：《颜习斋先生言行录·理欲第二》，载《颜元集》，中华书局1987年版，第624页。

④ 张春兴：《现代心理学》，上海人民出版社2005年版，第168页。

员选拔制度：“只乡里选举秀才。秀才长于文德者充乡约、耆德之职，长于武略者充保长之职，其显有功德者擢大乡长，大乡长之显有功德者升邑令郡守，或备参辅，以至三公，皆通为一体。”① 由此可以看出，颜元对学子从学习知识技能跨越到治理社会的路线设计是非常谨慎的，也可以说颜元实际上改变了《大学》中规划的学习进路，他在格物致知、正心诚意、修身齐家之后加上了治乡、治县、治府、治省，最后才是治国平天下。颜元的这种设计，无疑更具有科学性和可操作性。

总之，“从知到能，尚有一跃”，从现代科学的角度，应该可以说，颜元的学说较好地解决了儒者如何从认识世界跨越到改造世界的问题。因为，一方面颜元在学习内容上主张学习礼乐射御书数和兵农钱谷工虞等社会实事实务；另一方面他提出采取反复练习的学习方法，这样使得行为或行为潜势得以持久地改变，真正提升德性和掌握知识技能；再一方面，他建议采用循序渐进、逐级择优的选人方法，让学子充分在基层锻炼，在社会实际中提升综合素质和办事能力。

三　身行实致：“身实学之”与“身实习之”

颜元认为，要想真正使得道德、知识、技能内化于心，临事时能够发挥出来，必须用全身去学习。他对好友王养粹说：“我辈多病，不务实学所致。古人之学，用身体气力，今日只用心与目口，耗神脆体，伤在我之元气，滋六气之浸乘，乌得不病！”② 他认为学子应该像古圣贤一样，不能只是口中读、心头思、纸上写，必须动用身体的各种机能去学习，全身心参与到学习中去。他又指出：“道不在诗书章句，学不在颖悟诵读，而期如孔门博文约礼，身实学之，身实习之，终身不懈者。”③ 既然“道不在诗书章句”，学也不在“颖悟诵读”，那么究竟是什么样的“道”，需要用“身”实学实习，则是颜元必须回答的重大问题。

为了探索儒家真正的道，颜元从先秦儒家的经典文献入手研究，从儒学形成的最原始处、胚胎处进行分析。经过仔细研究和思考，颜元认定儒家真

---

① （清）钟錂编：《颜习斋先生言行录·刚峰第七》，载《颜元集》，中华书局 1987 年版，第 647 页。

② （清）李塨：《颜习斋先生年谱·三十六岁》，载《颜元集》，中华书局 1987 年版，第 732 页。

③ （清）颜元：《上太仓陆桴亭先生书》，载《颜元集》，中华书局 1987 年版，第 427 页。

正的道不应是思辨性的心性与道德，而是注重实行与实用的实学，儒家的道统是一个实学赓续不断的传承体系。道统说起源于唐代韩愈。韩愈为了对抗佛教的法统，提出儒家在历史上也有一个道统，这个道统从尧舜开始，传到周公、孔子、孟子，孟子之后就不得其传。朱熹继承了韩愈的道统说，他认定“人心惟危，道心惟微，惟精惟一，允执厥中”这十六字就是尧舜禹到孔孟的儒家真传，认为先秦圣人传承的是心性之学。① 与朱熹的观点明显不同，在颜元看来，先秦儒家圣贤相传的道是实学。他认为无论尧舜还是周孔，都是实学的提倡者和践行者。他说：

> 越稽孔孟以前，理数醇，尚其实，凡天地所生以主此气机者，率皆实文、实行、实体、实用，卒为天地造实绩，而民以安，物以阜。虽不幸而君相之人竟为布衣，亦必终身尽力于文、行、体、用之实。②

颜元认为，儒家道统在先秦是一个连绵不断的“实文、实行、实体、实用”的学术传承，当时君臣将相都致力于实学，所以能够为百姓谋福祉，为国家社会带来实绩；即使有些儒者只是当普通百姓没有出仕，平时学习的方向也是“文、行、体、用之实”。他指出：“盖古人为学，全从真践履、真涵养做工夫。”③ 所以，颜元认为，后世儒者要继承尧舜孔孟的真精神，就应该去实际学习古人的真学问，践行实学的理念，真正实行实践，而不能虚谈浮夸，不能学习先秦之后的空虚之学。他说：“果有真志绳二千年堕绪，而为二帝三王周公孔子之学，明二帝三王周公孔子之道，必于后世之学道恶如淫声恶色，除如莠草荆棘，而实学古人之学，求古人之道，乃可曰道学先生。”④

从“道”的具体内容上看，即颜元一直强调尧舜“三事”“六府”、周公孔子“三物”，他说：“学非他学，学尧、舜之三事，学周公之三物也，习之时习之，而天下乃可言有道矣。”⑤ 所以，颜元有时又将这个儒家真正的道称为正学。但这里面蕴含着一个重要的问题，即材料的真伪问题。“三事”“六

---

① 参见（宋）朱熹《四书章句集注·中庸章句序》，中华书局1983年版，第14页。

② （清）颜元：《上太仓陆桴亭先生书》，载《颜元集》，中华书局1987年版，第426页。

③ （清）颜元：《四书正误·论语》，载《颜元集》，中华书局1987年版，第178页。

④ （清）颜元：《四书正误·论语》，载《颜元集》，中华书局1987年版，第197页。

⑤ （清）颜元：《四书正误·论语》，载《颜元集》，中华书局1987年版，第175页。

府”之说，颜元采用的是《尚书》中的说法，他说：“尧舜‘利用’，《尚书》明与‘正德’‘厚生’并为三事。”[1] 这一说法出自《大禹谟》，属于《古文尚书》中的一篇。而《古文尚书》自宋代就受到不断质疑，认为不是先秦文献，而是出自后世的伪造。颜元同时代的阎若璩撰写《尚书古文疏证》，从篇数、篇名、文字句读、地理沿革、典章制度等力证《古文尚书》为后世伪作。[2]“三物”（六德、六行、六艺）之说出自《周礼·大司徒》，而《周礼》最早的版本也是在汉代，后世关于其真伪也是意见纷纷。《四库全书总目》中说：“周礼一书上自河间献王，于诸经之中其出最晚，其真伪，亦纷如聚讼，不可缕举。”[3] 那么，颜元主张儒家的真传是“三事”“六府”“三物”之学无疑遇到了重大的学术挑战。颜元本人是这样解释的：

> 仆谓古来诗书不过习行经济之谱，但得其路径，真伪可无问也，即伪亦无妨也。今与之辨书册之真伪，著述之当否，即使皆真而当，是彼为有弊之程朱，而我为无弊之程朱耳，不几揭衣而笑裸，抱薪而救火乎！[4]

由此可以看出，颜元认为古代的书籍是“习行”“经济”的图谱，只要通过书籍得到路径就足够了，而书的真伪可以不用考虑，即使是后世伪作也没有关系。颜元的意思是，不必就具体的某一篇某一书进行辨伪考证，只需要掌握书中有用的知识；只要书中知识对国家、社会真正有用，那么即使是后世伪造，也有重要的社会价值。他进一步指出，即使是一两篇书为伪，也不可能全部的先秦文献都是伪作。所以在上述这段话之前，他引用了《论语》《大学》《孟子》中的话，他说：

> 儒之处也惟习行，故孔子开口便云“学而时习之”“庸德之行”。儒之出也惟经济，故大学之道惟“明德、亲民、止至善”。诸如“用之则行”“为东周”“三年有成”“颜子为邦”“虑子霸王之佐”“子路治蒲”

① （清）颜元：《四书正误·大学》，载《颜元集》，中华书局1987年版，第163页。
② 参见（清）阎若璩《尚书古文疏证》，上海书店出版社2012年版。
③ （清）纪昀总纂：《四库全书总目提要》卷十九，河北人民出版社2000年版，501页。
④ （清）颜元：《寄桐乡钱生晓城》，载《颜元集》，中华书局1987年版，第441页。

“言子治武城”，孟子“名世”“舍我其谁”，皆确证矣。[①]

这就是说，即使《尚书》《周礼》所引“三事”“六府”“六德”“六行”“六艺”等说法系后世伪托而作，但是类似的意思表述也在先秦的其他文献中出现，这足以证明先秦存在着这些经世济民的伟大思想和情怀。由此颜元认为，这就已经足够了，不需要再去劳心费力地考证这些文献的真伪。即使考证为真，本来可以用于学习实用知识技能的时间和精力也浪费掉了，考证者顶多算作“无弊之程朱”。这是因为“人之岁月精神有限，诵说中度一日，便习行中错一日；纸墨上多一分，便身世上少一分”[②]。浪费时间精力在考据上，往往导致儒者丧失对时代的责任担当、对于民生的应有贡献，“耗损自身之心血精力，双瞽其目，尺寸无补于社稷世运”[③]。颜元认为，这种著述考证，顶多算是文人的行为，却不是儒者的行为。他说：“幼而读文，长而学文，老而刻文，莫道帖括词技，虽左、屈、班、马、唐、宋八家，终文人也，非儒也。”[④] 而儒者应该是时代的担当者、百姓民生的造福者，“儒者学为君相百职，为生民造命，为气运主机者也”[⑤]。由此可见，颜元虽然从先秦思想中找出尧舜周孔的实学与程朱理学的道统论抗衡，但是他并不执着于复古，他所希望的是儒者关心时事，能将这些散落在先秦文献中的儒家真精神融入当代社会实务中。

既然儒家真正的道是“三事”“六府”“三物”，其内容包含着知识、道德、技能等多个方面，不限于纯粹书面知识；同时，颜元认为，学习目标不是只将知识、道德、技能记在脑海中，而是形成思维和行动的惯性，面对事情时能自然而然地发挥出来。基于这两方面原因，颜元提出，真正的学习方式不能仅仅是听、说、读、写、思，更要动用全身的精力和气力，全面发挥手、脑、心、口、四肢等人体器官的机能。只有通过全身投入式的练习，不停实践，才能让道德、知识、技能与身合为一体。颜元说：“期如孔门博文约礼，身实学之，身实习之，终身不懈者。”[⑥]“身实学之”和“身实习之”，都强调全身心地实际学习和践行。

---

① （清）颜元：《寄桐乡钱生晓城》，《颜元集》，中华书局 1987 年版，第 440 页。
② （清）颜元：《存学编·总论诸儒讲学》，载《颜元集》，中华书局 1987 年版，第 42 页。
③ （清）颜元：《四书正误·孟子》，载《颜元集》，中华书局 1987 年版，第 245 页。
④ （清）颜元：《寄桐乡钱生晓城》，载《颜元集》，中华书局 1987 年版，第 440 页。
⑤ （清）颜元：《寄桐乡钱生晓城》，载《颜元集》，中华书局 1987 年版，第 440 页。
⑥ （清）颜元：《上太仓陆桴亭先生书》，载《颜元集》，中华书局 1987 年版，第 427 页。

“身实学之”是指针对学习内容，从身上去把握和实践，而不只是空谈空思。通过身体力行的实践，将学习内容与自身融为一片，这样才能提升本身的素质和能力。以读书为例，颜元说：“人要为君子，凡读书须向自己身上打照，若只作文字读，便妄读矣。”① 他要求读书和自身结合起来，反照自己，这样才能有用。只有身和心结合起来学习的东西，才能记得住、记得牢，需要应用时才能得心应手。三十九岁时，颜元与王养粹一起学习祭礼。王养粹说：“劳矣，可令子弟习观之。”颜元不同意，他说：“所贵于学礼者，周旋跪拜以养身心，徒观何益?”② 从中可以看出，他重视的是在学习过程中全身心地投入，进而让身心都得到滋养，自身能力得到增强。

“身实习之”是比“身实学之”更深层次的学习，它强调全身心地投入练习，进而养成习惯的重要性。颜元说：“心上思过，口上讲过，书上见过，都不得力，临事时依旧是所习者出。”③ 这就是说，学习时采用思、讲、看的方式，终究没有和身心融为一体，所以办理事情时，依然是以前的行为习惯在起作用。进一步，颜元解释孔子“学而时习之”时指出：“孔子开章第一句，道尽学宗。思过读过，总不如学过。一学便住也终殆，不如习过。习三两次，终不与我为一，总不如时习方能有得。”④ 他认为，学习方法有轻重，思过读过<学过<习过<时习。只有根据时间亲身反复练习和实践，才能让学习的事物融入自己的身心中。

“身实学之”与“身实习之”的目标是一致的，这就要像古人一样成为对社会、对百姓有用之人。颜元说：“今人废学，只是将道理让于古人做，不知古人亦人耳，凡古人可行者，我亦可行。如一旦奋然自新，立志躬行，何道不可能也。”⑤ 这就是说，古人今人在形体的智力体力上没有区别，只是古人肯下决心去学去行，而今人却没有这个决心和毅力。其实古人能够办成的事，今人也可以办成。只要立志去躬行实践，身实学之，身实习之，今人一

① （清）钟錂编：《颜习斋先生言行录·刁过之第十九》，载《颜元集》，中华书局1987年版，第689页。

② （清）颜元：《颜习斋先生年谱·三十九岁》，载《颜元集》，中华书局1987年版，第739页。

③ （清）颜元：《存学编·学辨二》，载《颜元集》，中华书局1987年版，第54页。

④ （清）钟錂编：《颜习斋先生言行录·学须第十三》，载《颜元集》，中华书局1987年版，第668页。

⑤ （清）钟錂编：《颜习斋先生言行录·刚峰第七》，载《颜元集》，中华书局1987年版，第648页。

样能成为栋梁之材。

颜元强调用身去学习，这是他重视人之形体的直接反映。他认为身体是人的“作圣之具”，也是人能够学习从而提升自我修养和能力的基础。充分利用上天赋予的形体中的各种智慧和能力，人才能发展自己、完善自己，才能为国家、社会作出贡献。

需要指出的是，颜元强调用身学习的表述看似存在一个问题，那就是读书、著述、思考要用到脑、眼、手等器官，这些也同样是身体的一部分，那么颜元所说的用身去学，又是指什么？仔细分析颜元的表述，可以知道，心、口、手只是人之身心的一部分，而不是全体。颜元强调的是用身心的全体去学习，还包括四肢和躯干，还包括全身的精力和气力。颜元讲用身学习主要有两层含义：一方面指动用全身的精力和气力去实行和锻炼，另一方面指全身地投入社会的实事实务中，在实践活动中学习。

真正的学习需要用身去学，颜元指出，先秦之后的儒学的一大弊端就是重心轻身，只在心性上去研究古人的道理，而不在身上实践古人的道理。他批评说：

> 孔门是欲当前能此，故曰礼乐君子不斯须去身；二先生是仅欲人知有此，故曰姑使知之。①
>
> 端木子云：“文武之道未堕于地，在人。”谓道在人身而未坠也。今观诸儒之论，在其身乎，在世乎，徒纸笔耳！②

颜元认为，孔子及弟子是以身去真正学习古人，让古人的纯正道理充满自身，而后世儒者只在纸上写、心中思，对古人讲的道理只是停留在了解知道的层面，没有实际亲身践行，由此产生重心轻身的弊端。而且将精力都消耗在纸面心头上研究古人讲的道理，而不重视学习当世所需要的知识和技能，那么当临事之时，平时所学不仅对国计民生无补，甚至可能会耽误国家、社会的事业。所以，颜元痛斥这种学问是虚学，是伪学，“内无益于身心，外无益于家国”③。他力

---

① （清）颜元：《存学编·性理评》，载《颜元集》，中华书局 1987 年版，第 90 页。

② （清）颜元：《未坠集序》，载《颜元集》，中华书局 1987 年版，第 398 页。

③ （清）钟錂编：《颜习斋先生言行录·禁令第十》，载《颜元集》，中华书局 1987 年版，第 657 页。

求推行面向实事实务之实学，不仅用心学，也用身去学，身心一起发力，造福国家和百姓。

第二节　为学之先后次第：行在知先

为学的先后次第，是学习中的重大问题。颜元认为学习必须行动在先，行中蕴含着知，行可以检验知，不经过实践活动，就难以获得真正有用的知识。所以，在学习中，行比知更重要，思不如学，而学必以行。

一　即物求知："致知在是物上"

颜元强调为学应该行在知先，同时认为知行的对象是物，由此他肯定了物的客观存在。所以，颜元讲为学先后次第的出发点是从知识论上论证物的客观性。只有物是客观的，人才能采取行动去接触和了解物，才能产生对事物的真实认识。早在先秦时期，荀子就指出人有天赋的认知能力，但不存在天赋的知识，他说："凡以知，人之性也；可以知，物之理也。"[①] 又说："所以知之在人者谓之知，知有所合谓之智。"[②] 他认为，人有掌握知识的能力，在与客观事物接触的过程中产生了知识。颜元的看法和荀子相似，也认为人有天赋的能力，知识的产生是人在接触外物的过程中形成的，因此他主张必须依照客观事物去探求知识，他说：

> 知无体，以物为体，犹之目无体，以形色为体也。故人目虽明，非视黑视白，明无由用也。人心虽灵，非玩东玩西，灵无由施也。[③]

这就是说，事物是客观存在的，人之器官的功能作用在物上，根据具体事物的各种特征、性质而产生认识。颜元比喻说，这就好比人的眼睛的功能，虽然它能够看到光明，但没有外界事物的黑与白，那么人眼睛的视觉功能也就无从体现。在这里，颜元从功用的方面论证了由人的感觉器官产生的认识依托于具体事物而存在。离开了具体事物，人之感觉器官也就产生不了认识，

---

① （战国）荀子著，王先谦集解：《荀子集解》卷十六，中华书局1988年版，第406页。
② （战国）荀子著，王先谦集解：《荀子集解》卷十六，中华书局1988年版，第413页。
③ （清）颜元：《四书正误·大学》，载《颜元集》，中华书局1987年版，第159页。

也就形不成知识。按照同样的道理，人的思维器官“心”有知觉功能，但是如果人不与外物接触，不在与外物接触的过程中思考事物，那么心的知觉功能也就没法展现。关于认识与外物的关系，颜元进一步解释说：

> 虽从闻见知为肃慎之冠，亦不知皮之如何暖也。必手取而加诸首，乃知是如此取暖。①

在这里，颜元将认识分为闻见和亲身体验两种。闻见的知识，就是听说得来的知识，在颜元看来，往往是不可靠的知识。闻见知识的正确与否，需要亲身体验进行验证。亲身体验事物，才能对客观事物有全面直观的认识，才能实现主观认识与客观事物真实情况的统一。所以颜元强调即物求知，要去接触具体事物获得知识，他说：

> 盖致知在是物上，便亲见了那物，不尤胜于宋儒与今人全不见梅、枣，便自谓穷尽酸、甜之理乎?②

“致知在是物上”是颜元对知与物关系的总体认识，他在解释“致”时说：“致字不是一用力便了的工夫。”③ 由此可见，他所说的“致知在是物上”有两层含义：一是实际事物是独立于人的意识而客观存在的，人需要去接触具体事物才能认识事物的实际；二是人对客观事物的认识不是一用力便能够全部了解，它需要反复多次去了解和接触，这样对事物的认识才能从简单上升到复杂，从表面深入本质。由第一点出发，颜元反对存在天赋知识，他说：

> 虽不勉之圣人，亦未有不学礼乐而能之者。今试予生知圣人一管，断不能吹。④

① （清）颜元：《四书正误·大学》，载《颜元集》，中华书局 1987 年版，第 159 页。
② （清）颜元：《阅张氏王学质疑评》，载《颜元集》，中华书局 1987 年版，第 492 页。
③ （清）颜元：《四书正误·中庸》，载《颜元集》，中华书局 1987 年版，第 169 页。
④ （清）钟錂编：《颜习斋先生言行录·世情第十七》，载《颜元集》，中华书局 1987 年版，第 685 页。

《中庸》中讲：“或生而知之，或学而知之，或困而知之，及其知之一也。”[①] 将人分为生而知之、学而知之、困而知之。颜元认为，即使是生而知之的圣人，也不能够不学习而掌握对事物的全面知识，也不能够不实践而掌握技能。只有通过学习和实践，圣人才能掌握知识和技能，只不过他比一般人掌握得更快、更透彻。但是，应该注意的一点是，颜元否认人存在天赋的知识，但不否认人存在天赋德性。他认为人都禀得天道之二气四德而生，二气四德的理气赋予人之性形。二气四德的理，即元亨利贞，在人身上体现为仁义礼智。他说：“人者，已凝结之二气四德也。存之为仁义礼智，谓之性者，以在内之元亨利贞名之也。”[②] 正是因为认为人都有天赋的美好德性，他才说人性本善，才认为人能够去掉引蔽习染重归自己的善良本性。

颜元和程朱理学的重要区别，就在于天赋德性和天赋知识的关系上。从以上论述可以看出，颜元认为天赋德性和天赋知识是分开的，人存在天赋德性，但不存在天赋知识。天赋知识和天赋德性之间没有贯通之处。而程朱理学则认为这两者恰恰有贯通之处。在程朱理学的理论体系中，德性和知识是一贯的，人心之理与万事万物之理也是贯通的。朱熹说：“太极只是天地万物之理。在天地言，则天地中有太极；在万物言，则万物中各有太极。”[③] “人人有一太极，物物有一太极。”[④] 探求具体事物的知识，主要是为了探求具体事物中蕴含的理，进而返回自身认识人心之理，认识到本心的仁义礼智等天赋道德属性。所以朱熹主张人们主动去认识万事万物之理，进而认识到自身之天理受到了气质的蒙蔽，进而变化自身气质，回归天赋善良本性。而颜元反对这样做，他说：“谓变化气质为养性之效则可，如德润身，睟面盎背，施于四体之类是也；谓变化气质之恶以复性则不可，以其问罪于兵而责染于丝也。”[⑤] 颜元主张要让人之天赋德性免受后天的习染影响，则需要学习练习圣人制定的礼乐等六艺，用六艺来养性。他说：“只因废失六艺，无以习熟义理，不由人不习熟闲事也。今若一复孔门之旧，不惟好色好货一切私欲无从

---

① （清）阮元校刻：《礼记正义 · 中庸》，载嘉庆本《十三经注疏》，中华书局 2009 年版，第 3536 页。

② （清）颜元：《存性编 · 性图》，载《颜元集》，中华书局 1987 年版，第 21 页。

③ （宋）黎靖德编：《朱子语类》卷一，中华书局 1986 年版，第 1 页。

④ （宋）黎靖德编：《朱子语类》卷九十四，中华书局 1986 年版，第 2371 页。

⑤ （清）颜元：《存性编 · 明明德》，载《颜元集》，中华书局 1987 年版，第 2 页。

参，博弈诗酒等自不为，即诵读、训诂、著述、文字等事亦自无暇。”①

由“致知在是物上”的第二点含义，即通过多次了解和接触以达到对事物的全面的、本质的认识，可以推知，颜元不仅重视感性认识对事物的作用，也认识到理性认识的重要作用。他说：“理者，木中纹理也。其中原有条理，故谚云顺条顺理。”② 这就是说，事物是有规律、有规则的，这个规律、规则如同“木中纹理”一样，是事物本身所固有的。他又说：“迨见理于事，则已彻上彻下矣。”③ “见理于事”就是要通过具体事物去探求规律、规则。但是，应该注意到，颜元在这里使用的“理”虽然有规律、规则之意，但并不指事物内部的因果律。在他的概念中，这主要是指人在实践活动中去了解熟悉事物内部的各种规则、规律，而不是作为一个客观观察者，去探究事物的因果联系。颜元的“见理于事”，强调的是人融入事物，在实践中实现主观认识和客观事物的统一。

对事物的“理”的探寻，程朱理学称之为“德性之知”。在程朱理学的认识论中，人的认识分为“闻见之知”和“德行之知”。“闻见之知”指的是感觉器官在与外界事物接触的过程中产生的认识。“德性之知”则不仅包括对事物之理的探究，还包括对人内心之道德本质的认识。程颐说：“闻见之知，非德性之知。物交物则知之，非内也，今之所谓博物多能者是也。德性之知，不假闻见。”④ 正如上述所说，程朱理学认为“德性之知”的这两种含义是贯通的，认识万事万物之理，也就认识了人自身天赋的道德本性。颜元的认识论，从内涵上分析，主要包括程朱理学所说的“见闻之知”，即人通过感觉器官达到的对事物的认识，以及“德性之知”的第一种含义，即人之思维器官对事物之理的认识。他并没有使用“见闻之知”“德性之知”等名词，而是将两者统称为“知”。但是应该说，颜元意识到了人有对天赋道德本质的认识。他在《存性编》中说：“无非欲人共见乎天道之无他，人性之本善，使古圣贤性习之原旨昭然复明于世，则人知为丝毫之恶，皆自玷其光莹之本体，极神圣之善。”⑤ 在颜元的理论体系中，这种对道德本质的认识的追求是不彰

① （清）颜元：《存学编·性理评》，载《颜元集》，中华书局 1987 年版，第 98 页。
② （清）颜元：《四书正误·孟子》，载《颜元集》，中华书局 1987 年版，第 246 页。
③ （清）颜元：《存学编·性理评》，载《颜元集》，中华书局 1987 年版，第 71 页。
④ （宋）程颢、程颐：《二程集·遗书卷第二十五》，中华书局 2004 年版，第 317 页。
⑤ （清）颜元：《存性编·性图》，载《颜元集》，中华书局 1987 年版，第 22 页。

显的，他没有专门系统去论述，他主要强调的是对客观事物的认识，强调人要通过实践去与外物接触进而产生真实认识。

二 行中生知："犯手实做其事"

要达到对客观事物的认识，颜元认为，关键在于人的行动，在行动中去认识事物。这样颜元在对为学之道的探究中，就涉及知与行的关系。知与行，是中国思想史中很早出现的一对概念。《左传·昭公十年》说："非知之实难，将在行之。"[①]《尚书·说命》讲："非知之艰，行之惟艰。"[②] 这都认为行比知更难，都强调行动的重要性。从价值上说，这些言语都彰显了一种崇尚实践的人生智慧。战国时荀子将知与行引入学问之道中，他说："不闻不若闻之，闻之不若见之，见之不若知之，知之不若行之，学至于行之而止矣。"[③] 可以看出，荀子将认识事物分为"闻""见""知""行"四个阶段。颜元的为学之道与荀子这段话强调的意思非常相似，如上一目所分析，他也认为认识事物有见闻和亲身体验的区别。不同的是，荀子将"行"作为"学"的最高阶段，而颜元则将"行"视为学之开端。在学习中，颜元强调的是知不如行，行中生知，因行得知。他讨论知行问题，是从对《大学》的"格物"解释入手的，他说：

> 按"格物"之"格"，王门训"正"，朱门训"至"，汉儒训"来"，似皆未稳。窃闻未窥圣人之行者，宜证之圣人之言；未解圣人之言者，宜证诸圣人之行。但观圣门如何用功，便定格物之训矣。元谓当如史书"手格猛兽"之"格"、"手格杀之"之"格"，乃犯手捶打搓弄之义，即孔门六艺之教，是也。如欲知礼，凭人悬空思悟，口读耳听，不如跪拜起居，周旋进退，捧玉帛，陈笾豆，所谓致知乎礼者，斯确在乎是矣；如欲知乐，凭人悬空思悟，口读耳听，不如手舞足蹈，搏拊考击，把吹竹，口歌诗，所谓致知乎乐者，斯确在乎是矣。推之万理皆然，似稽文

① （清）阮元校刻：《春秋左传正义》，载嘉庆本《十三经注疏》，中华书局2009年版，第4472页。

② （清）阮元校刻：《尚书正义》，载嘉庆本《十三经注疏》，中华书局2009年版，第371页。

③ （战国）荀子著，王先谦集解：《荀子集解》，中华书局1988年版，第142页。

义、质圣学为不谬，而汉儒、朱、陆三家失孔子学宗者，亦从可知矣。[①]

不知圣人之言，证以圣人之行。不见圣人之行，证以圣人之言。此格字乃“手格猛兽”之“格”，格物谓犯手实做其事，即孔门六艺之学是也。且如讲究礼乐，虽十分透彻，若不身为周旋，手为吹击，终是不知。故曰“致知在格物”。[②]

《大学》中讲格物致知、正心诚意、修身齐家、治国平天下，“格物”是整个大学之道逻辑的起点。无论是朱熹主张知在行先，还是王阳明主张知行合一，其理论体系的基点都是对“格物”的理解。所以，关于“格物”之意的解释不同，也塑造了儒家不同学派的理论体系。在颜元之前，汉儒将“格”字解为“来”，朱熹解为“至”，王阳明解为“正”。而颜元认为这些解释都不正确，都不是先儒的原意，他独树一帜地将“格”字解释为“犯手捶打搓弄”，于是“格物”就成为“犯手实做其事”。但是，颜元对“格”字的理解，在先秦文献中查不到相似的用法。他引用的“手格猛兽”一句最早出自东汉时期班固编写的《汉书·司马相如传》。[③] 所以，颜元关于“格”字的解释，其实并没有过硬的语源学依据。但颜元并不仅取语源学的解释，他更注重从人之行为去判定词语的含义。这就是他在上述引文中说的：“不知圣人之言，证以圣人之行。”在颜元看来，既然“格物致知、正心诚意”是儒家圣人的大学之道，那么关于“格物”的正确理解必须被放在尧舜周孔等圣人的具体行为中。而无论是尧舜，还是周公孔子，都重视行动和实践。颜元反问道：“试观孔门，身通六艺者七十二人，周公以三物教万民而宾兴之，不可见《大学》首自‘行习’下手乎?”[④] 由此，颜元认定“格物”之“格”即动手实际做事之意。

既然颜元将“格物”解释为人之做事的行为，那么《大学》讲的“格物致知”就成了行动在前，认知在后。在上述引文中，他以知礼为例，认为无论是“悬空思悟”，还是“口读耳听”，都不如“跪拜起居，周旋进

① （清）颜元：《阅张氏王学质疑评》，载《颜元集》，中华书局1987年版，第491—492页。

② （清）钟錂编：《颜习斋先生言行录·刚峰第七》，载《颜元集》，中华书局1987年版，第645页。

③ 《汉书·司马相如传》记载“于是乎乃使专诸之伦，手格此兽”一句，参见（汉）班固《汉书》卷五十七，中华书局1962年版，第2539页。

④ （清）颜元：《四书正误·大学》，载《颜元集》，中华书局1987年版，第159页。

退，捧玉帛，陈笾豆”对礼认知得透彻。由此，在知与行的关系中，颜元强调行的先导性，行中生知，在行中才能获取知识。他认为认识任何一个事物，只是看书、思辨、讨论，终究无法达到对事物的真实全面的认识。颜元说：

> 吾尝谈天道、性、命，若无甚扞格，一着手算九九数辄差。王子讲冠礼若甚易，一习初祝便差。以此知心中醒，口中说，纸上作，不从身上习过，皆无用也。①

他认为，只是口头上谈论，心头上思辨，不动手去实践，应用时往往会出错。他的这种看法，彰显了认知和落实之间的距离。只是谈论认知，不在行动中检验，这种认知的正确性和有效性终究是疑问。只有先去行动，动手去做，才能产生对事物的正确认识。

颜元的知行观是建立在对“物”的独到理解的基础上的。他将“格物”解释成“犯手实做其事”，那么“物”则指的是人的实践活动面对的具体事物。他说：“周公之六德、六行、六艺谓之三物。不征诸物，非德、非行、非艺也。”② 这就是说，如果不面对具体事物去实践，则不是周公孔子的儒家正学。朱熹将“格物”解释为“穷至事物之理，欲其极处无不到也”，将“物”解为“物，犹事也”。③ 由此可以看出，朱熹理解的“物”，是人可以客观观察之事物。王阳明将“物”解为人意识之中的事物。他说：“心之所发便是意，意之本体便是知，意之所在便是物。如意在于事亲，即事亲便是一物；意在于事君，即事君便是一物；意在于仁民爱物，即仁民爱物便是一物；意在于视听言动，即视听言动便是一物。”④

既然“物”在颜元看来是人之实践活动面对的具体对象，则要了解“物”，必须通过实践才能达到透彻的认识。对于颜元来说，才说到知时，就必须有行在，脱离了行的知不能称为真知。但是，如果强调行在先，这就产生了另外一个问题，就是不知明理怎么行动，颜元的学生这样问他：

---

① （清）颜元：《存学编·性理评》，载《颜元集》，中华书局 1987 年版，第 56 页。

② （清）李塨：《颜习斋先生年谱·六十六岁》，载《颜元集》，中华书局 1987 年版，第 787 页。

③ （宋）朱熹：《四书章句集注·大学章句》，中华书局 1983 年版，第 4 页。

④ （明）王守仁：《传习录》，载《王文成公全书》，中华书局 2015 年版，第 7 页。

秀问:“不先明理,如何行?”予(颜元)曰:“试观孔子,何不先教学文,而先孝弟、谨信、泛爱乎?又何不先教性、道、一贯而先三物乎?且如此冠,虽三代圣人,不知何朝之制也。虽从闻见知为肃慎之冠,亦不知皮之如何暖也。必手取而加诸首,乃知是如此取暖。如此菔蔬,虽上智、老圃,不知为可食之物也。虽从形色料为可食之物,亦不知味之如何辛也,必箸取而纳之口,乃知如此味辛。故曰:手格其物,而后知至。”①

在这里颜元用了两个例子说明行在知先和行中生知。第一个以儒家圣人孔子为例,孔子教学生,不先教义理知识,而是先教各种孝悌等实践行为。在这里颜元是用了逻辑学上的权威论证。另一个是说帽子不戴不知道有多暖,“菔蔬”不吃不知道有多辣。在这里颜元是用了举例论证。由此,颜元得出结论:“手格其物,而后知至。”其实仔细分析,颜元这里的举例明显存在漏洞。对于例子一,即使孔子先教授弟子各种道德实践行为,但对于弟子来说,从孔子那里得到的必然是关于道德实践行为的各种知识,依然是“知”,属于间接经验。在孔子教授的过程中,弟子跟着实际践行才是“行”,才是直接体验。所以,对于孔子的弟子们来说,实质上依然是知在行先。例子二中,颜元列举衣食住行中的简单事物,可以不用别人教而直接采取行动,由此强调行在知先。但对于复杂事物,比如说造桥造船,当然不能不学习相关知识而直接去建造,这就属于知在行先。但是,应该注意到,实际上颜元并不看重从逻辑上辨析知与行的关系。对他来说,他关注的是行动,期望的是人们行动,行动,再行动。他认为人之时间和精力都很有限,在分配时,应该将重心放在行动上,而不是放在求知上。由此,强调行在知先、行中生知,对于颜元来说,知识思辨上成分轻,人生哲理上成分重。

颜元认为行在知先、行中生知,正是从这一点出发,他对程朱理学知行关系提出了批评。他说:

看朱子叹息他人,真是自以为中,居之不疑矣。若以孔门相较,朱

① (清)颜元:《四书正误·大学》,载《颜元集》,中华书局 1987 年版,第 159 页。

子知行竟判为两途，知似过，行似不及，其实行不及，知亦不及。①

朱熹认为知行不能相离，但是在先后和轻重上又有所区别。他说：“知行常相须，如目无足不行，足无目不见。论先后，知为先；论轻重，行为重。”② 同时，他又强调：“义理不明，如何践履？”③ “先知得，方行得。”④ 由此他认为应该先用力于知，再致力于行。颜元认为，朱熹这种知行关系论述，看起来很圆融，知行各有兼顾，但其实还是将知行分为两截；这种知行观落实到操作层面，就变成知多行少、知行脱节。颜元指出，比起孔子和弟子们的学习，朱熹实际上用力于知太多，行却太少，从实践行动中得到的知更少，所以对事物的真正的知也不如孔门。颜元如此批评，是因为朱熹将读书看作知的最主要的手段，特别是读儒家的经典。朱熹说：“读书以观圣贤之意；因圣贤之意，以观自然之理。”⑤ 因为人之时间精力有限，用在读书上的时间太多，践履的时间反而过少，这往往造成了知行脱节。颜元以只看地图不走路来比喻程朱理学的知而不行。他说：“宋儒如得一路程本，观一处又观一处，自喜为通天下路程人，人亦以晓路称之；其实一步未行，一处未到，周行榛芜矣。”⑥ 颜元正是看到程朱理学的知行观在实践中脱节的这一大缺点，所以力主行先知后、行中生知。

除了程朱理学，颜元也对陆王心学的知行观提出了批评，认为其存在明显的弊端，他说：

象山、阳明知恶空言知而并不实知知之弊，故力言合；言至快处，一若言知可不必言行，言行可不必言知者，既不足以服宗朱者之心；言到空言知之弊可恶处便痛骂之，又适足以激宗朱者之恨。⑦

王阳明看到了程朱理学知行脱节、只知不行的弊端。他说：“今人却就将知

① （清）颜元：《存学编·性理评》，载《颜元集》，中华书局 1987 年版，第 86 页。
② （宋）黎靖德编：《朱子语类》卷九，中华书局 1986 年版，第 148 页。
③ （宋）黎靖德编：《朱子语类》卷九，中华书局 1986 年版，第 152 页。
④ （宋）黎靖德编：《朱子语类》卷十四，中华书局 1986 年版，第 281 页。
⑤ （宋）黎靖德编：《朱子语类》卷十，中华书局 1986 年版，第 162 页。
⑥ （清）李塨：《颜习斋先生年谱·六十四岁》，载《颜元集》，中华书局 1987 年版，第 783 页。
⑦ （清）颜元：《阅张氏王学质疑评》，载《颜元集》，中华书局 1987 年版，第 492 页。

行分作两件去做，以为必先知了然后能行，我如今且去讲习讨论，做知的工夫，待知得真了，方去做行的工夫，故遂终身不行，亦遂终身不知。此不是小病痛，其来已非一日矣。”[①] 由此，他提倡知行合一、知行不相离，“知是行的主意，行是知的功夫；知是行之始，行是知之成。若会得时，只说一个知，已自有行在，只说一个行，已自有知在”[②]。但是，颜元指出，王阳明这种“知行合一”的观点只是在理论上兼顾了知与行，在实践中却容易让人陷入“言知可不必言行，言行可不必言知”的思想认识，实际上还是知行脱节。

颜元惩程朱理学和陆王心学之失，大力提倡“行”的重要。他认为，程朱理学和陆王心学的知行观之所以会出现弊端，是因为“皆由失周、孔三物之教，而徒求之口头、纸笔也”[③]。而古代圣人绝不是闭门书斋研究纸上心头的道理，而不实际采取行动，不在人世间做工夫，不在为国为民事业上费精力，“尧、舜、孔子总是人世上底圣人，总是做人世上底工夫”[④]。所以，颜元更提倡行，重视人们在现实中行动的重要性；更强调行在先，不知只是不行，知由行而深化；主张由人之行动得到的认识，才是正确全面的认识，才能进一步指导人的实践活动。

第三节　为学之目标追求：因用见体

颜元为学重视实用，将实用作为学习的重要原则。他强调为学要体用一致，认为用中有体，主张通过学之用展现学之体。同时，他强烈主张为学必须经世致用，批评对世事没有实际帮助的空疏之学。在他看来，每个人，尤其是学者，都应该对世事产生有益的作用，这个有益的作用是人应尽的责任，也是人之良善本性的对外展现。

一　体用不二：“彻始彻终总是体用一致”

颜元认为，儒者为学之目的就是经世济民、扶危济困。为百姓做实事，

① （明）王守仁：《传习录》，载《王文成公全书》，中华书局 2015 年版，第 5—6 页。
② （明）王守仁：《传习录》，载《王文成公全书》，中华书局 2015 年版，第 5 页。
③ （清）颜元：《阅张氏王学质疑评》，载《颜元集》，中华书局 1987 年版，第 492 页。
④ （清）颜元：《朱子语类评·训门人类》，载《颜元集》，中华书局 1987 年版，第 253 页。

需要有做实事的能力，对于任何人来说，这个能力都不会是天生的，而只能从学中得来。而如果所学非所用，所用非所学，那么就会造成学用脱节，进而耽误百姓民生。所以颜元认为，实用必须作为学习的重要原则。他说：

> 学须一件做成，便有用，便是圣贤一流。试观虞廷五臣，只各专一事终身不改，便是圣；孔门诸贤，各专一事，不必多长，便是贤；汉室三杰，各专一事，未尝兼摄，亦便是豪杰。[①]

颜元认为，只要能够学成一件实用之本领，能够为百姓造福，就是圣贤，就是豪杰。他指出，这种对外的有益作用是儒者应尽的本分。他说：“天下事皆吾儒分内事。”[②] 由此，儒者之学应该以实用为本。离开实用谈天道、性、命之学，颜元称之为“镜中花”“水中月”。因为这种学问虽然立意甚高，但无助于百姓的安居乐业，无助于国家的福祸安危，最后只能流于空谈。颜元认为，空谈之人不能称为儒者，因为连国事世事的安危都不顾，已经丧失了儒家的基本价值。

颜元沿用宋明儒者的“体”“用”范畴，用“体用一致”来表达人对外产生有益作用的重要。“体”“用”是宋明理学范畴体系中的重要概念，有着复杂多样的含义，主要包括理与事、性与情、性与用、仁与义、已发与未发等。颜元使用的“体”“用”基本指的是心性与功用。在心性与功用层面讲体用时，宋明儒者常将心性比喻为水的源头，功用则比喻为水流，进而主张为学要“从源头体认”。颜元则反对这样做，他在《存学编》中评论说：

> 延平谓朱子曰：“渠所论难处，皆是操戈入室。须从源头体认来，所以好说话。”
>
> “从源头体认”，宋儒之误也；故讲说多而践履少，经济事业则更少。若宗孔子“下学而上达”，则反是矣。[③]（颜元）

---

① （清）钟錂编：《颜习斋先生言行录·学须第十三》，载《颜元集》，中华书局 1987 年版，第 667 页。

② （清）颜元：《存学编·性理评》，载《颜元集》，中华书局 1987 年版，第 68 页。

③ （清）颜元：《存学编·性理评》，载《颜元集》，中华书局 1987 年版，第 72 页。

无论是程朱理学还是陆王心学，都重视心体、性、命，将之放在事功之前。朱熹说："致知、格物是源头上工夫。"[①] 王阳明讲："人只要成就自家心体，则用在其中。如养得心体，果有未发之中，自然有发而中节之和，自然无施不可。"[②] 颜元认为，朱熹和王阳明的说法表面上很有道理，但在实际学习中则是先体后用，乃至只言体而不言用。他指出，这种从"源头体认"的说法，在事实经验层面造成了"讲说多而践履少，经济事业则更少"，变成了无用之体。这是因为，人之时间和精力有限，将时间精力集中于研究心体、性、命，则分配到学习实用知识和技能的光阴就会变少，那么就无法学到足够的实用才能。而且，他指出，从研究心体、性、命到实际改造社会是两个层面的事情，从认识世界到改造世界需要极大的跨越，并不是一以贯之之事，并不是学会了性、命、天道，就自然能够掌握为百姓谋福祉的本领，就自然能够改造好社会，关于这一点已经在本章第一节中详细论述，在此不再赘述。基于以上原因，他批评宋明理学说：

> 盖无用之体，不惟无真用，并非真体也。[③]
>
> 宋儒偏处只是废其事；事是实事，他却废了，故于大用不周也。人皆知古来无无体之用，不知从来无无用之体。既为无用之体，则理亦虚理。[④]

颜元认为，宋明儒者不讲功用，不重实事，其所谈论的体用兼备，最后只能演变为"无用之体"，其所谈论的心性道理也就成了虚理，对国家、社会事业没有实际促进作用。他指出，宋明儒者这种不重功用的学问，是和儒家的正学不一致的。以程朱理学为例，他批评说："程朱与孔门，体用皆殊。居敬，孔子之礼也；静坐惺惺，程朱之礼也。兵、农、礼、乐、为东周，孔子之用也；经筵进讲、正心诚意，程朱之用也。"[⑤] 这就是说，在"体"上，孔子之学是动态的居敬，程朱理学是静态的静坐；在"用"上，孔子之学是对国家、社会实际有用的兵农礼乐，程朱理学则止于通过讲读和正心谈论虚理。颜元

---

① （宋）黎靖德编：《朱子语类》卷十五，中华书局 1986 年版，第 301 页。

② （明）王守仁：《传习录》，载《王文成公全书》，中华书局 2015 年版，第 27 页。

③ （清）颜元：《存学编·性理评》，载《颜元集》，中华书局 1987 年版，第 70 页。

④ （清）颜元：《朱子语类评·训门人类》，载《颜元集》，中华书局 1987 年版，第 285 页。

⑤ （清）李塨：《颜习斋先生年谱·六十二岁》，载《颜元集》，中华书局 1987 年版，第 778—779 页。

进一步指出，孔子所代表的先秦儒家的真学，是在实践中体会心性之理，而不是先研究心性再实践。他说：

> 盖吾儒起手便与禅异者，正在彻始彻终总是体用一致耳。故童子便令学乐舞勺。夫勺之义大矣，岂童子所宜歌！圣人若曰，自洒扫应对以至参赞化育，固无高奇理，亦无卑琐事。故上智如颜、贡，自幼为之，不厌其浅而叛道；粗疏如陈亢，终身习之，亦不至畏其难而废学。①

由此可知，颜元讲“体用一致”，实际上是即用见体，也就是在“用”的学习中去体会“体”。学习“用”的功夫下足了，“体”自然也就得到了。他说“彻始彻终总是体用一致”，则表达了从学之开端到学之结束都从“用”处着手，融“体”于“用”中。所以他指出：“吾儒日言性道而天下不闻也，日体性道而天下相安也，日尽性道而天下相忘也。惟言乎性道之作用，则六德、六行、六艺也；惟体乎性道之功力，则习行乎六德、六行、六艺也。”② 这种从用处着手、学以致用的思想是颜元为学论的重要组成部分，他认为学以致用是儒学的真精神，是应该大力继承和发展的儒家真学，并从两个方面论证了这一点。

一是从儒家经典文献中寻找依据。颜元解释《大学》时说：

> 大学对小学而言，即包注中大人之学了。盖吾儒原是学为君相、为百职。便是庶人，谁无个妻子、兄弟、仆从？以道治吾身便是明，以道治他们便是亲，明亲到十分满足便是至善。此个大人，是人人有分可做的；此个学功是人人有力当做的。异端是不上此条道的；曲学是自身上做几分，不能合天下以为量的。③

从以上看出，颜元认为，大学之道的起始就是要成人成己，而如果只在自身上修养德性，则是曲学。大学首章讲明德亲民，就是在强调功用。他指出：“大学之道，才言‘明德’，即言‘亲民’，焉得云无意于功业！”④ 儒者应该

---

① （清）颜元：《存学编·性理评》，载《颜元集》，中华书局 1987 年版，第 55 页。

② （清）颜元：《存学编·图跋》，载《颜元集》，中华书局 1987 年版，第 33 页。

③ （清）颜元：《四书正误·大学》，载《颜元集》，中华书局 1987 年版，第 158 页。

④ （清）颜元：《存学编·性理评》，载《颜元集》，中华书局 1987 年版，第 95 页。

为“学为君相、为百职”，以天下为己任，而不应该埋头书海或整日静坐体悟去追求心性之理。

二是从尧、舜、周、孔等儒家圣人的行为进行论证。他认为先秦儒家的圣人都践行经世致用，都创造了实绩。他说：

> 越稽孔孟以前，理数醇，尚其实，天地所生，以主此气机者，率皆实文、实行、实体、实用，卒为天地造实绩，而民以安，物以阜。①
>
> 孔门上继尧、舜、文、武、周公之学，原以协和万邦、致君尧舜为本等事，故师弟同坐，便筹应知之具，由、求、赤各呈本领，真足定一代之太平，成唐虞之事业。②

颜元认为，尧、舜、周、孔之学均是实文、实行、实体、实用之学；无论是尧、舜的正德、利用、厚生“三事”之学和水、火、金、木、土、谷“六府”之学，还是周公、孔子的六德、六行、六艺“三物”之学，都饱含着经世济民的实际功用在里面。他指出，汉代以后儒者均没有继承好儒家这种学以致用的精神。所以，他呼吁恢复儒学的这种真学。他说：“岂若真学一复，户有经济，使乾坤中永享治安之泽乎！”③ 由此，他强调从三事、六府、六德、六行、六艺入手，让学子从小就接触实用之学，学以致用，不在虚文上浪费精力，进而培养出社会栋梁之材。

二 作用为性：“作转世人，不是作世转人”

宋儒将“性”看作“体”，颜元有时也巧妙地承认这一说法，进而提出“作用为性”，所以“用”也是“体”。他认为，人应该对世界产生有益的作用，这是人天赋本性的应有之义，是人应尽的义务，尤其是学者应尽的义务。他说：

> “作用为性”四字不差，只佛氏与宋儒偏无作用耳。④

---

① （清）颜元：《上太仓陆桴亭先生书》，载《颜元集》，中华书局 1987 年版，第 426 页。

② （清）颜元：《四书正误·论语》，载《颜元集》，中华书局 1987 年版，第 209 页。

③ （清）颜元：《存学编·学辨一》，载《颜元集》，中华书局 1987 年版，第 51 页。

④ （清）颜元：《朱子语类评·训门人类》，载《颜元集》，中华书局 1987 年版，第 284 页。

将这里“作用为性”中表达的“性”的内涵囊括在内，可以将颜元使用的“性”概念，按照内涵的大小分为三个层次，即狭义、中义、广义。狭义上的“性”，他和程朱理学所使用的“性”的内涵一致，指人心之道德属性。例如他说：“存之为仁义礼智，谓之性者，以在内之元亨利贞名之也。”① 中义的“性”，则不仅包括人心之性，还包括人之形体的功能。颜元说：“视者目之性，听者耳之性，仁义礼智者心之性。”② 广义之“性”，则又将人对外产生良善作用包括在内，也就是他这里说的“作用为性”。

相比较于儒家传统的人性说法，颜元的“作用为性说”无疑具有突破性。孟子将仁义礼智等道德品质视为人之性；程朱理学用理一分殊思想完善孟子学说，证明人内心之善性源于先天之太极的赋予。颜元则将“性”的范围扩大化，将人对外的实际良善作用也包括在内，这就突破了传统儒家人性观念的道德限定。性不再只是道德性的，也可以是功用性的；性不仅深藏于人之内心，还体现在人的言行对外界之良善影响。他接着上述的“作用为性”的话解释说：

> 尧、舜之“明四目，达四聪”“仁如天，智如神”，尽一身之性也；“克谐以孝，敦睦九族”，尽一家之性也；“百姓昭明，黎民于变时雍”，与天下共尽其性也。天地清宁，万世永赖，合古今乾坤通尽其性也。③

从以上可以看出，颜元认为，“作用为性”中的作用的施为对象为自身、家和天下。中国古代的“家”既指家庭，也指家族；“天下”指全世界，中间存在着许多国。所以颜元这里的“作用”之施为对象无疑包括了古代社会的各个层次。从范围上看，它是一个从内到外、从小到大不断扩展的内心圆，这一点和《大学》中讲格物致知、正心诚意、修身齐家、治国平天下是一致的。《大学》设计的这一学习的行为逻辑为后世儒者所普遍尊奉，但是颜元和之前儒家不同的是，他将大学之道的起点“格物”解释成“犯手实做其事”④。既

① （清）颜元：《存性编·性图》，载《颜元集》，中华书局1987年版，第21页。

② （清）钟錂编：《颜习斋先生辟异录·辟祟邪异》，载《颜元集》，中华书局1987年版，第606页。

③ （清）颜元：《朱子语类评·训门人类》，载《颜元集》，中华书局1987年版，第284页。

④ （清）钟錂编：《颜习斋先生言行录·刚峰第七》，载《颜元集》，中华书局1987年版，第645页。

然起手处就是实际动手做事情，那么必然有对外的作用。同时，大学之道的终极目标“平天下”更直接表达了人对国家、社会的巨大的良性作用。所以，在颜元看来，人对外之良善作用在各个层次都是社会良好运行的基础。

颜元讲“作用为性”，似乎和孟子讲的“穷则独善其身”有所矛盾。孟子在《尽心》篇中讲：“古之人，得志，泽加于民；不得志，修身见于世。穷则独善其身，达则兼善天下。”① 在这里，孟子将人之际遇分为得志、不得志；在得志的情况下，才有机会润泽百姓，在不得志的情况下，则要独善其身。朱熹在《四书章句集注》中将这段话解释为：“此章言内重而外轻，则无往而不善。”② 由此，可见朱熹认为孟子讲独善其身，主要指人应该注重内心道德之修养。那么在不得志的情况下，没有施为对象，个人作用之性无从开展，是否可以“独善其身”，只注重个人道德修养呢？颜元认为不能这样，他说：“当隐居之时，便汲汲用力，将致君泽民如兵、农、礼、乐等本领都作成片段，以待用。”③ 他认为，即使是在不得志的情况下，也要积学待用，学会治国安民的本领，而不能仅仅专注于个人道德修养的提升。他在和朋友讨论这一问题时，进一步说：

> 吾昨劝某友学经济实用，诿曰“几时用着？”予（颜元）曰：“必待上帝立券明日用，兄今方学乎！昔姜公八十遇文王，假使七十八九寿终，将不得为姜公乎？不用而死，只八百年苍生不被其泽耳，公以全体大用还于天地，曾何缺欠？必用而后学，否则不学，是为利也。学从名利入手，如无基之房，垒砌纵及丈余，一倒莫救。”④

从这段对话可以看出，颜元认为经世济民之学是学人必须掌握的本领；学习它不是为了让政府给自己官职，而是为了造福百姓；所以，不能从追名逐利的角度出发，认为没有官职就可以不学；即使一辈子政府不起用自己，个人学成一身经世济民的本领，也可以“全体大用还于天地”。这里的“全体大用

① （清）阮元校刻：《孟子注疏·尽心上》，载嘉庆本《十三经注疏》，中华书局2009年版，第6016页。

② （宋）朱熹：《四书章句集注·孟子集注》，中华书局1983年版，第351页。

③ （清）颜元：《四书正误·论语》，载《颜元集》，中华书局1987年版，第224页。

④ （清）钟錂编：《颜习斋先生言行录·鼓琴第十一》，载《颜元集》，中华书局1987年版，第660页。

还于天地”，即蕴含着“作用为性”的内涵。这也就是说，学习经世济民的本领是人应尽的本分，是天地赋予的人之性，学成之后即使政府不重用也是实现自身之性，所以颜元强调：“学者，学成其人而已，非外求也。”① 颜元指出，人是“有作用之天地万物”，人与天地万物是相通的，他说：“天地一我也，我一天地也；万物一我也，我一万物也。既分形而为我，为天地万物之灵，则我为有作用之天地万物，非是天地万物外别有一我也。”② 所以，人应该将本身之良善作用发挥出来，这也就是完成天地赋予人的本分。颜元认为人应该立志做到这一点，他说：

> 但抱书入学，便是作转世人，不是作世转人。③

“转世人”是指能够改变世界、影响世事之人，“世转人”是指跟着世界随波逐流、没有主见之人。颜元认为，学者应该立志成为第一种人，而不应该做第二种人。要想做到“转世”而不被“世转”，则必须抛弃只在书斋里读讲著述，而投身于学习实际世界需要的本领技能。这些本领技能包括“礼、乐、射、御、书、数以及兵、农、钱、谷、水、火、工、虞之属”④。只有熟悉这些本领和技能，在和平时期，儒者才能是中流砥柱；在危难之际，儒者才能够力挽狂澜，而不至于空据报国之心，在国家安危之际，只能痛哭流涕。所以颜元指出：“子、臣、弟、友，道之归宿。礼、乐、射、御等，道之材具。若无之，则子臣徒具忠孝之心，而无其作用。如明末死节诸臣，不可见乎。”⑤ 只具有报国之心而没有报国之能的人，颜元对之是同情的，也是悲愤的。他说：“吾读甲申殉难录，至‘愧无半策匡时难，惟余一死报君恩’，未尝不凄然泣下也。”⑥ 所以颜元一直强调学者要提升自己，做大用之人，将“成己”与“成物”打通，他说：

---

① （清）颜元：《存学编·学辨一》，载《颜元集》，中华书局1987年版，第52页。

② （清）钟錂编：《颜习斋先生言行录·赵盾第十六》，载《颜元集》，中华书局1987年版，第680页。

③ （清）颜元：《存学编·性理评》，载《颜元集》，中华书局1987年版，第95页。

④ （清）颜元：《存学编·明亲》，载《颜元集》，中华书局1987年版，第44页。

⑤ （清）钟錂编：《颜习斋先生言行录·刁过之第十九》，载《颜元集》，中华书局1987年版，第693页。

⑥ （清）颜元：《存学编·性理评》，载《颜元集》，中华书局1987年版，第62页。

> 不能执德，虽得之必失之，固不足取。然必宏吾之所执，成己必兼成物，致中和必期位育，便是万物一体、天地为徒。不能信道，自暴自弃，固不成人。然必笃吾之所信，见得实有诸己，真是大德敦化，便能诚诸其身、著明动变。此等人在上在下都能撑持气运、砥柱人群，有之则治，无之则乱。①

由此可知，颜元认为社会中流砥柱式的人物，必须具备“成己必兼成物，致中和必期位育”的素质，做到“内圣”与“外王”的统一。“成己”与“成物”是《中庸》中出现的重要概念，对“成己”和“成物”关系的看法也是颜元与朱熹的重要区别，从中也可以看出颜元实学思想的重要特点。朱熹在注《中庸》相关章句时指出：“天下至诚，谓圣人之德之实，天下莫能加也。尽其性者德无不实，故无人欲之私，而天命之在我者，察之由之，巨细精粗，无毫发之不尽也。”② 这清晰表明从“成己”到“成物”，朱熹认为是个人内心德性的扩充，是个人正心诚意的自然结果。而颜元的不同之处在于，他讲的是“成己必兼成物”，在“成己”的同时也要做到“成物”，两者是并列的、共时的。颜元的“成己”不仅包含德性的修养，也包含经世济民能力的培养；“成物”既包括将自身之良好德性发挥出来影响周围的事物，也包括把自身之经世济民的能力发挥出来造福百姓。他认为，儒者应该将“成己”与“成物”贯通起来，“成己”兼“成物”才能成为“转世人”，而不至于成为“世转人”。他进一步解释说：

> 吾愿求道者尽性而已矣，尽性者实征之吾身而已矣，征身者动与万物共见而已矣。吾身之百体，吾性之作用也，一体不灵则一用不具。天下之万物，吾性之措施也，一物不称其情则措施有累。身世打成一片，一滚做功，近自几席，远达民物，下自邻比，上暨庙廊，粗自洒扫，精通燮理，至于尽伦定制，阴阳和，位育彻，吾性之真全矣。③

颜元认为，儒者应该有强烈的责任感，去为社会做一些实际的工作，发挥真

① （清）颜元：《四书正误·论语》，载《颜元集》，中华书局 1987 年版，第 227 页。
② （宋）朱熹：《四书章句集注·中庸章句》，中华书局 1983 年版，第 32—33 页。
③ （清）颜元：《存人编·唤迷途》，载《颜元集》，中华书局 1987 年版，第 129 页。

正的建设作用。在这里颜元为求道者画了一个基本的路线图，即求道就要专注于“尽性”，“尽性”要证验于自身，证验于自身则要“动与万物共见”。他认为，天下万物都是人之性的施为对象，任何一物不得其安，则说明儒者之天赋善性的施为有相应的不善。所以，作为儒者，“尽性”不能只关注自身，还要关注对外在世界的影响，齐家治国平天下也是“尽性”。在颜元看来，“尽性”应该“身世打成一片，一滚做功”，将自身与所处的世界连成一片，既在自身上用功，也在世界上用力，直至“尽伦定制，阴阳和，位育彻”，这时自身之天赋善性才得到真正完备的展现。

第四节 为学之价值追求：重义尚利

学人的价值取向是中国古代思想史的重要命题。在颜元看来，学者为学的价值追求，既有成就自己德性的一面，也有出仕从政将所学用于造福百姓的一面。造福百姓，即兴天下之公利。对于这种公利，颜元是肯定的，鼓励学者积极追求。在义利关系上，他反对纯粹追求个人私利，认为应该以义统利、先义后利，在符合道义的前提下追求功利。

一 利为义和：“利济苍生，方是圣贤”

《周易·乾·文言》中说：“利者，义之和也。”① 颜元多次引用这句话，用以表达对天下公利的肯定。②《周易正义》对这句话的解释是：“利者义之和者，言天能利益庶物，使物各得其宜而和同也。”③ 这就是说，上天能够以利来补益世间万物，使得万物各得其宜而和同。这是从天化生万物的角度而提出的说法。在《周易》天人相通的世界观中，君子应该法天而行，所以在“利者，义之和也”之后，接着有“君子利物足以和义”一句。④《周易正义》对之的解释是：“利物足以和义者，言君子利益万物，使物各得其宜，足以和

---

① （清）阮元校刻：《周易正义》，载嘉庆本《十三经注疏》，中华书局2009年版，第25页。

② 颜元在评论《大学》的相关思想时说：“‘利贞’‘利用安身’‘利用刑人’‘无不利’‘利者，义之和也’——《易》之言‘利’更多。”（《四书正误·大学》，载《颜元集》，163页）。他在评论刁包的《刘晏论》中说：“如理财自是周官、大学所必举，腐儒恶闻之，目刘公为言利之臣。夫‘利者，义之和也’。”（《读刁文孝用六集八卷评语》，载《颜元集》，第503页）。

③ （清）阮元校刻：《周易正义》，载嘉庆本《十三经注疏》，中华书局2009年版，第25页。

④ （清）阮元校刻：《周易正义》，载嘉庆本《十三经注疏》，中华书局2009年版，第25页。

合于义、法天之利也。”[①] 这就是说，君子应该给世间万物带来利益，使得万物各得其宜；君子这种行为符合义的标准，是效法天之大德大利。很显然，《周易》中君子给予万物的这种利，是普惠众生之公利，而不是个人之私利。颜元正是从《周易》的这个角度出发的，认为追求天下之公利即追求天下之公义，从而肯定追求天下之公利的行为，他说：

> 人必能斡旋乾坤，利济苍生，方是圣贤。不然，虽矫语性天，真见定静，终是释迦、庄周也。[②]

这就是说，人应该积极作为，努力造福天下苍生，给百姓带来实实在在的利益，这样才是圣贤；否则，空谈性、命与天道，即使真正修行到极致，也只是像佛教、道家一样的个人主义。颜元这里所说的“利”，显然指天下之公利，虽然他并没有使用“公利”这个词。中国古代出现“公利”一词甚晚。在先秦时期，无论是孔子，还是孟子，都没有将“公”与“利”两个字联系起来。但是孔子讲“务民之义”，其中已经蕴含着公共利益的内涵。这可能是因为在先秦儒家看来，为百姓谋求利益是大仁大义之事，所以他们不称之为“利”，而称之为“义”。颜元也正是这样理解孔子这句话的，他说：

> 夫子告樊迟，不曰“人之义”，而曰“务民之义”，正是就君道论知仁，药迟琐小之病。其实正与宋儒不学为君相之学对症药也。晦庵（朱熹）见药不受，反要改作“人”字，失夫子意矣。[③]

《论语》中此段的原文是：“樊迟问知。子曰：‘务民之义，敬鬼神而远之，可谓知矣。’”[④] 朱熹注为：“民，亦人也。专用力于人道之所宜，而不惑于鬼神之不可知，知者之事也。”[⑤] 由此可见，朱熹将“民”作“人”来理

---

① （清）阮元校刻：《周易正义》，载嘉庆本《十三经注疏》，中华书局2009年版，第26页。

② （清）钟錂编：《颜习斋先生言行录·教及门第十四》，载《颜元集》，中华书局1987年版，第673页。

③ （清）颜元：《四书正误·论语》，载《颜元集》，中华书局1987年版，第189页。

④ （清）阮元校刻：《论语注疏·雍也》，载嘉庆本《十三经注疏》，中华书局2009年版，第5384页。

⑤ （宋）朱熹：《四书章句集注·论语集注》，中华书局1983年版，第89—90页。

解，将“务民之义”理解为人道适宜做之事。颜元认为，朱子的说法是错误的，“务民之义”中的“民”仍应当作“民”解释，“为民之义”是为百姓谋福利，是士人应该学的出仕理政之事。他指出，以天下为己任，为百姓谋福利，为天下求公利，是学者分内之事，这才是儒家的价值所在。他说：

> 尧舜“利用”，《尚书》明与“正德”“厚生”并为“三事”。①
>
> 吾子祖述尧舜者也，若废却“利用”“厚生”，尚得谓之祖述乎？②

颜元认为，尧、舜都讲“利用”，即以为百姓谋求公利作为理想追求，并将之与“正德”“厚生”并列称为“三事”；孔子祖述尧舜，如果除去“利用”不讲，那么孔子也谈不上祖述尧舜。所以，后世儒者既以尧舜孔子为先圣，如果不讲“利用”，则儒家之价值也大为损伤。这是颜元从先秦儒家经典中寻找依据为自己的观点做支撑。但是，先秦儒家经典《论语》中也说“子罕言利与命与仁”③，由此后世很多儒者一直将之作为圣人少言利、不言利的证据，进而不敢言利、不愿言利。颜元认为，这是后世儒者误解了孔子的原意，他解释这句话时说：

> 自幼遵注看书，为他印定作三件“罕言”看过矣。忽思“利”下二“与”字不可忽，是不把利与命搀说，不把利与仁搀说，为贪利则不受命，为富则不仁也。然谓之“罕言”者，却亦有时为贪利者言天命、言天理也。④

颜元认为，“子罕言利与命与仁”这句话应该将“利与命与仁”连读，即孔子罕言利与命、罕言利与仁，而不是“罕言利，与命与仁”。他指出，孔子罕言利与命，就是不将利与命放在一起解说，这是为贪利不受命之人而讲的；

---

① （清）颜元：《四书正误·大学》，载《颜元集》，中华书局1987年版，第163页。

② （清）颜元：《四书正误·论语》，载《颜元集》，中华书局1987年版，第222页。

③ （清）阮元校刻：《论语注疏·子罕》，载嘉庆本《十三经注疏》，中华书局2009年版，第5407页。

④ （清）颜元：《四书正误·论语》，载《颜元集》，中华书局1987年版，第200页。

罕言利与仁，不将利与仁放在一起解说，这是对为富不仁之人而讲的；之所以称为罕言，是因为孔子对贪利者谈论天命天理的情况只是偶尔出现。所以颜元认为，这段话并不能证明孔子罕言利、少言利，而是后世儒者误解了孔子的意思。

颜元讲“利者，义之和也”，将天下公利等同于天下公义，这一点有些类似墨家的学说。墨子说：“仁人之所以为事者，必兴天下之利，除去天下之害，以此为事者也。”① 又讲：“义，利也。”② 考其实，颜元虽然有称赞墨子之语，但并没有直接引用墨子证明自己的天下公利的观点，而常以儒家孔子的“因民之所利而利之”“务民之义”等语作为根据。其实，先秦墨家和儒家都认可应该追求天下之利。不同的是，墨家的天下之利主要指在天下推行“兼相爱、交相利”的理念，以避免战乱纷争；儒家主要指的是恢复井田制、礼乐制以及让百姓丰衣足食等。颜元的天下之利显然不是指墨家的兼爱、非攻。他说：“如天不废予，将以七字富天下：垦荒，均田，兴水利；以六字强天下：人皆兵，官皆将；以九字安天下：举人材，正大经，兴礼乐。”③ 这里讲的“均田”“兴礼乐”都属于儒家的价值理念，所以颜元提倡的天下之利的具体内容主要根源于儒家的理想。但是，和先秦儒家的不同之处在于，他强烈追求国家富强之利。他说：

> 明儒云“以富强为仁义”，少有知觉，惜亦未能改宋家老儒故辙也。④

这里的“富强”，即追求国家的富国强兵。先秦儒者的立论往往从天下角度谈天下之公义和公利，很少从具体的国家角度来谈。所以，孟子在和梁惠王对话时，当梁惠王问国家之利，孟子反而教导他要尊重义⑤；而颜元也从天下的角度谈论追求公利，主张追求国家富强之利。这是因为他认为当时天下已经统一为一个国家，所以天下国家是一致的，兴天下之公利就要追

① 吴毓江：《墨子校注》卷四，中华书局 2006 年版，第 158 页。

② 吴毓江：《墨子校注》卷十，中华书局 2006 年版，第 469 页。

③ （清）李塨：《颜习斋先生年谱・五十五岁》，载《颜元集》，中华书局 1987 年版，第 763 页。

④ （清）颜元：《四书正误・论语》，载《颜元集》，中华书局 1987 年版，第 181 页。

⑤ 参见（清）阮元校刻《孟子注疏・梁惠王上》，载嘉庆本《十三经注疏》，中华书局 2009 年版，第 5795 页。

求国家的富强。颜元将国家富强作为仁义的说法，具有深刻的历史背景。宋明时期，灾害频仍，战争不断，百姓经常陷入水深火热之中，而国家无力保护。所以颜元认为国家富强能够保护百姓的生命财产，这就是仁义。他指出：

> 发政施仁不到仁覆天下处，反不如富强霸术令行禁止者保大其国，不至于削亡。①

这就是说，如果为政者之仁德没有达到让全天下都享受光辉的程度，反而不如施行富国强兵的霸术可以让国家免受削弱灭亡，让国家公利得到维护。所以，颜元主张学者平时学习就要努力掌握为天下兴公利之知识，培养为天下兴公利之能力，他说：

> 圣贤但一坐便商确兵农礼乐，但一行便商确富民、教民，所谓“行走坐卧，不忘苍生”也，是孔门师弟也。后世静坐读书，居不习兵农礼乐之业，出不建富民、教民之功，而云真儒？真儒者，质之孔门何地乎？②

颜元认为，作为儒家学子，如果耗费年月去静坐读书，修养个人德性，而不学习礼乐兵农等实际知识和技能，这样的人锻炼不出来经世济民的能力，所发的议论只是空谈；真正的学子，应以天下为己任，“行走坐卧，不忘苍生”，注重提升德性和学习各种实用知识技能，经常商讨富民教民之策。这样学有所成的人，才是国家需要的人才，才能为天下兴公利。

二 义利并重：“正其谊以谋其利”

义利观是学者为人处世的重要指挥棒，不同的义利观塑造了不同的人生取向。颜元认为学者在义利关系上要义利并举、重义尚利。他的义利观的特点是，一反宋明儒者谈义不谈利而将义和利对立化的倾向，认为既要谈义也

---

① （清）颜元：《四书正误·孟子》，载《颜元集》，中华书局1987年版，第239页。

② （清）颜元：《四书正误·论语》，载《颜元集》，中华书局1987年版，第214页。

要讲利，不谈利则纯粹的义在现实生活中难以持久。他虽重视利的价值，却并没有将义利看得一样重要，而是认为要先义后利、以义统利。为清晰地分析颜元的义利思想的特点，需要先了解他批评的程朱理学的义利观。程朱理学在义利观上的主要表述有：

> 大凡出义则入利，出利则入义。天下之事，惟义利而已。①（程颢）
>
> 义与利只是个公与私也。②（程颐）
>
> 仁义根于人心之固有，天理之公也。利心生于物我之相形，人欲之私也。循天理，则不求利而自无不利；殉人欲，则求利未得而害已随之。③（朱熹）

义是指道德原则和规范，利是指利益。从上可以看出，程朱理学认为，仁义是天理、公心，利益则是人欲、私心，两者是对立的；人如果按照道德规范行事，不以求利为目的，那么利益自然会跟随；如果按照利益驱动，不讲仁义，那么不仅求不得利，反而祸害会跟随而来。应该说，程朱理学这种观点相当有说服力，在事实经验层面也有各种例子可以佐证。在现实社会中，只求利不讲义的人，破坏社会规则，伤害他人利益和集体利益，社会大众对之深恶痛绝。正因为如此，程朱理学的义利观在宋明时期被学者广泛接受，成为当时的主流义利思想。但是这种义利观的流弊所及，也是破坏性巨大。它逐步形成儒者耻于言利的风气，不光对个人之利耻于谈及，而且对与国家之公利直接相关的钱谷、甲兵等事也耻于谈及，在现实中要么漠不关心，要么知之甚少。黄宗羲谈明朝末年的情形时说："夫儒者类以钱谷非所当知，徒以文字华藻，给口耳之求，顾郡邑之大利大害，一听胥吏之为区画。"④《明史》中也说："明季士大夫，问钱谷，不知；问甲兵，不知。"⑤ 这种社会风气造成了严重的影响，导致国家危难之际，难以寻找到合适的财政、军事等人才。颜元的学生李塨谈及此现象时说：

---

① （宋）程颢、程颐：《程氏遗书》，华东师范大学出版社 2010 年版，第 161 页。
② （宋）程颢、程颐：《程氏遗书》，华东师范大学出版社 2010 年版，第 226 页。
③ （宋）朱熹：《四书章句集注·孟子集注》，中华书局 1983 年版，第 202 页。
④ （清）黄宗羲：《黄梨洲文集》，中华书局 2009 年版，第 236 页。
⑤ （清）张廷玉等撰：《明史》卷二百五十二，中华书局 1974 年版，第 6524 页。

> 自明之末也，朝庙无一可倚之臣，天下无复办事之官。坐大司马堂，批点《左传》，敌兵临城，赋诗进讲；其习尚至于将相方面，觉建功奏绩俱属琐屑，日夜喘息著书，曰：此传世业也；以至天下鱼烂河决，生民涂毒。呜呼，谁实为此！无怪颜先生之垂涕泣而道也。①

李塨认为，当时儒者的价值观念出现了偏差，他们不以国家安危为重，反而以讲读著述为重。因为在当时儒者看来，讲读著述是立德立言，比建功立业的价值更高，比起一时的功绩，著述能够让人的精神永存，使得精神不因个体的消亡而消亡，由此，国家、社会百姓的事业无人愿理也无人能理，乃至最后溃败，一发不可收。颜元对这种现象非常痛心，他认为这是由于学者的义利观出了问题。他说：

> 都门一南客曹蛮者，与吾友王法乾谈医云：“惟不效，方是高手”，殆朱子之徒乎？朱子之道千年大行，使天下无一儒，无一才，无一苟定时，不愿效也。宋家老头巾群天下人才于静坐、读书中，以为千古独得之秘；指办干政事为粗豪，为俗吏；指经济生民为功利，为杂霸。究之，使五百年中平常人皆读讲集注，揣摩八股，走富贵利达之场；高旷人皆高谈静、敬；著书集文，贪从祀庙廷之典；莫谓唐、虞、三代之英，孔门贤众之士，世无一人、并汉、唐杰才亦不可得。②

颜元认为，正是程朱理学倡导的义利观的盛行，使得天下的学者不愿言利，不愿意学习军事、财政等实用知识，都忙于读书讲学、著书立说，导致国家缺乏实用人才，在危难之际没有中流砥柱。于是，颜元反对程朱理学的义利对立思想，强调义与利的统一，强调要勇求义中之利。

程朱理学的义利观在宋代已经引起争议，永康学派的陈亮就对之不以为然。颜元认同陈亮的义利观。③ 朱熹批评陈亮，认为他是“义利双行”，也就是义与

---

① （清）李塨：《与方灵皋书》，载《恕谷后集》，商务印书馆 1936 年版，第 39 页。

② （清）颜元：《朱子语类评 · 训门人类》，载《颜元集》，中华书局 1987 年版，第 266—267 页。

③ 颜元说，“某论学，宋儒主胡文昭，陈文达（陈亮）次之”，见《读刁文孝用六集五卷评语》，载《颜元集》，中华书局 1987 年版，第 501 页。

利并行不悖，将义与利分开讲。[①] 陈亮不认可朱熹的批评[②]，颜元也不认可，因为他并不强调脱离道义的功利。事实上他反对只讲道义而不讲功利的思想，也不赞同只讲功利而不讲道义的思想。他说："曲学是自身上做几分，不能合天下以为量的；霸术是治民上做几分，不以修身为本的。"[③] 由此可以看出，颜元真正主张的是，应该将道义和功利结合起来，在道义的原则下追求功利。

在学统上，颜元认为强调义利对立不是儒家的正统，程朱理学家曲解了先秦儒家圣人的义利观。他说：

> 以义为利，圣贤平正道理也。尧舜"利用"，《尚书》明与"正德""厚生"并为"三事"。"利贞""利用安身""利用刑人""无不利""利者，义之和也"——《易》之言"利"更多。孟子极驳"利"字，恶夫掊克聚敛者耳。其实，义中之利，君子所贵也。后儒乃云"正其谊不谋其利"，过矣！宋人喜道之，以文其空疏无用之学。予尝矫其偏，改云"正其谊以谋其利，明其道而计其功"。[④]

以上出自颜元对《大学》中"国不以利为利，以义为利也"[⑤] 一句的评论。这段话一开始以认可先秦儒家"以义为利"的观点作为开端，然后强调尧舜等圣人都重视利，而且利字在先秦儒家经典中很常见，最后归之于"义中之利，君子所贵也"。由此可以看出，颜元在这里表达的主要意思有三点：一是重视正当之利是先秦儒家的正道；二是义利不是完全对立的，正确的义利关系应该是先义后利、以义求利；三是宋儒的义利观和先秦圣人不符。

颜元指出，义利并重才是符合先秦儒家之真正学说。他认为，先秦儒家的义利观存在重义轻利的倾向，但只是轻利，并不否定合理之利。孔子说：

---

① 参见（宋）朱熹《与陈同甫》，载曾枣庄、刘琳主编《全宋文》，上海辞书出版社、安徽教育出版社 2006 年版，第 245 册，第 314 页。

② 围绕义利、王霸等问题，陈亮与朱熹反复辩论数年。朱熹认为陈亮的观点属于"义利双行，王霸并用"，陈亮并不接受。双方围绕辩论的通信见《陈亮集》，中华书局 1987 年版。

③ （清）颜元：《四书正误·大学》，载《颜元集》，中华书局 1987 年版，第 158 页。

④ （清）颜元：《四书正误·大学》，载《颜元集》，中华书局 1987 年版，第 163 页。

⑤ （清）阮元校刻：《礼记正义·大学》，载嘉庆本《十三经注疏》，中华书局 2009 年版，第 3636 页。

“不义而富且贵，于我如浮云”①，强调人应该将义放在利之上。同时，孔子也没有全面否定利。孔子为人处世“义然后取”②，又提出要关注百姓之利益，“因民之所利而利之”③，这都说明孔子肯定人有对利益的合理追求。战国时荀子认为义与利是人之两大基本属性，主张先义后利，“先义而后利者荣，先利而后义者辱”④。颜元与孔子、荀子都强调先义而后利，都强调用道德规范制约对利益的追求，同时不否定追求正当之利。在反对脱离道义一味追求私利方面，颜元也和先秦儒者一致。他批评自私的人说：“贪利之人，肆然无忌，纵其心以图自便，毫不恤乎人，恣其计以营自利，全不觉其害。”⑤在个人生活领域，颜元自身也坚持和践行着先义后利、重义轻利的理念。⑥

颜元认为，宋明儒者之所以误解先秦儒家，强调义利对立，很大程度上是受了汉儒董仲舒的影响。董仲舒的言语见于《汉书》，原文是：“夫仁人者，正其谊不谋其利，明其道不计其功。”⑦ 程朱理学家对这句话高度赞扬。程颐说：“董仲舒曰：‘正其谊不谋其利，明其道不计其功。’此董子所以度越诸子。”⑧ 朱熹拟定的《白鹿洞学规》中的“处事之要”只有一条，就是“正其谊不谋其利，明其道不计其功”⑨。由此可见，程朱理学的义利观深受董仲舒的影响，这也是颜元要对董仲舒的观点进行辨析的原因，他认为这是一项对程朱理学的义利观进行正本清源的工作。在回答友人之问时，他说：

郝公函问：“董子‘正谊明道’二句，似即‘谋道不谋食’之旨，

① （清）阮元校刻：《论语注疏·述而》，载嘉庆本《十三经注疏》，中华书局 2009 年版，第 5392 页。

② （清）阮元校刻：《论语注疏·宪问》，载嘉庆本《十三经注疏》，中华书局 2009 年版，第 5455 页。

③ （清）阮元校刻：《论语注疏·尧曰》，载嘉庆本《十三经注疏》，中华书局 2009 年版，第 5509 页。

④ （战国）荀子著，王先谦集解：《荀子集解》卷二，中华书局 1988 年版，第 58 页。

⑤ （清）颜元：《四书正误·论语》，载《颜元集》，中华书局 1987 年版，第 184 页。

⑥ 颜元一生“非其有，一介不取，一钱赠必报”。（《颜元集》，第 794 页）他在日记本开头抄写范益谦《七不言》，中间第五条即为：“不言财利多少，厌贫求富。”（《颜元集》，第 719 页）一次，定州有人想聘请颜元当塾堂的教师，开出了丰厚的报酬，而他却不为所动，加以拒绝，理由是：“以义，不以利。”（《颜元集》，第 732 页）

⑦ （汉）班固：《汉书》，中华书局 1962 年版，第 2524 页。

⑧ （宋）程颢、程颐：《二程集·遗书卷第二十五》，中华书局 2004 年版，第 324 页。

⑨ （宋）朱熹：《白鹿洞书院揭示》，载曾枣庄、刘琳主编《全宋文》，上海辞书出版社、安徽教育出版社 2006 年版，第 251 册，第 366 页。

> 先生不取，何也?”
>
> ［颜元］曰：“世有耕种，而不谋收获者乎？世有荷网持钩，而不计得鱼者乎？抑将恭而不望其不侮，宽而不计其得众乎？这‘不谋、不计’两‘不’字，便是老无、释空之根；惟吾夫子‘先难后获’‘先事后得’‘敬事后食’三‘后’字无弊。盖正谊便谋利，明道便计功，是欲速，是助长；全不谋利计功，是空寂，是腐儒。”①

颜元认为，董仲舒的义利观让人忽视“义中之利”的合理性，并不是关于义利关系的正确界定。在这里，颜元举了耕种和钓鱼两个现实生活中的例子，并用孔子的观点，来反驳董仲舒“正其谊不谋其利”之说，证明完全不追求利的义是不存在的。进而他指出，“正谊便谋利，明道便计功”是求速心切和揠苗助长，而完全不讲利不计功，则是佛教的空寂想法和儒者的迂腐想法。他认为，正确的义利观应是“正其谊以谋其利，明其道而计其功”②，端正道义来求得利益，明畅大道来实现功业。

① （清）钟錂编：《颜习斋先生言行录·教及门第十四》，载《颜元集》，中华书局 1987 年版，第 671 页。

② （清）颜元：《四书正误·大学》，载《颜元集》，中华书局 1987 年版，第 163 页。

第四章　“为天地造实绩”的实事经世论

经世致用是颜元实学思想的一条主线。颜元思考问题总是从现实角度出发，相对于道德治世，他更看重实事经世。他深刻看到明末清初社会存在着战乱灾害严重、百姓赋税沉重、社会贫富两极化和社会治理失效等严重问题，有针对性地提出了一系列解决方案。这些方案的出发点都是为百姓做实事，为社会造实绩，为后世开太平。他向往上古的尧舜之治，期待世间能够重现这种盛世，所以，他的实事经世论充分参考了先秦儒者一直强调的井田、学校、礼治等思想，并结合社会实际加以改进。

第一节　紧贴基层实际的民生领域改革思想

颜元长期生活在社会基层，躬耕于田亩之中，所以他深知民生疾苦。他富有朴实的为民情怀，期盼百姓能过上美好富足的生活，积极探求合理可行的措施。针对当时土地占有差距过大、赋役沉重、水旱灾害频繁的情况，颜元提出了实行井田、均分田亩、减轻赋役、兴办水利等改革举措，以期能在现实层面最大程度地改善基层百姓的生活。

一　均分田亩：“可井则井，不可则均”

土地问题在中国古代一直是最大的问题。它既是一个政治问题，也是一个经济问题，更是一个民生问题。因为在传统农业社会，农民是社会人口的大多数，而土地是农民主要的收入来源。在土地问题中，分配问题是最根本的问题，直接关系到社会的贫富差距，关系到社会的稳定。而历代王朝中后期社会的动荡不安，一个重要原因就是土地占有差距过大，社会失地农民过多。早在西汉中期，大儒董仲舒已经意识到土地占有不公的问题严重性。他在上书汉武帝时指出：“富者田连阡陌，贫者亡立锥之地。又传川泽之利，管山林之饶，荒淫越制，逾侈以相高；邑有人君之尊，里有公侯之富，小民安得不困?”① 这充分说明秦汉时期，土地问题已经非常严重。此后，土地问题始终伴随着历代王朝的兴衰。明代建立之初，国家分配土地给农民，土地问题得以缓和，但到了明代中后期，土地兼并越发严重，加之战乱灾荒瘟疫，社会流民四起，李自成等人遂以“均田免粮”为口号起义。清朝以少数民族入主中原，为减少抵抗，保证政权过渡的平稳性，遂承认明朝原地主和富民对土地的实际占有。因此，清朝建立之初，除了因战乱导致人少地多的地区之外，各地土地占有差距问题已经比较严重。顾炎武这样描述当时江南的土地占有情况：“吴中之民，有田者什一，为人佃作者十九。其亩甚窄，而凡沟渠道路皆并其税于田之中。”② 康熙年间，邱家穗在《丁役议》中也说：“一邑之中有田者什一，无田者什九。”③

正是在上述社会背景下，颜元提出了均田论。他认为从政泽民的首要之事，即实行均田。学生李塨问他：“出将奚先?”他回答说：“使予得君，第一义在均田。田不均，则教养诸政俱无措施处。”④ 颜元将土地制度改革作为各项社会改革的基础，认为如果没有土地制度改革，其他改革也难以推行。李塨对之解释说：“非均田，则贫富不均，不能人人有恒产，均田，第一仁政也。”⑤ 这就是说如果不实行均田，则社会中严重的贫富差距的问题就不能解决，就没法实现人人有恒产，所以均田是第一仁政。由此可见，颜元是从社会发展、百姓安居乐业、解决贫富差距的角度强调均田的重要性。而更具有价值深意的是，颜元还从天人关系的观点论证均田的合理性，他说：

> 夫言不宜者，类谓亟夺富民田，或谓人众而地寡耳。岂不思天地间田宜天地间人共享之，若顺彼富民之心，即尽万人之产而给一人，所不厌也。王道之顺人情，固如是乎? 况一人而数十百顷，或数十百人而不一顷，为父母者，使一子富而诸子贫，可乎?⑥

---

① （汉）班固：《汉书》卷二十四，中华书局1962年版，第1137页。

② （清）顾炎武著，黄汝成集释：《日知录集释》，中华书局2020年版，第542页。

③ （清）邱家穗：《丁役议》，载《皇朝经世文编》，岳麓书社2004年版，第14册，第692页。

④ （清）钟錂编：《颜习斋先生言行录·三代第九》，载《颜元集》，中华书局1987年版，第654页。

⑤ （清）李塨：《拟太平策》卷二，商务印书馆1939年版，第7页。

⑥ （清）颜元：《存治编·井田》，载《颜元集》，中华书局1987年版，第103页。

在这段话中，颜元明确提出天地之间的田地应该由天地间的人共享，而不能由少数人独占。这种将人间的公平公正归之于天道的正义，早在先秦时期就已经出现。《吕氏春秋·贵公》篇中说：“天下非一人之天下也，天下之天下也。阴阳之和，不长一类；甘露时雨，不私一物；万民之主，不阿一人。”① 如果追根溯源，不停地追问人世间道德之合理性的依据，在中国古代思想家看来，是天道之公平正义。因为无论是法律、政令，还是其他具体的规则，都不足以作为道德的依据。如果说法律、政令是道德的依据，那么法律、政令的依据是什么，这依然是一个问题，所以中国思想家一般将道德的依据归结为至高无上的天。孔子说，君子有三畏，其中之一就是畏天命。因为畏天命，所以要依照天命而行，而不能逆天而行。由此，在颜元看来，依照天道的公平正义原则，人人都应该拥有自己的田地，而不是将土地集中到少数人手中。

那么，怎么实现耕者有其田？在颜元看来，最理想的方式是恢复周代之井田制。井田制就是将一块土地平均分割为九个部分，分配给农民耕种，因为土地形状像一个“井”字，所以称之为“井田”。孟子这样描述周代的井田制：“方里而井，井九百亩，其中为公田，八家皆私百亩，同养公田，公事毕，然后敢治私事。”② 颜元规划的井田制和孟子所说的大致相同，他说：

> 孟子云：“方里而井，井九百亩。”……周之九百亩，当今五百四十亩。每区六十亩，内公外私。若田饶处，除公田内六亩给八家为场圃、庐舍，田窄给三亩为窝铺，其地亦可桑。又通各井两端为田车之路，宜纵者纵，宜横者横，随邑人出入之便。③

由此可见，颜元设计的井田制充分参考了孟子的思想。所以，综合上述引文中土地制度描述和孟子所讲的井田制内容，可以得知颜元理想中土地制度的大体情况，这就是：五百四十亩为一井，分成九份，每一份六十亩，中间六

① （战国）吕不韦编，许维遹集释：《吕氏春秋集释》，中华书局2009年版，第25页。

② （清）阮元校刻：《孟子注疏·滕文公上》，载嘉庆本《十三经注疏》，中华书局2009年版，第5878页。

③ （清）颜元：《存治编·井田》，载《颜元集》，中华书局1987年版，第105页。

十亩为公田，周围八份为私田，分给八家耕种；八家共同耕种公田，公田完毕之后再耕种自家之地；如果田地富裕，则从公田分出六亩，给八家作为场圃、庐舍；如果田地不宽裕，则从公田分出三亩，作为窝铺；各个井之间规划田间道路，方便农作。以上是比较理想的土地制度设计，在地势比较平整之处较易推行。如果碰到沟壑不平，田地分配则会出现很大障碍。颜元对此也有考虑，他说：

> 北地土散，恒恐损沟，高低坟邑，不便均画。然因时而措，触类而通，在乎人耳。沟无定而主乎水，可沟则沟，不可则否；井无定而主乎地，可井则井，不可则均。①

这就是说，在遇到高低不平时，不必拘泥于古制，只需依据实际地形地势进行划分。总而言之，核心要义是可以设井田则设、不可以则均分田地，“可井则井，不可则均”。这体现出颜元务实之精神，没有拘泥于孟子的学说。同样，基于这种务实的精神，对于地少人多的地区，颜元认为可以根据实情减少授田，“虽使人余于田，即减顷而十，减十而亩”②，但是核心要义还是要实现平均分配。他认为实行均分式“井田制”的益处很多，他说：

> 孟子所谓“百姓亲睦”，咸于此征焉。游顽有归，而士爱心臧，不安本分者无之，为盗贼者无之，为乞丐者无之，以富凌贫者无之，学校未兴，已养而兼教矣。休哉，荡荡乎！故吾谓教以济养，养以行教，教者养也，养者教也，非是谓与？③
>
> “均无贫”是圣人富国法，“和无寡”是圣人强国法，“安无倾”是圣人定国法。④

由此可见，颜元认为，这种建立在平均基础上的“井田制”可以实现三大效果。一是实现社会安定、百姓和睦。均分田地，人与人之间的贫富差距相差

---

① （清）颜元：《存治编·井田》，载《颜元集》，中华书局 1987 年版，第 104 页。
② （清）颜元：《存治编·井田》，载《颜元集》，中华书局 1987 年版，第 104 页。
③ （清）颜元：《存治编·井田》，载《颜元集》，中华书局 1987 年版，第 104 页。
④ （清）颜元：《四书正误·论证》，载《颜元集》，中华书局 1987 年版，第 223 页。

不太大，由此矛盾也大为减少。二是能够调动人们的生产积极性，实现国富民强。三是可以教化社会中的边缘人群。这就是说，实行井田制后，家家都有土地耕种，都要去生产劳动，这样可以使游顽之人、不安本分之人、以富凌贫之人等都在劳动中得到教化，这就是“教以济养，养以行教”，养民和教民融为了一体。

但是，实行井田，必须将富民之田分配给贫农，这在现实中会遇到极大的阻力。宋代时，朱熹就认为井田制在太平时代难以推行。学生问他：“横渠谓：‘世之病难行者，以亟夺富人之田为辞。然处之有术，期以数年，不刑一人而可复。’不审井议之行于今，果如何?”朱熹回答说：“讲学时，且恁讲。若欲行之，须有机会。经大乱之后，天下无人，田尽归官，方可给与民。如唐口分世业，是从魏晋积乱之极，至元魏及北齐后周，乘此机方做得。荀悦《汉纪》一段正说此意，甚好。若平世，则诚为难行。”① 朱熹认为，实施井田制需要时代契机，和平年代难以推行井田制，而战乱之后，人少地多，则容易推行。颜元也看到这一点，认为清朝初建之时正是推行井田制的好时机。他说：

> 或者谓画田生乱。无论至公服人，情自辑也；即以势论之，国朝之圈占，几半京辅，谁与为乱者?②
>
> 今荒废至十之二三，垦而井之，移流离无告之民，给牛种而耕焉，田自更余耳。③

这两段话都写于1658年，也就是清军入关十四年后。颜元认为，当时社会上人少地多，有的地无人耕种以至于荒废，正好可以招徕流民垦荒，实行井田制。至于富民因此生乱，颜元则认为，这是出自天道至公之事，富民应该会理解并服从；即使富民不理解，以朝廷政令也可以强制推行。但是颜元这种设想并没有得到清政府的支持，反而随着时间的推移，富民的土地所有权不断得到巩固。此时，颜元又根据实际形势的变化对具体措施进行了变通。1677年，他在和人商讨如何实行井田制时说：

---

① （宋）黎靖德编：《朱子语类》卷九十八，中华书局1986年版，第2530页。
② （清）颜元：《存治编·井田》，载《颜元集》，中华书局1987年版，第103页。
③ （清）颜元：《存治编·井田》，载《颜元集》，中华书局1987年版，第104页。

> 萧九苞问曰："复井田，则夺富民产，恐难行。"先生曰："近得一策，可行也。如赵甲田十顷，分给二十家，甲止得五十亩，岂不怨咨。法使十九家仍为甲佃，给公田之半于甲，以半供上终甲身；其子贤而仕，仍食之，否则一夫可也。"①

颜元认为，可以通过立法，让富人之田分给贫家，同时让分到土地的贫民作为富民的佃农；作为佃民，农户要将井田制下公田收成的一半作为佃租交给富农，富农终其一生都可以得到这份佃租；如果这个富农的儿子贤能并入仕，那么还可以继续收取佃农的佃租；如果富农儿子不贤能，则佃农无须再缴纳佃租。从这种设计中可以看出，颜元想通过代际的过渡，减少改革的阻力，平稳推行井田制。颜元这种改革设计在当时社会无疑具有可操作性，这体现出他的务实精神。除了这种设计之外，颜元还构思了一种快速实现均田之方法，他说：

> [李塨]问均田，[颜元]曰："亦任人耳。八家为井，立井长；十井为通，有通长；十通为成，有成长；随量随授之产，不逾月可毕矣。"②

颜元认为，可以按照农民的居住现状，先设立井田制的基层组织体系，再进行量地授田，这样就可以快速地推进改革。这就是说，先从基层政治体制改革入手，再进行经济体制改革，以政治改革促进经济改革。由此可见，颜元已经充分认识到了政治发展的先导性，认识到基层改革中政治的引领作用。

无论采取何种方式进行均田改革，势必要触动富民群体的核心利益，有可能引起社会混乱，这也是历代政府对推行井田制的担忧之处。颜元则认为从长远利益出发，必须进行土地制度改革，遇见困难也要推行，不能因噎废食、因循苟安。他说：

> 彭永年言："行井田法，易扰民生乱，不如安常省事。"

---

① （清）李塨：《颜习斋先生年谱·四十三岁》，载《颜元集》，中华书局1987年版，第746页。

② （清）钟錂编：《颜习斋先生言行录·三代第九》，载《颜元集》，中华书局1987年版，第653页。

> 先生（颜元）曰：“古先王之井田浚沟，岂天造地设，不劳民力乎！又如大禹掘江、淮、河、汉，岂果神怪效灵，一呼而就乎？盖古人务其费力而永安，后人幸其苟安而省力，而卒之民生不遂，外患迭乘，未有能苟安者也，故君子贵怀永图。”①

颜元认为，推行井田土地制度改革是立长远、打基础之策；为了长远利益，不应该被当前困难吓倒，裹步不前，苟安一时，而应该以坚强之意志推行改革，即使费力也要完成。

知政失者在草野，知屋漏者在宇下，颜元生活在社会基层，长期从事农业生产，洞悉当时社会生产关系的主要矛盾点，所以他从社会长远利益出发，坚决反对社会兼并，主张均分土地。但是，清政府的历位皇帝和达官贵人都没有将土地改革提上重要的议事日程，土地占有之两极分化没有改变，社会矛盾依然尖锐。以后清代历次社会运动的后面，都可以看到土地问题之影子。这也是为什么颜元强调不能“幸其苟安而省力”，而要“务其费力而永安”。从这一点来说，颜元是睿智的。但是，也应该看到，颜元的土地改革思想有泥古之一面，这就是他念念不忘恢复上古之均分式的井田制。虽然泥古但不顽固，颜元提出“可井则井，不可则均”，主张根据形势实现均田，以实现耕者有其田之目标，而这又是他头脑灵活之一面。

二 轻赋薄敛：“税本色、均田为泽民第一义”

颜元生活的清朝初年，底层农民的负担依然沉重。在赋税制度上，清初沿用明代的一条鞭法。所谓一条鞭法，即将各种徭役并在一起，计算一个总数，然后按照每户的田、丁数分摊，征收银两，这就是役银；除役银之外，还按田地征收田赋，田赋也征收银两；最后将田赋与役银并为一条，统一征收。该法实行后，农民不再专门去服徭役，政府用银两招募人员充役，减弱了农民对政府的依附关系。但具体实施后，又出现诸多流弊，农民的负担依然没有得到明显减轻，其主要的弊端有二。一是社会税负不均，而且越来越严重。一条鞭法按照田地、人丁分别计税，根据各个地区的田地和人口计算

① （清）钟錂编：《颜习斋先生言行录·刚峰第七》，载《颜元集》，中华书局 1987 年版，第 646 页。

出纳税总额进行征收，并根据实际情况定期调整税额。一个县人丁增多意味着劳动人口增多，赋税随之增加，本来也是合情合理的。但是，由于土地占有的两极分化，人丁增多带来的税负增加几乎全部转移到贫民身上。清初盛枫写有《江北均丁说》，比较翔实地阐述了这一现象。他说："区方百里以为县，户不下万余，丁不下三万，其间农夫十之五，庶人在官与士夫之无田及逐末者十之四，其十之一则坐拥一县之田，役农夫，尽地利，而安然食租衣税者也。"① 这就是说，在当时的江北地区，县里10%的人口几乎占据了全县所有的田产。于是，这在实际上形成了佃租市场的出租方市场，"贫民惟恐不得富民之田而耕之"②，出租方变得非常强势。由此，出租方就可以提出各种不合理的要求，贫农不得不接受承租合同。进而，因丁额增加而提高的税负，也就逐步转移到了全县的贫农身上。盛枫指出："势必以十九之丁尽征之无田之贫民而止。"③ 这就导致贫农更加贫困，贫富差距越来越大，社会矛盾非常尖锐。二是不征收实物而只征收银两的缴税方式，也给农民带来了巨大的负担。一条鞭法统一征收银两，农民必须用农作物去换取银两，这样商人又趁机抬高银价，导致农民受到商人的剥削。同时，政府将收上来的农民碎银集中起来熔化重铸为银锭，在这过程中会产生损耗。于是，政府将这一部分损耗也向农民征缴，这就是火耗钱。在现实中，官吏向农民征收的火耗一般要大于实际熔化损耗，多出的这一部分钱被各级官吏据为己有。清康熙二十七年(1688)，江西巡抚王骘给皇帝的上奏中写道："［江西］钱粮明加火耗，暗加重戥，每两多一钱五六分不等。部、院、司、道、府皆有解费，又多收一钱一二分不等。"④ 各级官吏层层加码，火耗给百姓带来的负担变得非常沉重。

颜元自二十岁返乡居住，就一直在田地里劳作，亲身经历耕种之苦，亲眼看到农民赋税沉重。在农村劳作四年后，他在《王道论》中明确提出减轻税负的建议，他说：

> 上宜菲供膳，薄税敛，汰冗费，以足民食。⑤

---

① （清）盛枫：《江北均丁说》，载《皇朝经世文编》，岳麓书社2004年版，第14册，第689页。
② （清）盛枫：《江北均丁说》，载《皇朝经世文编》，岳麓书社2004年版，第14册，第690页。
③ （清）盛枫：《江北均丁说》，载《皇朝经世文编》，岳麓书社2004年版，第14册，第689页。
④ 佚名撰，王钟翰点校：《清史列传·王骘》，中华书局1987年版，第551页。
⑤ （清）颜元：《存治编·治赋》，载《颜元集》，中华书局1987年版，第107页。

> 轻赋税，时工役，静异端，选师儒。[①]

颜元认为，为能让百姓吃饱饭，政府应该减轻赋税。同时，皇帝应该带头“非供膳”和“汰冗费”，节省日用开支，除去不必要的各项费用，这样政府才有条件去减轻赋税。这是颜元在原则层面对减轻农民负担提出的设想。

以上颜元减轻赋税的思想是历代学者一直强调的，并没有太多的创新之处，而他对赋税制度最具创新的改革建议，是建立在推行井田制基础上的。如上所述，清初广大贫农之所以赋税重，根本原因在于没有土地，需要租借富民的土地耕种。这种土地占有上的两极化，带来了税负上的极端不均衡。所以，颜元将推行建立在均田基础上的井田制视为从政惠民的首要之事，视为减轻农民税负的根本之策。他说：

> 吾人得君，必当以税本色、均田为泽民第一义。[②]

他认为，均田能够在根本上、本源上减轻农民负担。仔细观察明清两代赋税史就会发现，广大贫农的负担总是在赋税改革之始有所减轻，但是不久，税重又有上扬。究其原因所在，就在于富民占有多数土地，在熟悉新税法规则后，富民很快就找到新的方式将税负转移到贫农头上。由于在土地占有上的支配性地位，富民有能力让贫农接受这种转移。无论是明代的一条鞭法，还是清代的摊丁入亩，都只是对赋税的征收规则进行改革，而没有进行土地制度改革，所以也没有从根本上减轻农民负担。

井田制下农民的税负既是平均的，也是很轻的。如上一小节所述，颜元对井田制的设计，同孟子一样。在井田制下，一定面积的田地设计为一井，一井分为九份，中间为公田，周围为八家之私田。八家先共同耕种公田，然后再耕种各自的私田。公田的收成归政府，私田之收成归各家所有。这样核算下来，各家实际缴纳税率只有约九分之一。同时，由于各家所占之耕地都是均等的，不需要租地耕种，这样人们也无法将税负转移到别人身上。与此同时，颜元认为井田制下政府支出也可以做到非常少，于是政府就没有动力

---

① （清）颜元：《存治编·济时》，载《颜元集》，中华书局 1987 年版，第 114 页。

② （清）钟錂编：《颜习斋先生言行录·王次亭第十二》，载《颜元集》，中华书局 1987 年版，第 666 页。

去增加税收，从而减轻农民的赋税负担，他是这样进行推算的：

> 就《孟子注》徐氏所识田禄推之，大国之君取三百二十井，卿取三十二井，大夫八，上士四，中士二，下士一，共该三百六十七井。推之大国三卿、五下大夫、二十七上士、他官府史悉计之，交邻、宗庙、优宾、礼贤、抚幼、养老、柔旅、劝工、补春、助秋等事，以及邑宰、庶人在官，约不至八千井而用足矣。余则别贮，名曰“工仓”，诸侯不得擅开；王巡则以补助庆功，大凶则侯请以赈，三岁一散陈。①

从上述计算可以看出，颜元认为，大约不到八千井中公田的作物收成已经足够各级政府的开支；多余公田的收成可以集中贮藏在一起，作为储备物资使用。在这种情况下，政府就没有动力去想方设法提高农民的税负，加重农民的负担。

对当时一条鞭法征收银两而产生的流弊，颜元同样给予了充分考虑，他认为应该加以改革，在纳税时征收“本色”，他说：

> 使天不废我，但使民贡本色十年，金玉何用？历代人皆愚，谓本色费脚价。不知王畿之贡，可足朝廷、宗庙之用；盈世州郡边腹皆积仓，何地有事，何地食粮，不用解矣。即使三五百里近道运盘，或山水阻滞，三钟致一钟，一钟亦可用之一钟也；今解白金，一金即致万金，万金终无用之万金也。昔困锦州，五十金易一垆饼，不大可见哉！甚矣，历代之愚也。吾人得君，必当以税本色、均田为泽民第一义。②

“本色”即米麦等实物。颜元将“税本色”作为泽民第一义，认为是需要立即去改革之事，可见他深刻体会到缴纳银两给农民带来的不便和负担。他认为，以运输成本高为由拒绝征收实物，实际上并不能成立。因为如果缴纳实物，首都周围地区的缴税，就可以满足中央政府之用；各地的缴税，也足够本地使用，多余的可以放在本地粮仓，有事时即可使用，不需要运输；即使

① （清）颜元：《存治编·井田》，载《颜元集》，中华书局1987年版，第106页。

② （清）钟錂编：《颜习斋先生言行录·王次亭第十二》，载《颜元集》，中华书局1987年版，第666页。

需要在地区之间转运米麦，运输中会有损耗，但运到的米麦也能够直接使用，而不至于像运输银两，到紧急时会无处买粮。

通过以上分析，可以比较清晰地看出颜元减轻农民税负的思路。一是实行均田，改革土地制度，建立井田制。这样既减轻农民实际的赋税负担，又可防止有权有势有地之人转移税负，能够调动农民的生产积极性，所以他认为：“‘均无贫’是圣人富国法。”① 二是政府节约开支，淘汰不必要的支出，进而消除政府向农民增收赋税之冲动。三是赋税征收粮食实物，不再征收银两，革除征收银两带来的流弊。

三 兴办水利：“兴利即除害也”

颜元所处的直隶省，河流众多，流域面积五十公里以上的河流就有上千条。这些河又多有支流，彼此交织在一起，形成了一个巨大的网络，几乎覆盖直隶省全部地域。直隶省地处北温带，属于温带季风性气候，年平均降雨量并不高。但是由于雨季来临时，降雨集中，反而容易引起水灾。清代王善橚指出，当时直隶省的河流多数河道不深，容易涨溢，还带有泥沙，容易抬高河道，导致淤积。他说：“尝观畿辅之间，冬春水涸，大泽名河，多可徒涉。一遇伏秋，山水迅发，奔腾冲突，小者巨而巨者横，暴涨则泛溢道途，消滞则阗塞河淀。此其较难收利于东南者也。”② 颜元生活的蠡县、博野县，地处白洋淀西南，猪龙河流经两县，注入白洋淀。猪龙河由多条河流交汇而成，常年泛滥，引起水灾。清代史籍记载：“南自高阳来者曰猪龙河，唐、沙、滋三水之所会也……三水颇称巨流，毕会于祁州之三岔口，为猪龙河，径博野、蠡县、高阳而入白洋淀。猪龙河水性湍急奔腾，最难捍御。雍正三年，决柴淀口而东，溃蛛蝍口古堤，直冲鄚州驿路，十里浸为巨泽。”③ 由此可见，当时河水泛滥给人民带来的灾难是非常巨大的。

正因为生活之地水灾常见，所以颜元一直对治水非常留意，并加以刻苦研究。他与朋友杨计公经常一起探讨水利，通宵达旦。他说：“仆之拜计公先生也，忘年德而接纳，每见则举天文、地志、兵农、水利、算数，披图拈诀，

① （清）颜元：《四书正误·论语》，载《颜元集》，中华书局 1987 年版，第 223 页。

② （清）王善橚：《畿辅治水策》，载《皇朝经世文编》，岳麓书社 2004 年版，第 19 册，第 92 页。

③ （清）蔡新：《畿南河渠通论》，载《皇朝经世文编》，岳麓书社 2004 年版，第 19 册，第 73 页。

或下及枪棍技击，手著作式，尝终夜不辍。”[①] 三十五岁时，他写有《农政要务》一书，对“耕耘、收获、辨土、酿粪以及区田、水利，皆有谟画”[②]。可见，年轻时他对水利的研究已经颇有心得。

颜元在农村从事耕种，而耕种需要灌溉，从而长期与水打交道，积累了丰富的农田水利经验。二十四岁时，颜元在谋划井田制时写道：“所虑者，沟洫之制，经界之法，不获尽传。北地土散，恒恐损沟。”他自注：“夏禹尽力沟洫，必有砖炭砌涂之法。”[③] 沟洫，指田间的水沟水道。在这里，颜元意识到，北方的土壤黏合度不高，挖出来的水沟容易损毁。所以他根据农田水利经验指出，传说中的夏禹治水挖河沟，必然有砖炭砌河道的方法。

颜元不仅有农田水利的实践经验，还组织过治理水灾的大型活动。他曾回忆：“昔蠡人某，恶人也，吾欲治河以救一方，驰寸纸，立集夫五百名，赴吾于数里外，限时不爽也。脱鄙而远之，数十乡为水国矣。”[④] 由此可见，颜元当时治水的动员人数达到了数百乃至上千人，并取得了良好的效果，使得数十乡免受洪水的侵袭。

结合实践经验和理论研究，颜元指出，治理水害可以有三种办法，他说：

> 吾事水学，不外“分、浚、疏”三字。[⑤]

分，就是分流河水；浚，就是挖深河道；疏就是清淤堵塞，使畅通。颜元的这三个办法，正针对直隶省各条河流的问题所在。正如上文所述，直隶省的河流普遍面临着河道浅窄，泥沙淤积多，上游河水汇入下游时易引发水位暴涨。颜元提出的这三种办法，在清政府治理直隶省河流时得到充分应用，可见其科学性得到了普遍认可。康熙七年（1668）治理鸡泽县旧滏河，“知县姜照挑浚新河，以导其流，自冯郑村至亭自头长二里许，六方等村，永无水害”[⑥]。这是采

---

① （清）颜元：《送安平杨静甫作幕序》，载《颜元集》，中华书局 1987 年版，第 406 页。

② （清）李塨：《颜习斋先生年谱 · 三十五岁》，载《颜元集》，中华书局 1987 年版，第 727 页。

③ （清）颜元：《存治编 · 井田》，载《颜元集》，中华书局 1987 年版，第 104 页。

④ （清）钟錂编：《颜习斋先生言行录 · 三代第九》，载《颜元集》，中华书局 1987 年版，第 654 页。

⑤ （清）李塨：《颜习斋先生年谱 · 七十岁》，载《颜元集》，中华书局 1987 年版，第 792 页。

⑥ （清）蔡新：《畿南河渠通论》，载《皇朝经世文编》，岳麓书社 2004 年版，第 19 册，第 77 页。

取“分”的方法。雍正二年（1724）治理猪龙河时，“怡贤亲王亲历相度，疏通猪龙故道，决口始塞，驿路复通”①。这是采用“疏”的方法。雍正四年（1726）治理宁晋县胡卢河，“自黄儿营至营上村一路，展宽浚深，洎水始得畅泄焉”②。这是采取“浚”的方法。

颜元的可贵之处在于，他不仅关注水害的防治，更提出要利用河水造福百姓。《颜习斋先生年谱》记载：

> ［颜元］与门人言博、蠡修河法，曰：“北人只思除水患，不思兴水利，不知兴利即除害也。”③

以上可以看出，颜元看出了直隶省治水问题所在，即只求暂时解决问题，却对从根本上解决水患没有长远打算，没有充分利用好河水的宝贵资源。所以，他提出既要治标，又要治本，既要除水害，又要兴水利。在他的治理蠡河的设想中，充分体现了这一点，他说：

> 治水之法，五要必备，而莫愚于防塞。盖善治水者不与水争地，因其流而导之，即因以歧为二，且水利可兴也。尝观于蠡河，以为当自上流依古河道分疏。自蠡城西南王哥庄来，又歧为二，使潆绕城之左右，至城阴而合，迤逦达杨哥庄，以通白洋淀入于海。一可为险守，一可来下流鱼、盐、苇、藕之利。且东河势杀，两河沿滨灌园植蒲，水利大兴，不可尽言也。④

从上述可以看出，颜元对蠡河治理的设计有三个重要方面：一是在上游进行河道的分流、清淤，使得雨季河水暴涨时不至于变成水害；二是丌挖河道，让蠡河在经过蠡县县城时一分为二，绕县一圈而汇合，这样河道就成了护城河，能够利用河水的天然优势形成军事防卫；三是蠡河下游的百姓可以获得

① （清）蔡新：《畿南河渠通论》，载《皇朝经世文编》，岳麓书社2004年版，第19册，第73页。
② （清）蔡新：《畿南河渠通论》，载《皇朝经世文编》，岳麓书社2004年版，第19册，第78页。
③ （清）李塨：《颜习斋先生年谱·七十岁》，载《颜元集》，中华书局1987年版，第792页。
④ （清）钟錂编：《颜习斋先生言行录·不为第十八》，载《颜元集》，中华书局1987年版，第688页。

鱼、盐、苇、藕等收益，并且在水位下退时，河道两岸还可以引水灌溉田园、种植蒲草。由此可见，颜元的这种设计兼顾了消除水害和兴办水利两个方面，还规划利用水险进行军事防卫，更有对百姓在农业、渔业、种植业等收益上的充分考虑。颜元关于河流兴利除害的思索，符合治水的一般规律，无疑具有科学性和前瞻性。

第二节　力求实效的政治军事领域改革思想

在政治军事领域，颜元认为要从根本上解决民生疾苦问题，保障民众的生命财产安全，实现国家、社会的长治久安，必须在政治上实行分封制政体，在军事上实行寓兵于农制。同时，颜元还认为，礼乐具有陶冶人之性情、和谐人际关系的重要作用，所以，他提出国家要大兴礼乐，以促进社会和睦相处。

一　分封建邦："非封建不能尽天下人民之治"

人类自进入文明社会以来，一直在探求建立理想的政体。这种理想之政体能够消弭贫困和战争，激发人的潜力和创造力，保障社会的和平和发展。无论是西方的哲人，还是东方的智者，都积极思考这一问题。颜元身处明清政权交替之际，目睹战争之残酷、民生之凋敝、官员之无能，这都强烈地刺激了他，促使他积极思考政体问题。他想寻找一个理想的政权组织方式，来保障人民的生命财产安全。当他在阅读儒家经典时，夏商周三代的"封建制"给了他重要启示。他认为上古"封建制"能够保持上千年的社会稳定，百姓也安居乐业，是一种理想的政体。所以他指出："非封建不能尽天下人民之治，尽天下人材之用尔。"① 这里他说的"封建"，不是基于生产关系不同而建立的人类社会发展形态之封建社会，而是指政治领域的分封建邦制。

要理解颜元思想中的"封建制"，需要首先理解中国古代的"天下"观念。"天下"是一个具有时空内涵的词语，古代中国人用来表达对全世界的认识。在中国古人看来，现代中国的地域所在，约等于全世界，就是"天下"。

① （清）颜元：《存治编·封建》，载《颜元集》，中华书局1987年版，第111页。

《诗经·小雅》说：“溥天之下，莫非王土；率土之滨，莫非王臣。”[①] 这说明，早在西周时期，中原人就认为全世界都在周王的管理之下。中国古代形成这种“天下”观念，明显源于古代有限的地理知识，与中国所处的地理位置密切相关。在地理位置上，中国和中亚、南亚相对隔绝，西面是高原和沙漠，北面是蒙古高原，东面和南面都是海。由此，人们逐步形成了中国中心地域和四周就是全世界的观念。

颜元强调在“天下”实行“封建制”，其出发点是基于“天下为公”，认为“天地间田宜天地间人共享之”[②]，而不应该由一个君主独享。他说：

> 后世人臣不敢建言封建，人主亦乐其自私天下也，又幸郡县易制也，而甘于孤立，使生民社稷交受其祸，乱亡而不悔，可谓愚矣。[③]

由此可见，颜元倡言“封建”，背后蕴含着强烈的限制君权思想。颜元这种思想和明朝以来的社会现实密切相关。众所周知，明太祖废除宰相制度后，皇权达到前所未有的程度，皇帝的不作为、乱作为、慢作为都给政治、社会、经济带来了极大的损害。因此，颜元认为必须进行分封建邦，约束皇权，不能让皇帝直接统治全天下的土地和人民。他理想中的“封建制”是这样的：

> 使十侯而一伯。侯五十里，一卿，二大夫，三士；卿，天子命之。伯百里，一卿，三大夫，六士；卿与上大夫亦天子命之。侯畜马二十五，甲士与称；伯畜马五十，甲士亦称，有命乃起田卒焉；边侯、伯，士马皆倍其畜，有事乃起田卒焉。侯庶不世爵禄，视其臣而以亲为差；侯臣不世邑采，取公田而以位计数；伯师不私出，列侯不私会。如此者，有事则一伯所掌二十万之师，足以藩维，无事而所畜士马不足并犯。封建亦何患之有？况三代建侯之善，必有博古君子能传之者，用时又必有达务王佐能因而润泽者，岂余之寡陋所能悉哉！第妄谓非封建不能尽天下人民之治，尽天下人材之用尔。[④]

---

① （汉）毛亨传，（汉）郑玄笺：《毛诗传笺》，中华书局2018年版，第302页。
② （清）颜元：《存治编·井田》，载《颜元集》，中华书局1987年版，第103页。
③ （清）颜元：《存治编·封建》，载《颜元集》，中华书局1987年版，第111页。
④ （清）颜元：《存治编·封建》，载《颜元集》，中华书局1987年版，第111页。

这就是说，天子要大行分封，广泛建立侯爵国和伯爵国。在诸侯国数量设计上，侯爵国多而伯爵国少，每分封十个侯爵国才分封一个伯爵国。在颜元的规划中，一个侯爵的封地面积五十里，一个伯爵的封地面积百里。结合他在井田制中使用的亩制，即一里相当于五百四十亩，则侯爵国有两万七千亩，伯爵国有五万四千亩。由此可知，侯爵国大致相当于清代一个县的面积规模，伯爵国则大致相当于两个县。可见，比起战国时期的诸侯国动则拥有数百个城池，颜元对于邦国的面积设定非常之小。在官职设立方面，侯爵国里只设置一卿、二大夫、三士六个职位；伯爵国则设置一卿、三大夫、六士十个职位。由此可见，官员的数量也非常少，所以百姓的供养负担也变得很轻，这也是解决现实中官员过多、人浮于事、百姓赋税压力过重的一项措施。颜元说："治世之官详于下，乱世之官迭于上；详于下则教养举，迭于上则掣肘成。下多一官，则民多一亲；上多一宪，则官多一畏。多亲而政事成，多畏而贿赂通。"[①] 所以他力主通过"封建制"减少官员的数量。但是，官员数量过少，社会治理又非常复杂，这两者又形成了矛盾。颜元认为，这就要充分发挥本地人才的作用，实行乡里自治，"乡置三老人，劝农、平事、正风，六年一举，县方一人"[②]。同时，在井田制度设置："十井一长，百井一百长，千井一千长，二千井一邑宰、一佐士。"[③] 这样每个侯伯国的日常公共事务都由本土人才治理，所以能够达到"尽天下人材之用"的功效。在军事设置上，每个侯国养马二十五，伯国养马五十，同时配备同样数量的兵士。养兵数量如此之少，也能起到减轻百姓赋税负担的作用。保家卫国所需要的大量兵士，则寓于兵农一体的田地制度中。这样，侯伯国君主如果肆意妄为，则没有足够的暴力机构给予支持，而百姓则有能力对君主之行为进行监督。同时，为了加强对侯伯国君主的监督，侯国的卿、伯国的卿和上大夫都由天子任命；侯伯国君主之间也不能私自会晤，杜绝一切对抗天子的可能性。而天子因为直接管理的封地不多，还有侯伯国对之监督，所以也不能肆意妄为。综上所述，在颜元的"封建制"的设计中，充满着对现实中君主专制、官员数量过

---

① （清）钟錂编：《颜习斋先生言行录·禁令第十》，载《颜元集》，中华书局 1987 年版，第 655 页。

② （清）颜元：《存治编·重征举》，载《颜元集》，中华书局 1987 年版，第 115 页。

③ （清）颜元：《存治编·井田》，载《颜元集》，中华书局 1987 年版，第 106 页。

多、百姓赋税负担重、人才得不到充分利用等现实问题的考虑，所以他说：“非封建不能尽天下人民之治，尽天下人材之用尔。”①

由以上可知，颜元对于“封建制”的设计是非常理想的，在现实中很容易出现扭曲。对于这一点，颜元也有考虑，他说：

> 先王遗典，封建无单举之理，大经大法毕著咸张，则礼乐教化自能潜消反侧，纲纪名分皆可预杜骄奢，而又经理周密。师古之意，不必袭古之迹。②

颜元认为，“封建制”不是单独设置，而是需要和井田、兵农一体、征举、礼乐、名分等制度联合在一起。礼乐教化能够陶冶人的性情，纲纪名分则让人不放纵，在这种情况下，才能去推进“封建制”。而且，颜元还提出“师古之意，不必袭古之迹”的主张，这就是说不必完全照搬上古的“封建”制度，可以根据当代现实情况进行制度设计和调整。正因为如此，颜元认为，后世不实行“封建”，是由于私心作祟，而不是“封建制”不好。他认为后世反对“封建制”之理由不成立。他说：

> 凡诸大义皆不遑恤，而君不主、臣不赞、绝意封建者，不过见夏商之亡于诸侯与汉七国、唐藩镇之祸而忌言之耳。殊不知三代以封建而亡，正以封建而久；汉唐受分封藩镇之害，亦获分封藩镇之利。③

这是颜元从历史事实上反驳对“封建制”的批评意见。在这里，他分析了夏商与汉唐分封的历史。在夏商时期，天子桀、纣最后被诸侯国国君商汤、周武王取代。在汉代，高祖刘邦分封诸侯，后来景帝时出现七国之乱。唐代，安史之乱后藩镇割据，经常发生战争。由此，后世之人往往以此为事实依据，认为“封建制”不可行。颜元认为，夏商周三代虽然最后都被诸侯国取代，但是正因为诸侯国存在，所以能够维持政权时间比较长。汉唐虽然受到藩镇之害，但是也受藩镇之利；汉高祖刘邦由平民一跃而成为天子，如果没有邦

---

① （清）颜元：《存治编·封建》，载《颜元集》，中华书局1987年版，第111页。
② （清）颜元：《存治编·封建》，载《颜元集》，中华书局1987年版，第111页。
③ （清）颜元：《存治编·封建》，载《颜元集》，中华书局1987年版，第112页。

国，统治秩序难以稳定；而唐代正因为藩镇割据，任何一方都没有独大，唐皇室才得以延续。所以他认为，不能从这些历史现象就简单地推定“封建制”不可行。而且，汉唐的“封建制”都没有配套的“大经大法”，没有井田、礼乐、名分等制度给予支持，在颜元看来都不是真正理想的“封建制”。

颜元认为，真正理想的“封建制”，诸侯对中央起着保卫作用，“服卫叠叠，星环棋布，隐摄海外之觊觎，秘镇朝阙之奸回，有以辅引王家天祚”①，能够帮助天子消解外患和内忧。在这种情况下，如果天子勤政为民，不像桀、纣之类的暴君一样行事，则不会出现叛乱和战争。他说：

> 且君非桀、纣，谁敢犯天下共主，来天下之兵耶？侯非汤武，谁能合千八百国而为之王耶？君非桀纣，其亡难也；侯非汤武，王之难也，故久而后失之也。②

由此可见，颜元认为，君主的德行非常重要；如果君主不是暴君，则井田制下的田卒不会跟着诸侯叛乱，而诸侯直接管理的武装力量又不足以叛乱，所以说“君非桀纣，其亡难也”。诸侯如果不像汤、武之类的明主那样爱惜民众、夙夜为公，想要发动叛乱也是不可能的，因为民众和其他国家都不会跟随。所以，颜元认为，“封建制”能够起到消弭战争的作用。进而，颜元认为，在理想的“封建制”下，即使出现战争，黎民百姓也能免受蹂躏。他说：

> 即君果桀纣而侯果汤武矣，本国之积仓自足供辎重，无俟掠人箱囷，炊人梁栋也；一心之虎贲从王之与国，自足以奉天伐暴，无俟挟虏丁壮，因而淫携妇女也！南巢、牧野，一战而天命有归，无俟于数年数十年之兵争而处处战场也！耕者不变而市者不止，不至于行人断绝而百里无烟火也；王畿鼎革而天下犹有君，不至于闻京城失守而举世分崩，千百成群，自相屠抢，历数年不能定也；王者绥定万邦而屡有丰年，不至于耕种尽废，九有荡然，上干天和，水旱相仍，历三二世不能复也。盖民生

① （清）颜元：《存治编·封建》，载《颜元集》，中华书局1987年版，第112页。
② （清）颜元：《存治编·封建》，载《颜元集》，中华书局1987年版，第112页。

天地，咸沐封建之泽，无问兴亡，皆异于后世如此。①

颜元认为，天子如果是桀纣一样的暴君，诸侯如果是汤武一样的明主，在这种情况下，诸侯出兵讨伐暴君，是正义之举。在这里，他不为传统的纲纪名分观念所困，肯定了反抗暴政的正义性。进而颜元认为，这种正义战争会是摧枯拉朽、速战速决、有益民生的。他在上述引文列举的正义战争的益处，显然有感于明末清初战争旷日持久，导致生灵涂炭、民不聊生、耕种尽废、哀鸿遍野。由此可见，颜元主张实行“封建制”，其基本的立足点是百姓之安居乐业。

颜元的“封建制”无疑是非常理想化的，他的学生李塨在这一问题上的看法就和他明显不同。李塨认为：“封建以为不必复古，因封建之旧而封建，无变乱，今因郡县之旧而封建，启纷扰。”② 但是，颜元敏锐地看到了“郡县制”政治下存在的大量弊病，试图以“封建制”加以矫正，无疑具有强烈的时代针对性和现实性。颜元的“封建”方案过于庞大，需要一系列配套改革制度，在现实中很难具备实施条件，所以有流于空想之嫌，但其发现的问题无疑还是需要加以解决的，其心系民生之热忱也值得加以肯定。

二 寓兵于农：“治农即是治兵”

颜元生逢明末清初乱局，亲身经历战祸兵灾，有感于满目疮痍、哀鸿遍野，所以特别重视军事，其思想中充满了对战争的忧患意识。他提出要改革军事制度，要“以六字强天下：人皆兵，官皆将”③，希望建立兵农合一、寓兵于农的军事制度，以此保卫百姓的生命和财产安全。他指出历代军事制度都有弊端，必须加以改革，他说：

慨自兵农分而中国弱，虽唐有府兵，明有卫制，固欲一之。迨于其衰，顶名应双，皆乞丐、滑棍，或一人而买数粮；支点食银，人人皆兵；临阵遇敌，万人皆散。呜呼！可谓无兵矣，岂止分之云乎！即其盛时，明君贤将理之有法，亦用之一时，非久道也。况兵将不相习，威令所摄，

① （清）颜元：《存治编·封建》，载《颜元集》，中华书局1987年版，第112—113页。

② （清）李塨：《存治编·书后》，载《颜元集》，中华书局1987年版，第118页。

③ （清）李塨：《颜习斋先生年谱·五十五岁》，载《颜元集》，中华书局1987年版，第763页。

其为忠勇几何哉![1]

在这里，颜元谈及的军事制度虽然概指历代，但显然主要指的是明代，尤其是指明末。他认为当时军事上有三大弊病。一是军队的战斗力不强，士兵的战斗意志薄弱，贪生怕死，“临阵遇敌，万人皆散”。二是募兵制下，招募而来的人员都是为了钱财，而不是出自对国家民族的大义。于是社会中的乞丐、滑棍等人员都纷纷混入军队。这种情况下，军队数量虽多，但都是乌合之众。三是军官和士兵不熟悉，指挥不便，战斗时只能用命令强制性指挥，而无法用道义激发士兵斗志。

明末政府军的各种弊端，导致军队起不到保卫人民生命财产的作用，而普通百姓面对战乱更是无能为力，只能逆来顺受，惨遭荼毒。颜元论及战祸时指出，战乱中的军队“掠人箱囷，炊人梁栋”，“挟虏丁壮，因而淫携妇女”，“千百成群，自相屠抢，历数年不能定”，导致“行人断绝而百里无烟火”，“耕种尽废，九有荡然，上干天和，水旱相仍，历三二世不能复也”。[2] 而从战场溃败下来的散兵游勇，打家劫舍，洗劫村庄，更是司空见惯。百姓所受之苦如此惨痛，给予颜元强烈刺激。经过认真思考，颜元认为，秦汉之后的历代军事制度都只是暂时维持国家的稳定，数百年后即土崩瓦解，进而天下大乱、生灵涂炭。他认为这一现象的产生，主要由于兵民相分，他说：“元每深叹，夫兵民分而中国弱，文武分而圣学亡。”[3] 他认为，只有建立兵农合一的军事制度，才能既在和平时维护国家之安全，又在战乱时使得百姓有保家自卫的能力。他指出，上古三代之时，正是实行了兵农合一的军事制度，才使得国家长治久安，他说：

圣人之世，俗静民安，而十井一廛，盖八十家畜马四匹，革车一乘，甲士三人，步卒七十二人，加以应供，盖不使一人闲逸也。礼射、乡射、大射，田、苗、狝、狩，盖稼穑外，不使一日暇逸也。圣人岂好劳役其民，而耗其财乎！恐一旦叛逆窃发，戎翟内侵，狃于逸脆之民，必胥亡也。[4]

① （清）颜元：《存治编·治赋》，载《颜元集》，中华书局 1987 年版，第 106—107 页。

② （清）颜元：《存治编·封建》，载《颜元集》，中华书局 1987 年版，第 112—113 页。

③ （清）颜元：《朱子语类评·训门人类》，载《颜元集》，中华书局 1987 年版，第 300 页。

④ （清）钟錂编：《颜习斋先生言行录·学问第二十》，载《颜元集》，中华书局 1987 年版，第 695 页。

> 间论王道，见古圣人之精意良法，万善皆备。一学校也，教文即以教武。一井田也，治农即以治兵，故井取乎八而陈亦取乎八。①

颜元指出，上古时期都实行的兵农合一军事制度，让农民在日常生产生活中进行军事操练。这种制度并不是圣人有意让百姓劳累，而是担心百姓在和平环境下养成文弱的习性，一旦发生战乱会沦为脆弱的牺牲品。于是，圣人设计制度，让井田制下的人民既是农民又是兵士，让学校既教授文化知识又教授军事技能。颜元进一步指出，在这种兵农合一的军事制度下，要充分发挥礼乐的作用，将军事和礼乐相结合，他说：

> 论周公之制度，尽美尽善。盖使人人能兵，天下必有易动之势；人人礼乐，则中国必有易弱之忧。惟凡礼必射，奏乐必舞，使家有弓矢，人能干戈，成文治之美，而具武治之实。无事时雍容揖让，化民悍劫之气，一旦有事，坐作击刺，素习战胜之能。②

在这里，颜元认为，如果兵民一体，人人都是军人，日常习于战斗，则人们会变得暴躁，容易引发战事。历史上唐代藩镇之牙兵即为如此。唐代牙兵往往是世袭兵户，“父子相袭，亲党胶固，其凶戾者，强贾豪夺，逾法犯令，长吏不能禁”③，最后成为一批难以驾驭的骄兵悍将。而如果国家只是谈礼乐，只讲文学，百姓不习军事，则会变得文弱，国防实力也大为降低。先秦时期很多诸侯小国之命运即为如此。先秦时期有西夏国，因为只讲文事不修武备，最后亡国。《逸周书》对这件事记载时说：“文武不行者亡。昔者西夏性仁非兵，城郭不修，武士无位；惠而好赏，屈而无以赏。唐氏伐之，城郭不守、武士不用，西夏以亡。”④ 鉴于以上两个方面的原因，颜元提出，兵农合一军事制度必须将军事和礼乐相结合，既要人人习兵，又要人人习礼；用军事训练提升农户防卫能力，用礼乐陶冶农户的情操。

---

① （清）颜元：《存治编·治赋》，载《颜元集》，中华书局 1987 年版，第 107 页。

② （清）钟錂编：《颜习斋先生言行录·学人第五》，载《颜元集》，中华书局 1987 年版，第 638 页。

③ （宋）薛居正等撰：《旧五代史》卷十四，中华书局 1976 年版，第 188 页。

④ 黄怀信注译：《逸周书校补注译·史记解》，三秦出版社 2006 年版，第 352 页。

在充分研究古代军事制度的基础上，颜元提出了自己的兵农合一军事制度方案，有以下九个要点：

> 一曰预养。饥骥而责千里则愚。上宜菲供膳，薄税敛，汰冗费，以足民食。一曰预服。婴儿而役，贲、育则怒。井之贤者为什，什之贤者为长，长之贤者为将，以平民情。一曰预教。简师儒，申孝弟，崇忠义，以保民情。一曰预练。农隙之时，聚之于场。时，宰士一较射艺；月，千长一较；十日，百长一较；同井习之不时。一曰利兵。甲胄、弓刃精利者，官赏其半直，较艺贤者庆以器。一曰养马。每井马二，公养之，仿北塞喂法。操则习射，闲则便老行，或十百长有役乘之。一曰治卫。每十长，一牌刀率之于前，九人翼之于后。器战之法具《纪效新书》。一曰备羡。八家之中，四骑四步。供役不过各二人。余则为羡卒，以备病伤或居守。一曰体民心。亲老无靠不卒；老弱不卒。出戍给耕，不税；伤还给耕，不税。死者官葬。①

从上述引文可以看出，颜元规划的兵农合一军事制度，让农民平时耕种，农闲时进行军事训练，有事时则变为军事战斗人员，这样可以应对各种突发情况。农民们同乡同里，每天一起生活和训练，可以同生共死。日常用礼乐陶冶农民，可以化解戾气、鼓励士气。兵中优秀者为将，平时负责训练，战时负责指挥，将与兵相熟，兵与将相知，临阵指挥得心应手，提升了军队战斗力。武器装备、战争物资由农民自己筹备，可以减轻国家养兵的负担。此外，颜元还提出了减少赋税、奖励先进、优待军人等措施，以便让军民保持士气。综合来看，颜元在制度设计时充分考虑了军事训练、物资储备、指挥体系、后勤保障等多个方面内容，具有很强的现实针对性。

同时，颜元的兵农合一军事制度是建立在井田制的基础上的，这一点在前述已涉及。之所以兵农合一军事制度必须和井田制结合一起推行，在颜元看来，有着深刻的现实原因。正如他的学生李塨解释说："井田必宜行也……且不行则不能寓兵于农，即曰于农民选之，而必不能田赋共出，定为几家出

① （清）颜元：《存治编·治赋》，载《颜元集》，中华书局1987年版，第107页。

一兵，几十家出一兵，何者？以民有田无田，田多田少，参差不齐，不可以供亿也。”① 这就是说，如果不实行井田制，不平均土地，那么农民就会财富不均；如果承担相同的兵役，就会造成事实上的兵役压力不均；所以，不实行井田制，兵农合一军事制度实际上也难以推行。

颜元规划的兵农合一军事制度，借鉴了明代的军事制度——卫所制。明代卫所制就实行寓兵于农，在全国各个军事要地设立卫所，兵卒广泛分布在这些卫所中。军士单列为军籍，军籍为世袭。军籍家庭要派人前往卫所服役，由国家分配田地进行自养，并缴纳一定的赋税，“每军受田五十亩为一分，给耕牛、农具，教树植，复租赋”②。平时军士由军官负责组织操练和耕种，有战事时则由朝廷派人统领指挥。明代前期，这一制度运行比较良好，军队的战斗力比较强，也有效地减轻了国家养兵的负担。但是到了明代中期之后，这一制度逐步损坏，军队战斗力日益减弱，政府不得不采取募兵制招募士兵，结果军队依然战斗力不强，起不到保家卫国的作用。

与明代卫所制相比，颜元设计的兵农合一军事制度，有以下不同。一是卫所制为屯兵制，只在军事要点设立卫所，而颜元设计的制度则是全民皆兵制。二是卫所制下的负责日常训练的中下级军官为世袭，“指挥千百户管军之官，又皆开国从征有功者子孙世袭”③，到了明朝中后期军官集团变得尾大不掉，侵占屯田的现象屡见不鲜。颜元设计的制度是通过考核选拔优秀的士兵担任军官，“井之贤者为什，什之贤者为长，长之贤者为将”④。这种选拔的原则是唯才是举，不存在军官世袭。三是卫所制下，平日训练士卒的军官和临战指挥人员实行分离制，国家有战事时，将不熟兵，兵不熟将。颜元则认为应该将训练军官和指挥军官融为一体，平时为训练之官，战时为指挥之官。四是颜元更重视士卒的思想工作，提倡礼乐教化，注意用孝悌忠义等价值观引导士卒。五是明代卫所制是与皇帝集权制相结合，而颜元设计的兵农合一军事制度则与列国分封制相结合。以上为两种军事制度差异之大端，细节之处的相差更多。

颜元指出，井田制下兵农合一军事制度可以实现九大好处，即为：

---

① （清）李塨：《平书订》卷七，商务印书馆 1937 年版，第 56 页。
② （清）张廷玉等撰：《明史》卷七十七，中华书局 1974 年版，第 1884 页。
③ （清）魏裔介：《兴利除弊之大疏》，载《兼济堂文集》，中华书局 2007 年版，第 38 页。
④ （清）颜元：《存治编 · 治赋》，载《颜元集》，中华书局 1987 年版，第 107 页。

一曰素练。陇亩皆陈法，民恒习之，不待教而知矣。一曰亲卒。同乡之人，童友日处，声气相喻，情义相结，可共生死。一曰忠上。邑宰、千百长，无事则教农、教礼、教艺，为之父母；有事则执旗、执鼓、执剑，为之将帅，其孰不亲上死长。一曰无兵耗。有事则兵，无事则民，月粮不之费矣。一曰应卒难。突然有事，随地即兵，无征救求援之待。一曰安业。无逃亡反散之虞。一曰齐勇。无老弱顶替之弊。一曰靖奸。无招募异域无凭之疑。一曰辑侯。无专拥重兵要上之患。①

由此可知，颜元期待建立一支召之即来、来之能战的部队；一支既能节省国家开支，又能保持战斗力的部队；一支既能维持社会安定，又能维护国家安全的部队。以上引文中颜元所说的井田制下军事制度的九大优点，也正是针对历代王朝军事制度各种弊病而发。在他看来，只有推行兵农合一才能有效解决这些弊病。

论其实，颜元设计的兵农合一军事制度，对于普通百姓来说，是一个半军事化体制，经历过战乱的人们容易认同，而和平时期成长起来的人们往往难以忍受，这也是唐代的府兵制、明代的卫所制、清代的八旗制等兵农合一军事制度，从鼎盛逐步走向衰落的重要原因。颜元对军事制度的设计是非常理想化的，但他对于军事制度建设的思考则无疑值得后世学习和借鉴。

三　礼乐兴邦：“不以礼乐，不能化导万世”

在国家治理体系中，颜元特别看重礼乐教化，“兴礼乐”被他视为安天下的重要举措。他说：

礼乐，圣人之所贵，经世重典也。②

礼是指各种礼仪规范，乐则指音乐、舞蹈。《礼记·乐记》说：“乐者，天地之和也；礼者，天地之序也。和，故百物皆化；序，故群物皆别。”③ 礼乐在

① （清）颜元：《存治编·治赋》，载《颜元集》，中华书局1987年版，第107—108页。

② （清）钟錂编：《颜习斋先生言行录·教及门第十四》，载《颜元集》，中华书局1987年版，第672页。

③ （清）阮元校刻：《礼记正义·乐记》，载嘉庆本《十三经注疏》，中华书局2009年版，第3317页。

陶冶人之情操、塑造人之品质方面有着独特的作用。在社会重大事件和人生重要节点，举行各种礼仪，同时配合音乐舞蹈，可以形成特定的精神环境和文化氛围，进而浸润人之心灵，陶冶人之情操。礼乐的作用如此重要，所以颜元将之称为“经世重典”。

颜元提倡礼乐教化，有着强烈的现实指向。明清之际，战乱频繁，乱象丛生，人与人之间冲突矛盾加剧。颜元认为出现这些现象的重要原因就是缺乏礼乐的熏陶。他说：“历代不见一行礼奉乐之治，旷世不见一礼明乐备之家，千百里不见一习礼演乐之人。静眼一视，乾坤空如，人欲横行，真可为圣道太息、人心痛哭也！”① 礼乐教化的缺失之所以会出现人欲横流，颜元认为这是人性使然，因为人性不习善则会习恶，而礼乐正是让人习善，他说：

> 先王知人不习于性所本有之善，必习于性所本无之恶。故因人性之所必至，天道之所必然，而制为礼、乐、射、御、书、数，使人习其性之所本有；而性之本所无者，不得而引之、蔽之，不引蔽则自不习染，而人得免于恶矣。②

颜元指出，善是人固有的本性，而恶则受外界环境熏染；圣人制定的礼乐，正是对人性之善因势利导，使得心中善念增长扩充，从而不被社会不良环境诱导。礼乐能够有这样的教化效果，主要是因为它在动静之间潜移默化地熏陶人之情感。颜元说：

> 圣人明其然也，是以画衣冠，饬簠簋，制宫室，第宗庙，辨车旗，别饮食，或假诸形象羽毛以制礼，范民性于升降、周旋、跪拜、次叙、肃让；又镕金、琢石、窍竹、纠丝、刮匏、陶上、张革、击木，文羽钥，武干戚，节声律，撰诗歌，选伶佾，以作乐，调人气于歌韵舞仪，畅其积郁，舒其筋骨，和其血脉，化其乖暴，缓其急躁。③

---

① （清）颜元：《与何茂才千里书》，载《颜元集》，中华书局1987年版，第458页。

② （清）钟錂编：《颜习斋先生言行录·学人第五》，载《颜元集》，中华书局1987年版，第635页。

③ （清）颜元：《与何茂才千里书》，载《颜元集》，中华书局1987年版，第457—458页。

由此可见，礼乐具有调和人之性情，化解人之抑郁，锻炼人之筋骨，调节人之气血等功效。颜元之所以这样认为，一个重要的原因就是，他有着切身的礼乐实践体会。他每天都进行固定的礼仪常功，凡事都依礼仪而动，还努力寻找机会去学乐习乐。他说："仆不自揣，勉力于礼，尝率三五庸俗弟子习行于敝斋，凡家中冠昏丧祭不敢不如礼。但苦乐无传人，仅得老友张函白授一曲琴。"① 通过一系列学习和亲身实践，颜元认定在现实世界中，礼乐是不可缺少的，也是无法由其他事物替代的。他指出，即使是才华横溢之人，也需要用礼乐调节性情，"知、廉、勇、艺，都是世间有用人才，还必文之以礼乐，方可言成人"②。所以颜元认定，礼乐就是圣人之道，他说：

> 礼乐制度，谓之道矣。③
> 礼便是圣人之道，便是至道。④

颜元认为，要让百姓安居乐业，和睦融洽，开万世太平，必须恢复礼乐文明。他说："孔孟之道，不以礼乐，不能化导万世。"⑤ 但是，颜元这种观点受到一个历史事实的挑战，那就是西周实行礼乐治国，但是二百多年后，就陷入列国纷争。颜元和王养粹讨论这个现象时这样解释：

> 汉唐后之治道，较之三代，盖星渊不可语也，吾弟未之思耳。吾弟但见穆平之衰而未实按其列国情势民风也。吾兹不与贤弟论三代盛时。且以春秋之末，其为周七百年矣，只义姑存鲁、展禽拒齐二事，风俗之美，人材之盛，鲁固可尚也；齐乃以妇人而旋师，闻先王命而罢战。由此以思，当日风俗人心，岂汉唐后所可仿佛哉？⑥

由此可见，颜元认为，虽然春秋各国之间会发生战争，但战争中仍然存在着许多高尚的道德行为，进而可以推知当时整体社会风气和人的道德风貌依然

① （清）颜元：《与何茂才千里书》，载《颜元集》，中华书局 1987 年版，第 458 页。
② （清）颜元：《四书正误·论语》，载《颜元集》，中华书局 1987 年版，第 217 页。
③ （清）颜元：《四书正误·论语》，载《颜元集》，中华书局 1987 年版，第 200 页。
④ （清）颜元：《四书正误·中庸》，载《颜元集》，中华书局 1987 年版，第 171 页。
⑤ （清）李塨：《颜习斋先生年谱·三十二岁》，载《颜元集》，中华书局 1987 年版，第 724 页。
⑥ （清）颜元：《存学编·学辨二》，载《颜元集》，中华书局 1987 年版，第 53 页。

美好，仍然强于后世。这显示出，颜元是从社会道德水平的角度看待历史中的国家治理效果，而不仅仅从战争与和平方面。所以，他认为不能简单从春秋列国征战，就得出礼乐不适合治理国家的结论。

在研究古代的基础上，颜元提出了自己的礼乐教化构想。在这个构想中，礼乐与井田、“封建”、学校等紧密结合。

在颜元设计的井田制下，八家共耕一井，朝夕相处，形成一个生产生活的命运共同体，而他的礼乐教化正是围绕着这一命运共同体展开的。他提出由井田制下的贤者担任百长、千长，“十井一长，百井一百长，千井一千长，二千井一邑宰”①，进而由这些人在农闲时教授百姓礼乐，“邑宰、千百长，无事则教农、教礼、教艺”②。颜元这里所谓的“教”，是指教导者带着百姓一起练习和实践礼乐。进而，百姓将习得的礼乐应用于日常生活的各个方面，在潜移默化中熏陶性情，社会也就变得和睦，天下也就随之变得太平。颜元说：“治平之道，莫先于礼。惟自牌头教十家，保长教百家，乡长数千家，举行冠、婚、丧、祭、朔望令节礼，天下可平也。”③

颜元认为，礼乐还应与“封建”、爵位、名分等制度密切结合。他说：“先王遗典，封建无单举之理，大经大法毕著咸张，则礼乐教化自能潜消反侧，纲纪名分皆可预杜骄奢，而又经理周密。”④ 由这里所说的“先王遗典”“大经大法”“礼乐教化”等可知，颜元在这一点上的想法是要仿照周代的各项制度综合施行，同时又因为现存文献中对颜元如何将礼乐与其他制度一起推行的记载并不翔实，所以，有必要分析周代礼乐制度的实施情况，进而了解颜元的礼乐治国思想的总体思路。周灭商后，大行分封，将子弟、亲属、功臣分封到各地建立诸侯国。这些小国君主按照爵位高低，分为公、侯、伯、子、男，而诸侯国内部的爵位又分为卿、大夫、士三级，各级内部又分上中下三等。根据周代的制度，每一种爵位、每一个等级都有相对应的一套礼仪。每一种礼仪都有相配合的乐舞，由此礼仪的美学属性大为增强。通过礼与乐的各种配合，可以熏陶人之情感，进而使人的言行由外在的规范约束转为内

① （清）颜元：《存治编·井田》，载《颜元集》，中华书局1987年版，第106页。

② （清）颜元：《存治编·治赋》，载《颜元集》，中华书局1987年版，第107页。

③ （清）钟錂编：《颜习斋先生言行录·学须第十三》，载《颜元集》，中华书局1987年版，第669页。

④ （清）颜元：《存治编·封建》，载《颜元集》，中华书局1987年版，第111页。

在的心理自觉。同时，根据《仪礼》的记载，周代礼仪分为丧、祭、射、御、冠、昏、朝、聘等不同类型，涉及日常生活、国际关系、典章制度等各个方面。在各种礼仪中，不同身份的参与者有着不同的行为规范，人们依据角色不同参与其中，进而沟通了人与人之间、国与国之间的关系，促进了社会和谐和睦。

颜元提出，礼乐还应与教育制度紧密结合在一起，让人在成长过程中不断地受到熏陶。在《存治编·学校》中，颜元指出："古之小学教以洒扫应对进退之节，大学教以格致诚正之功、修齐治平之务，民舍是无以学，师舍是无以教，君相舍是无以治也。"① 这里的"洒扫应对进退之节"是指各种礼仪。由此可知，在颜元的理想中，学校的重要功能就是要教习礼乐，让人从孩提之时就得到礼乐的熏染，进而陶冶性情，提升道德品质。

在礼乐治国的教化体系中，颜元特别重视儒者的作用。他称赞宋代的大儒张载，因为张载在教授学生过程中将礼作为重要内容。他说："宋儒胡子外，惟横渠之志行井田，教人以礼，为得孔孟正宗。"② 他认为，实行礼乐教化，是儒者的使命和担当，"夫礼乐，君子所以交天地万物者也，位育著落端在于此"③。在出仕前，儒者应该积极学礼乐、习礼乐，为出仕后进行礼乐教化做准备，"吾儒隐居求志，凡兵、农、礼、乐，为君、为相、为百职职掌机宜，那一件不去理会"④。而当受到朝廷重用之时，儒者则要积极推行礼乐教化，"吾儒在上者则兴礼乐以化民"⑤。通过礼乐教化，提升人们的道德品质，引导社会风气向善，减少社会矛盾，创造一个和谐和睦的美好世界。

第三节　注重实用的选人用人领域改革思想

颜元高度重视人才在国家社会建设中的作用。针对当时的科举制度实行八股取士进而不利于人才培养，他提出要改革科举制，实行乡举里选的征举制，让优秀的人才能够脱颖而出。同时，颜元强调用人应该以事业为重，因事业择

① （清）颜元：《存治编·学校》，载《颜元集》，中华书局 1987 年版，第 109 页。
② （清）颜元：《存学编·性理评》，载《颜元集》，中华书局 1987 年版，第 60 页。
③ （清）颜元：《存学编·学辨二》，载《颜元集》，中华书局 1987 年版，第 54 页。
④ （清）颜元：《四书正误·论语》，载《颜元集》，中华书局 1987 年版，第 198 页。
⑤ （清）颜元：《存人编·唤迷途》，载《颜元集》，中华书局 1987 年版，第 135 页。

人，如果德才兼备之才不可求，那么只要有一技之长，就可以大胆使用。

一 实行征举：“人才以用而见其能否”

推行井田制、“封建制”需要各项配套改革方案，历时比较久，而当时又有各种社会问题迫切需要解决，颜元由此提出一系列优先推行的政策建议，其中“除制艺，重征举”被列在最前面。他说：“为今计，莫要于九典、五德矣。除制艺，重征举，均田亩，重农事，征本色，轻赋税，时工役，静异端，选师儒，是谓九典也。”① “除制艺”就是废除科举制，“重征举”就是实行乡举里选的征举制，两者的共同出发点都是为国家选拔有用之人才。颜元认为，人才是国家社会发展的基石，他说：

> 无人才则无政事，无政事则无太平。②

很显然，颜元这里说的人才主要指的是公共管理人才。在古代农业社会中，公共管理人才在社会运行中起着中枢作用。没有优秀的公共管理人才，也就难有为国为民谋福祉之善政，进而难以实现长久的国泰民安。中国古代选拔公共管理人才的标准是德才兼备，但实际上往往难以选拔到合适的人才，而出现这种情况的重要原因，在颜元看来，就是在选官上实行科举制度。

颜元所在的明清时期，政府选官实行的是八股取士科举制，考试内容都限于儒家的四书五经，其中四书以宋代朱熹的集注为标准，考试形式则是模仿古人语气写文章，文章格式有固定要求，必须由四段对偶文字构成，这就是“八股文”。明代中叶之后，科举几乎成为选拔中高级官员的唯一途径。科举考出来的举人、进士普遍被委以重任，国家的中高级官员几乎都是从八股文考试中选出来的。而当时的考试机会和考中名额又非常少，导致竞争异常激烈，很多人考中时都年过半百。前半生的宝贵精力都用在读古文、背古书、写文章上，而考中之后，却被派往当知县、知府、巡抚，负责财政、漕运、水利等具体事务，这就导致所学与所用严重脱节。正如颜元的学生李塨所说：“士子平居诵诗书，工揣摩，闭户傷首如妇人女子；一旦出仕，兵、刑、钱、

---

① （清）颜元：《存治编·济时》，载《颜元集》，中华书局1987年版，第114页。

② （清）颜元：《题礼观于乡二章》，载《颜元集》，中华书局1987年版，第555页。

谷渺不知为何物，曾俗吏之不如，尚望其长民辅世耶！三物宾兴之世，学即所用，用即所学，虽流弊不至于此，又何怪乎先生（颜元）之俯仰而三叹也！"① 这里颜元叹息的正是科举制下学用脱节的人才浪费现象。清代乾隆年间舒赫德也曾一针见血地指出："科举之制，凭文而取，按格而官，已非良法；况积弊日深，侥幸日众。古人询事考言，其所言者即其居官所当为之职事也。今之时文，徒空言而不适于用，此其不足以得人者。"② 由此可见，八股取士这种选官方式的弊病已经引起时人的深刻反思。

颜元年轻时亲身经历过科举考试，深知八股取士之弊。他说："天下人之入此帖括局也，自八九岁便咿唔，十余岁便习训诂，套袭构篇，终身不晓习行礼义之事，至老不讲致君泽民之道，且无一人不弱不病。灭儒道，坏人才，阨世运，害殆不可胜言也。"③ 又说："故八股行而天下无学术，无学术则无政事，无政事则无治功，无治功则无升平矣。故八股之害，甚于焚坑。"④ 他认为，在八股取士制度下，人们只是读看四书五经，埋首于古籍之中，奋力于笔墨之间，随着时间不断流逝，最后往往成为只会空谈的无用之人。而国家的治理却需要大量的实用人才，让只会空谈之人身居高位则往往会耽误国家的事业，损害百姓的利益。同时，由于考中科举的收益异常丰厚，导致当时的聪明人都纷纷卷入科举考试的竞争中，社会实际需要的知识反而没有人理会。即使理会，也只是在纸上理会，很少去实际探究和掌握。颜元指出："自帖括文墨遗祸斯世，即间有考纂经济者，总不出纸墨见解矣。"⑤ 这种八股取士的选官方式，使得理论不能与实际相结合，间接经验不能与直接经验相验证，难以引导人们培养社会实际才能。

颜元不只批评八股取士，更批评整个科举制度。他说：

> 更异其以文取士也。夫言自学问中来者，尚谓有言不必有德。况今

① （清）李塨：《存治编·序》，载《颜元集》，中华书局1987年版，第101页。

② （清）舒赫德：《议时文取士疏》，载《皇朝经世文编》，岳麓书社2004年版，第16册，第207页。

③ （清）钟錂编：《颜习斋先生言行录·杜生第十五》，载《颜元集》，中华书局1987年版，第678页。

④ （清）钟錂编：《颜习斋先生言行录·刁过之第十九》，载《颜元集》，中华书局1987年版，第691页。

⑤ （清）李塨：《颜习斋先生年谱·七十岁》，载《颜元集》，中华书局1987年版，第793页。

之制艺，递相袭窃，通不知梅枣，便自言酸甜。不特士以此欺人，取士者亦以自欺，彼卿相皆从此孔穿过，岂不见考试之丧气、浮文之无用乎，顾甘以此诬天下也！观之宋、明，深可悲矣。①

颜元认为，科举制采用文字考试的形式，实际上很难断定一个人是否具有良好的行政才干和道德品质。只有好文采却没实际行政能力、没有良好德性的大有人在，文采不佳却实际处事能力很强的也不乏其人，所以颜元从根本上怀疑这种用文字选官制度的有效性。唐代科举以诗赋取士，宋代改为考儒家经典，在颜元看来，和明清科举考八股在效果上是一样的，都无法选拔出有用人才。宋代王安石说：“今以少壮时，正当讲求天下正理，乃闭门学作诗赋，及其入官，世事皆所不习，此科法败坏人材，致不如古。”② 王安石看到了科举制的弊病所在，但他只是将科举内容改变，不再考诗赋，改为考儒家经书。颜元指出，这是王安石的不足，他在评论王安石时说：“吾犹有惜也，惜公不能矫不能变也，以公亦务读解诗书，亦以帖括取士也。”③ 颜元认为，科举选官方式让用人导向出现严重的问题，导致所学非所用，所用非所学，必须彻底改变，才能让人才脱颖而出。

不仅科举选官制度存在严重问题，而且国家表彰奖励制度也存在重大弊病。颜元指出，宋明以来，在理学的影响下，国家的人才使用导向出现了严重的问题。国家鼓励士人向学的方法，表彰奖励是重要的一种。国家把读书讲学而不是实际业绩作为衡量学子的主要标准，同时给予极高的精神奖励，当然学子们会只求脑海中有知识，而不关心是否实际有能力。颜元指出：“观明臣传，每以著书成，加官晋秩。夫爵位所以待有功者也，而以赏著书之人，朝野胥迷乃尔！”④ 又说：“后世专尚空谈，故学孔子之言者，皆入孔子庙廷。儒者不学作事，故作孔子之事者，皆不得入孔子庙廷。”⑤ 在国家表彰奖励的引导下，学子们纷纷钻入书斋研读古书，而不学习社会实际事务，于是社会中有真才实学的人越来越少。

---

① （清）颜元：《存治编·重征举》，载《颜元集》，中华书局 1987 年版，第 115 页。

② （元）脱脱等撰：《宋史》卷一百五十五，中华书局 1985 年版，第 3617—3618 页。

③ （清）颜元：《总评王荆公上仁宗万言书》，载《颜元集》，中华书局 1987 年版，第 488 页。

④ （清）李塨：《颜习斋先生年谱·五十九岁》，载《颜元集》，中华书局 1987 年版，第 775 页。

⑤ （清）钟錂编：《颜习斋先生言行录·言卜第四》，载《颜元集》，中华书局 1987 年版，第 633 页。

颜元对表彰奖励制度和科举选官制度造成的流弊非常不满。他指出，人才制度最基本的功能应该是为国家、社会选拔有用之人才，人才必须经过实际使用来进行筛选，而不能只是通过纸上、口头来考察。他赞同宋代陈亮“人才以用而见其能否”的观点，他说：

> 陈同甫谓：人才以用而见其能否，安坐而能者不足恃；兵食以用而见其盈虚，安坐而盈者不足恃。吾（颜元）谓：德性以用而见其醇驳，口笔之醇者不足恃；学问以用而见其得失，口笔之得者不足恃。①

颜元指出，在选人过程中，要考验人们的德性和才干，都要以在实际生活发挥出来的效用来观察。科举制下考选的人才，只是经过了文字考验，没有经过实践考验，就可以直接出任国家的中高级官员，这在颜元看来，完全是不可思议的。即使科举制度实现了打破门第、公平竞争的目标，但是它引导培养了无数无用之才，在颜元看来，也是得不偿失。所以，他在参考古代的征举制的基础上，提出了改革人才选拔制度的构想，他说：

> 窃尝谋所以代之，莫若古乡举里选之法。仿明旧制，乡置三老人：劝农、平事、正风，六年一举，县方一人。如东则东方之三老，视德可敦俗、才堪莅政者，公议举之，状签某某深知其才德，兼以事实之，县令即以币车迎为六事佐宾吏人。供用三载，经县令之亲试，百姓之实征，老人复跻堂言曰，某诚贤，则令荐之府，呈签某令深知其才德，亦兼以事实之，则守以礼征至。其有显德懋功者，即荐之公朝，余仍留为佐宾三载，经府守之亲试，州县之实征，诸县令集府言曰，某诚贤，则府守荐之朝廷，呈签某守深知其才德，亦兼以事实之，则命礼官弓旌、车马征至京。其有显德懋功者，即因才德受职不次，余仍留部办事，亲试之三载。凡经两举，用不及者，许自辞归进学。老人、令、守，荐贤者受上赏，荐奸者受上罚，则公论所结，私托不行矣，九载所验，贤否得真矣。即有一二勉强为善，盗窃声誉者，焉能九载不变哉！况九载之间，必重自检饬，即品行未粹者，亦养而可用矣。为政者复能久任，考最于

① （清）李塨：《颜习斋先生年谱·四十三岁》，载《颜元集》，中华书局1987年版，第747页。

> 九载、十二载或十七八载之后，国家不获真才，天下不被实惠者，未之有也。①

由此可见，这是一个以乡举里选为核心的征举制，所以颜元有时又将之称为“选举”，本书为了行文方便，一律称为征举制。此制度的核心理念就是层层推荐、层层选拔、层层锻炼，通过一层层筛选为国家选拔有用人才，其要点有四。一是人才要从基层选拔出来，或者说要将基层人才选拔上去，这样身居高位时能够了解和理解民生疾苦。二是重视对实际德性才干的考察。人才在乡、县、府等每一层级只有取得优秀的实绩才能够被推荐。三是推荐人与被推荐者在一起共事，共事时间不少于三年，这样能够全面了解被推荐者的实际德性和才干。四是在最基层的人才选拔初始阶段，推荐者为三人，避免个人偏见和私情照顾，在每一层级选拔时，本级的推荐人都要广泛征询下一级的意见。此外，颜元还提出，要强化推荐人的责任，成功推荐人才给予奖励，徇私舞弊推荐不良者给予惩罚。由此可见，颜元设计的选人制度，是一个以实绩为核心，以历练为培养途径，以公正为保障的系统性制度。

对人才的表彰奖励制度，颜元同样提出了改革的构想，他说：

> 治道不必文武分途，亦不必举人、进士，只乡里选举秀才。秀才长于文德者充乡约、耆德之职，长于武略者充保长之职，其显有功德者擢大乡长，大乡长之显有功德者升邑令郡守，或备参辅，以至三公，皆通为一体，或次递，或超擢，而又立里史、邑史、郡史以谨戒之。死则有德者配社祠，有功者配道神祀，每五世有继进者则祧之；大功德则进里祀者配享于邑，邑祀者配享于郡，郡祀者配享于国，以激劝之。虽流弊，犹足定百年之太平也。②

在这里，颜元提出，国家表彰要面向对社会真正作出贡献的人。只有德才兼备、作出实际突出贡献的人才有资格进入祠堂，让后人永远祭祀他们。同时，又立里史、邑史、郡史，记录本地人物的各种好坏表现，用来告诫后人。他

① （清）颜元：《存治编·重征举》，载《颜元集》，中华书局1987年版，第115—116页。

② （清）钟錂编：《颜习斋先生言行录·刚峰第七》，载《颜元集》，中华书局1987年版，第647页。

认为，只有这样，才能鼓励人们重视实干和实行，引导学子努力提升个人才干，努力为百姓造福。

颜元设计的选人制度，虽与汉代的征举制（察举征辟制）相比，去掉了天子直接征辟平民的制度，但是在具体操作上还是将选人权放到基层，这一点和汉代征举制并没有太大区别。汉代的征举制在实行后，选人权逐步被基层的世家大族把持，逐步沦为在固定圈子里选人，发展到魏晋南北朝，更是形成门阀制度。同时，征举制下重视人之德性的日常考察，于是出现有的人为了富贵名利进行道德伪装。正因为征举制的各种弊端，所以才不断被改革，演变出后来隋唐的科举制。颜元广泛阅读经史，并非不知道这种情况，他在比较征举制和科举制时说：

> 选举即不能无弊，而所取为有用之才；科甲即使之无弊，而所得多无用之士。①
>
> ［颜元］谓士俍曰："取士之法，洪武初制甚善，第行之欠唐虞、三代之意耳。不令而天下从，不教而天下善，其惟选举乎！"士俍曰："弊生法滞，是以不永。"先生（颜元）曰："法弊涤弊，则法常行；弊生变法，则法即弊。如弃选举取八股，将率天下贤愚而八股矣；天下尽八股，中何用乎！"②

颜元认为，科举制下选取出来的多是"无用之才"，而征举制可以选拔有用之人。科举制以诗赋经义选官，人们就会将精力用在读写著述上。征举制用实绩实才选官，人们则会将精力用来提升自己的实际才能上。所以，征举制即使有弊，也能选拔出"有用之才"。同时，颜元指出，如果征举制在实际运行中出现具体弊病，可以有针对性地进行纠正，正因为不断地纠正实际运作产生的弊病，所以一项制度才能运行良好，而不能一出现弊端就被废除。颜元进一步解释说：

---

① （清）钟錂编：《颜习斋先生言行录·法乾第六》，载《颜元集》，中华书局 1987 年版，第 642 页。

② （清）钟錂编：《颜习斋先生言行录·刁过之第十九》，载《颜元集》，中华书局 1987 年版，第 691 页。

王契九问：“取士乡举里选，行之滋弊。”先生曰：“犹胜时文。如一邑方举一人，一方有不肖之耆约，党酒食贿赂之家，而登其子弟，将三方皆不肖乎？即皆不肖矣，他邑独不得一良耆良约乎？三四举而得一贤，或三四邑而得一贤，所得不既多乎！当不至如时文，百千举而不见一贤也。况选举复，则士饬其行。试观周代盛时，士习之美，不可及矣；虽极其流弊，以至战国，亦第云修其天爵以要人爵而已。今世求一修天爵而要人爵者，岂可得哉！”①

颜元认为，在征举制度下，即使出现基层推荐权由固定世家大族把持的情况，但不可能所有地区的推荐权都被把持。而推荐权不被大族把持的地方，贤才就容易脱颖而出。同时，如果不被把持的地区很多，那么选拔出来的人才就足够国家使用。而在科举制度下，却完全培养不出有用的人才，甚至就连为了追求爵禄而修养自己德性的人都没有。由此，颜元认为，即使是两害取其轻，也应该采取乡举里选的征举制。

以上是颜元在皇帝集权的郡县制下实行征举制的思考，其实颜元更期待征举制配合“封建制”、井田制一起施行。在“封建制”下，侯国只有一个县面积大小，伯国相当于两个县。这样，从国到乡到里，人与人交往的地理距离并不大，实际上构成了一个相对熟悉的人际社会。考虑到古代通信手段的不发达，在邦国这种地理面积不大的社会里，显然更有利于全面考察一个人。无论是乡里的三老，还是邦国的君主，对人才的考察都可以全面听取各方面的意见。而在井田制下，因为人与人占有的田地都是均等的，这样人与人的财富也比较均等，那么在乡里就不存在世家大族，也就不会出现推荐权被固定人员把持的情况，这样也就可以和考试制一样实现人与人的公平竞争。所以，颜元认为与“封建制”、井田制结合的征举制，才是理想的选人制度，才能让各地的人才脱颖而出，这就是“非封建不能尽天下人民之治，尽天下人材之用尔。”②

二 唯才是用：“善言不足凭，只能办事人可用”

与选拔人才的体制一样，使用人才的原则也非常重要。颜元认为用人是

① （清）颜元：《颜习斋先生言行录·刚峰第七》，载《颜元集》，中华书局1987年版，第645—646页。

② （清）颜元：《存治编·封建》，载《颜元集》，中华书局1987年版，第111页。

国家的大事，君主应该将之作为重要事项，他说：“为今计，莫要于九典、五德矣……躬勤俭，远声色，礼相臣，慎选司，逐佞人，是谓五德也。为之君者，充五德之行，为九典之施，庶亦驾文景而上之矣。”① 在这“五德”中，“礼相臣，慎选司，逐佞人”都指用人的原则。“礼相臣”指的是礼待朝廷大臣；“慎选司”指的是慎重地选择官员并任用；“逐佞人”则是驱逐阿谀奉承的小人。

以上颜元的这些观点都在儒家主流用人观中，而他在用人上最具创新性的思想是提出了“才不必德，德不必才，才德俱无，一长亦不忍弃”的观点，主张唯才是用，不拘一格，大胆使用具有实际办事能力的人。他这样说：

> 气数益薄，人才难得，如生三代而思五臣，不能借也；生两汉而求伊、莱、十乱，亦不能借也；居今而求三杰、二十八将，其将能乎？故才不必德，德不必才，才德俱无，一长亦不忍弃。②

这里的“才不必德，德不必才，才德俱无，一长亦不忍弃”，相对于传统儒家的用人观，无疑是一个大胆的说法。在儒家的思想传统中，德行最重要，显然是用人的一条主线。孔子说：“举直错诸枉，则民服，举枉错诸直，则民不服。”③ 孟子讲：“惟仁者宜在高位，不仁而在高位，是播其恶于众也。”④ 司马光主张宁可用愚人，不用有才无德的小人，他说：“才德全尽谓之圣人，才德兼亡谓之愚人。德胜才谓之君子，才胜德谓之小人。凡取人之术，苟不得圣人君子而与之，与其得小人，不若得愚人。”⑤ 在这种用人观的引导下，德行为先也成为执政者的用人价值观。清康熙帝指出：“有治人无治法，但真能任事者亦难得。朕观人必先心术，次才学，心术不善，纵有才学何用？”⑥ 由

---

① （清）颜元：《存治编·济时》，载《颜元集》，中华书局 1987 年版，第 114 页。

② （清）钟錂编：《颜习斋先生言行录·三代第九》，载《颜元集》，中华书局 1987 年版，第 654 页。

③ （清）阮元校刻：《论语注疏·为政》，载嘉庆本《十三经注疏》，中华书局 2009 年版，5348 页。

④ （清）阮元校刻：《孟子注疏·离娄上》，载嘉庆本《十三经注疏》，中华书局 2009 年版，第 5909 页。

⑤ （宋）司马光编著：《资治通鉴》卷一，中华书局 1956 年版，第 14 页。

⑥ （清）蒋良骐：《东华录》，中华书局 1980 年版，第 157 页。

此可见，无论相对于传统儒家的用人思想，还是相对于执政者的用人理念，颜元的以才为先的用人提法都具有鲜明的特点。

弟子李塨佐政桐乡，颜元离别赠言说：“取人勿求备，看人勿太刻。”[①] 他称赞宋代宰相吕夷简：“吕相用人不拘格序，正其超迈宋代人物处。”[②] 从这些言语可以看出，颜元强调用人不拘一格，不管何种类型的人才，只要有才就要使用；希望执政者能够容人所短，用人所长，让人才在国计民生事业中发挥才干。

颜元以才为先的用人观，有着强烈的现实指向。颜元认为，当时社会上有用的人才非常稀缺，“今天下百里无一士，千里无一贤，朝无政事，野无善俗”[③]。在这种情况下，如果用人一定要追求德才兼备，那么这样的人才难以找到。造成这种现象的重要原因，是由于选官上实行八股科举制和学术上流行宋明理学。颜元说：“五百年中，平常人皆读讲集注，揣摩八股，走富贵利达之场；高旷人皆高谈静敬，著书集文，贪从祀庙廷之典。”[④] 人们的聪明才智要么用在准备科举考试上，要么用在修身著书上，而对于真正社会需要的知识和技能却少人问津，社会实用人才由此变得严重缺乏。所以颜元突破常规，大胆提出用人不必德才兼备，认为只要有才能就可以使用。

对于有才却无德之人如何使用，颜元提出，要在合适的领域、合适的时机充分发挥其所长。颜元举例说，蠡县的一个恶人，很有号召力，在治理蠡水泛滥时，曾经应他所求，召集五百人参与防洪。如果平时远离这个恶人，在洪水到来时就无法利用这个恶人的所长，那么蠡县的百姓就会遭受水灾。[⑤] 颜元进一步指出，对有才无德之人，不仅要用其所长，还要听其所言，倾听他们的想法和思路，他曾和弟子李塨讨论过这一问题：

> 刚主言：“罢人陈利害，有三等人不可听：一书生拘古论今；一佥人怀诈陈事；一游惰管见投合。”先生（颜元）曰：“然则尧、舜、禹设

① （清）钟錂编：《颜习斋先生言行录·学须第十三》，载《颜元集》，中华书局1987年版，第668页。

② （清）颜元：《朱子语类评·训门人类》，载《颜元集》，中华书局1987年版，第304页。

③ （清）颜元：《阅张氏王学质疑评》，载《颜元集》，中华书局1987年版，第494页。

④ （清）颜元：《朱子语类评·训门人类》，载《颜元集》，中华书局1987年版，第266—267页。

⑤ 参见（清）钟錂编《颜习斋先生言行录·三代第九》，载《颜元集》，中华书局1987年版，第654页。

> 鞀、铎、磬等，非乎？防此三等而罢陈利害，是亦因噎废食也。盖天下之祸莫大于上下蒙蔽，国家之福莫良于上下宣通。即明知其为此三项人，圣明犹乐闻之。”①

颜元认为，兼听则明，偏信则暗，对有才无德的小人也应该听其言语，先听取后鉴别，这样才能广泛了解各方面的意见，才能深入了解社会实情，进而作出正确的决策。对有才无德之人，如何能既用其所长，又防其所短，颜元进一步指出：

> 人不办天下事，皆可为无弊之论，若身当天下事，虽圣人不能保所用之无佥邪。盖办事只以得才为主，事成后若彼罪著，再为区处而已。试观尧用三凶，孔子论卫灵用三臣，忠武用延、仪，从来如此。②

颜元认为，“办事只以得才为主”，在面对事情之时，最重要的是选拔出合适的人才使用。即使是圣人，在办理具体事情的过程中，也无法保证不会使用奸邪之人。所以，对于有才无德的人，可以先用后惩，一开始要大胆使用，万一他在办事中犯有明显罪过，可以在事成之后根据具体情况进行处理，而不能因噎废食，一概弃之不用。在这种“办事只以得才为主”用人观的指导下，颜元对孟子的个别用人思想提出了批评，他说：

> 孟子王道手段窃有一二不愿学处，如善战、辟草莱之才，自是行道所必用，如何定大罪、服上刑？且七雄以富强为主，此辈皆居腹心要路，只合包容任用，使之将虎贲、行吊伐、服农政、力沟洫，彼将乐我之得用，得比于周、姜、禹、稷矣。③

颜元指出，战国时能征善战和开荒拓野之士，都是具有出众才能的人，如果

---

① （清）钟錂编：《颜习斋先生言行录·刁过之第十九》，载《颜元集》，中华书局 1987 年版，第 692 页。

② （清）钟錂编：《颜习斋先生言行录·杜生第十五》，载《颜元集》，中华书局 1987 年版，第 675—676 页。

③ （清）钟錂编：《颜习斋先生言行录·王次亭第十二》，载《颜元集》，中华书局 1987 年版，第 663 页。

包容任用，让他们把才能用在正义领域，这样既可以让人尽其才，又能让国家和百姓得益。这种能为百姓办实事的才能是颜元优先看重的，他强调：

> 善言不足凭，只能办事人可用。①

这就是说，在面对事情选人的时候，不能根据人的好听言辞，而是要依据人是否有真正办事的能力。由此可见，颜元用人观的核心理念是事业为上、因事择人。他期待朝廷中都是具有经世济民能力的人在执政，社会事务都是由具有实际才干的人在办理，这样国家和百姓才能得到福祉。

---

① （清）钟錂编：《颜习斋先生言行录·王次亭第十二》，载《颜元集》，中华书局1987年版，第665页。

第五章　“习而行之以为教”的实学教育论

教育思想是颜元实学思想的重要组成部分。颜元自二十四岁就在乡村收徒教学，有着丰富的教学实践，对教人成才有着深入的思考。之所以说他的教育思想是实学教育思想，是因为在教育目的上，他重视培养社会需要的实用人才；在教育内容上，他不教授正心诚意，而教授六艺和兵、农、水、火、工、虞等社会需要的实事实务；在教育方法上，他改变单纯读、写、讲、思的方法，提出要“习而行之”，主张充分运用人之形体去练习和实践，进而掌握知识和技能。

第一节　成就“有用之才”的实学教育目标

人才是国家、社会事业发展的关键因素。颜元认为，教育之目的就是培养有用之人才。所谓有用，不仅指能够有益于个人的道德素质提升，更要能够对国家、社会的发展稳定，对百姓的安居乐业产生实际效益。由此，他主张要将培养有用人才贯穿于教育过程的始终。在他看来，“有用之才”主要分为两类，一类是通儒，另一类是专家。通儒是具有综合公共管理能力的人才，专家是精通一门或数门知识技能的人才。

一　培养人才：“人才者，政事之本也”

颜元认为，人才是政事之本，政事是国家安定、百姓安康的关键，他说：“人才者，政事之本也；政事者，民命之本也。”[①] 这里的“人才”，显然是指公共管理型人才。从历史发展来看，人类进入文明社会，一个重要的特征就是政治组织的建立。无论是早期的原始部落，还是后期的国家，其重要的职

① （清）颜元：《未坠集序》，载《颜元集》，中华书局 1987 年版，第 398 页。

能就是维持社会稳定和促进社会经济发展。而要实现这个目标，部落领袖或者国家管理者无疑起着非常重要的作用。他们道德水平的高低、行政能力的大小，都对社会、对百姓起着直接显著的影响。正是从这个角度出发，颜元提出，人才是政事的根本，而政事又关系到百姓的福祸安危。所以他强调："无政事则无治平、无民命，其如儒统何！其如世道何！"①

国家的兴旺发达不仅需要公共管理人才，也需要其他类型的实用人才。而人才的培养需要一个过程，颜元认为，在这个过程中起关键作用的是教育。他说：

> 近世概以闲署目教职，某深为司铎者耻之。昔人言本原之地在朝廷，吾则以为本原之地在学校。朝廷，政事之本也；学校，人才之本也，无人才则无政事矣。②
>
> 令天下之学校皆实才实德之士，则他日列之朝廷者皆经济臣……令天下之学校皆无才无德之士，则他日列之朝廷者皆庸碌臣。③

由上可知，颜元认为学校教育是人才培养的根本，提倡尊崇教育职位。他从国家兴衰荣辱、社会长治久安的角度，提出学校是社会中最重要的地方。因为学校是教育人之处，是培养人才之处，是让一个自然人成长为社会人的重要场所；只有出色的学校教育，才能培养出德才兼备的人才；只有存在大量德才兼备的实用人才，政府选拔官员时才有合适的人才可选；政府中充满德才兼备的人才，国家、社会的发展稳定，百姓的丰衣足食才有保障。

既然学校教育是让人得以成才的关键因素，那么是否每个人都可以成为人才？对于这个问题，颜元的回答是肯定的，并在他构思的二气四德化生万物的宇宙生成模式中对此进行了说明，他说：

> 二气四德者，未凝结之人也；人者，已凝结之二气四德也。存之为仁义礼智，谓之性者，以在内之元亨利贞名之也；发之为恻隐、羞恶、辞让、是非，谓之情者，以及物之元亨利贞言之也；才者，性之为情者

① （清）颜元：《未坠集序》，载《颜元集》，中华书局1987年版，第398页。

② （清）颜元：《送王允德教谕清苑序》，载《颜元集》，中华书局1987年版，第403页。

③ （清）颜元：《送王允德教谕清苑序》，载《颜元集》，中华书局1987年版，第403—404页。

也，是元亨利贞之力也。①

由上可知，颜元认为，人人在造物之初都秉持二气四德的交错变化而生，进而都具有元亨利贞之德和元亨利贞之力，所以人人都可以成才。而要使得这个天赋的德性和能力发挥出来，则必须接受教育，必须有老师的指点，所以颜元又说：

人莫患于自幼不从师。②

这就是说，人应该自幼就接受教育，跟随老师学习知识和技能。正因为颜元如此看重教育和教师的作用，所以在他设计的与井田制结合的教育体系中，“简师儒”是重要的一环，他强调在井田制下要“简师儒，申孝弟，崇忠义，以保民情”③。

因为每个人都可以成才，而教育是让人成才的关键，所以颜元认为，应该广泛设立学校，让百姓都接受良好的实用教育。他说：

有国者诚痛洗数代之陋，用奋帝王之猷，俾家有塾，党有庠，州有序，国有学，浮文是戒，实行是崇，使天下群知所向，则人材辈出，而大法行，而天下平矣。④

在这里，颜元提到了两点，一点是广泛设立学校，另一点是要革除当时学校教育的浮夸弊端，崇尚实行。他认为，只有实现了这两点，才能使人才辈出，才能使人尽其才。

首先说第一点。从“家有塾，党有庠，州有序，国有学”的提法可知，颜元对教育体系的设置涵盖了四级，家庭（家族）、乡（党）、州、国，这体现出全覆盖的特点，有着现代教育学意义上的全民教育的意蕴。当时各地的

---

① （清）颜元：《存性编·性图》，载《颜元集》，中华书局1987年版，第21页。

② （清）颜元：《颜习斋先生言行录·鼓琴第十一》，载《颜元集》，中华书局1987年版，第662页。

③ （清）颜元：《存治编·治赋》，载《颜元集》，中华书局1987年版，第107页。

④ （清）颜元：《存治编·学校》，载《颜元集》，中华书局1987年版，第109页。

县学、府学的体制是完备的，国学更是设在首都，受到国家的高度重视，皇帝还常去讲学。学校欠缺主要发生在乡和村这两级。其实这一问题，执政者早已经发现，并力图完善。明太祖朱元璋长期生活在社会底层，深知乡村教育资源之匮乏，所以他登基之始就下诏兴建乡村学校。[①] 但是，由于没有足够的财力支持在全国乡村普遍设立学校，所以乡村学校依然很少，多为家族兴办的义塾或者儒生开办的私塾，这远远满足不了普通人上学的需要，无法保障人人都有受教育的机会。

颜元在设计全覆盖的教育体系时，对其现实可行性进行了充分考虑。他解决教育资金来源问题的方式是将学校制度与井田制、分封制结合在一起推行。他说：“欲法三代，宜何如哉？井田、封建、学校，皆斟酌复之，则无一民一物之不得其所，是之谓王道，不然者不治。”[②] 在井田制下，因为百姓的税负很低，只有约九分之一；同时，在分封建邦制下，官员的职数设置很少，一个小侯国只设置“一卿，二大夫，三士”[③]，财政供养人员很少，所以财政也会比较充裕。在这种情况下，在乡村广泛设立学校，无论是由政府出资，还是由村民集资，都有充足的资金保障。而且，由于井田制下政府收取赋税较少，百姓可以做到丰衣足食，财富还比较平均，家家都有能力供学子上学，也不会出现有权有势的家族对受教育权的相对垄断。

其次，关于第二点，颜元认为当时的学校教育存在着重大弊端，必须加以革除，才能培养出“有用之才”。他提出要“浮文是戒，实行是崇”[④]。“浮文是戒”意思是去掉无实用的文学文字文章。颜元认为的浮文主要包括诗赋字画、考据训诂、八股科举等。“实行是崇”则是指要在学校中推行以六艺和兵、农、水、火、工、虞为主的实事实务教育。

颜元之所以反对浮文，是认为它们耽误了人才的培养。他指出：

迨于魏晋学政不修，唐宋诗文是尚。其毒流至今日，国家之取士者，

---

① 洪武二年（1369），明太祖下诏曰：“昔成周之世，家有塾、党有庠，故民无不知学，是以教化行而风俗美。今京师及郡县皆有学，而乡社之民乐睹教化，宜令有司更置社学，延师儒以教民间子弟，庶可导民善俗也。”［（明）丘濬：《大学衍义补·治国平天下之要》，上海书店出版社 2012 年版，第 513 页］

② （清）颜元：《存治编·王道》，载《颜元集》，中华书局 1987 年版，第 103 页。

③ （清）颜元：《存治编·封建》，载《颜元集》，中华书局 1987 年版，第 111 页。

④ （清）颜元：《存治编·学校》，载《颜元集》，中华书局 1987 年版，第 109 页。

> 文字而已；贤宰师之劝课者，文字而已；父兄之提示，朋友之切磋，亦文字而已，不则曰“诗”，已为余事矣。求天下之治，又乌可得哉?①

这就是说，自魏晋以来，学校的教育方式出现严重的问题，国家社会各个层面都崇尚浮夸的文学文字文章，这就导致了真正社会需要的知识和技能没人教、没人学，进而导致知与行脱节、学与用脱节，白白消耗学子的时间和精力，到最后培养不出人才。浮文之所以会得到社会的崇尚，颜元指出，一个重要原因是执政者将文学之士和政事之才相互混淆，在政治上重用文学之士。他说：

> 近世翰林院侍读讲、修撰等官，为朝廷第一清贵之臣，奈何唐、虞命官诏牧乃忘此要职乎？学术误及政事，可叹也。②
>
> 昭文馆大学士兼同中书门下平章事。明朝一代以大学士代丞相，其弊亦始于宋。总之，学术、人才、政事、官制小坏于唐，大坏于宋，中夏遂无强盛治平之日矣。③

这两段话表明，颜元认为文学之士与政事之才是两个并列的群体，不应该以文学之士兼任政事官。他指出，儒家本有政事一科，政事之学需要专门教授。他说：“圣门一推政事之科，一在言语之列，不比后人虚言标榜，书本上见完全也。”④ 在颜元看来，学识渊博之人，未必行政能力就强，因为从事文学与行政所需要的知识和能力并不完全相同。而当国家重用文学之士，将文字能力作为考查选拔人才的最重要的标准时，在荣华富贵的指引下，社会各个层面无疑都会越来越崇尚文字，越来越注重纸面功夫。

颜元指出，每一名教育者都应该学习先秦的孔子，屏除浮文，致力培养社会有用人才。他说：“我夫子承周末文胜之际……学教专在六艺，务期实用。”⑤ 当时江南学者陆世仪以孔门六艺等实务教授学生，和颜元的教学设想

---

① （清）颜元：《存治编·学校》，载《颜元集》，中华书局 1987 年版，第 109 页。
② （清）颜元：《颜习斋先生年谱·六十岁》，载《颜元集》，中华书局 1987 年版，第 776 页。
③ （清）颜元：《朱子语类评·训门人类》，载《颜元集》，中华书局 1987 年版，第 301 页。
④ （清）颜元：《存学编·性理评》，载《颜元集》，中华书局 1987 年版，第 65 页。
⑤ （清）颜元：《存学编·性理评》，载《颜元集》，中华书局 1987 年版，第 75 页。

相似，颜元给他去信，引别人之语称赞陆世仪“才为有用之才，学为有用之学”①。由此可见，培养“有用之才”是颜元教育思想的主线。所谓有用，不仅指能够有益于个人身心，更能够对国家社会产生实际效益。这种“有用之才”包括通用人才和专业人才两类，这将在以下两个小节中详述。

二 造就通儒：“上下精粗皆尽力求全”

明清时期，朝廷中的大学士、军机大臣，地方的总督、巡抚、布政使、知府、知县，都是总揽全局处理各种大小事务的职务，无疑需要综合行政能力很强的人来担任。而当时担任这些职务的官员都是从科举考试中选拔出来的，科举制只是通过文字能力对人才进行考察，并不能全面反映人的综合能力，所以这就往往会导致人的素质与职务的要求不相配，甚至有时因为找不到合适的人选而出现职务空置，进而影响国家、社会的事业。针对这种现象，颜元提出，教育的直接目标就是培养具有综合公共管理能力的通用人才，不能等到从政之后再学习具体行政知识和培养行政能力，而是应该在学校接受教育时就学习培养。对于这样的综合人才，他称之为通儒。在评论程朱理学的教育观时，颜元使用了通儒一词，他说：

> 晦庵先生，所宜救正程门末流之失而独宗孔子之经典，以六艺及兵农、水火、钱谷、工虞之类训迪门人，使通儒济济，泽被苍生。②

由此可见，这里颜元所说的通儒是具有极高的综合素质，能对国家和社会公共事务产生实际益处的人才。他认为真正的教育者就应该像孔子一样，造就众多通儒，使其成为国家社会的栋梁。

颜元对通儒的上述界定，和汉代之后的通儒含义有很大的不同。汉代以后，通儒通常是指博学多闻、通晓诸经、学力深厚的人。《后汉书·贾逵传》称贾逵：“逵所著经传义诂及论难百余万言，又作诗、颂、诔、书、连珠、酒令凡九篇，学者宗之，后世称为通儒。”③《后汉书·卓茂传》称卓茂：“茂，元帝时学于长安，事博士江生，习诗、礼及历筭，究极师法，称为

---

① （清）颜元：《上太仓陆桴亭先生书》，载《颜元集》，中华书局 1987 年版，第 428 页。
② （清）颜元：《存学编·性理评》，载《颜元集》，中华书局 1987 年版，第 75 页。
③ （南朝宋）范晔：《后汉书》卷三十六，中华书局 1965 年版，第 1240 页。

通儒。”[1] 可见在汉代，通儒的含义基本一致，均就掌握典籍知识的学问而言。这一定义，后代也一直在延续使用。例如，清代陈寿祺在《五经异义疏证》中称赞郑玄：“郑康成，汉末之通儒，后学所取正，释五室之位，谓土居中，水火金木各居四维。”[2] 这是以郑玄解决了学术上的难题，作为他是通儒的重要证明。与陈寿祺同时代的焦循对通儒概念的使用更加清晰明了，他说：“本朝文治昌明，通儒遍出，性道义理之旨，既已阐明；六书九数之微，尤为独造；推步上超乎一行，水道远迈于平当；通乐律者判弦管之殊，详礼制者贯古今之变；训诂则统括有书，版本则参稽罔漏；或专一经以极其原流，或举一物以穷其宧奥。”[3] 清代学术上训诂大盛，名家辈出，焦循称之为“通儒偏出”。由此可见，在清代，通儒的含义和汉代也是基本一致的，均是就文章学识而言的。但是，颜元一反以上的定义，指出这样的人不是儒，更不是通儒，而只是书生，他说：

> 幼而读书，长而解书，老而著书，莫道讹伪，即另著一种《四书五经》，一字不差，终书生也，非儒也。[4]
>
> 今之读书千卷、注书百帙，自负为学者矣，仆止谓之书生。[5]

颜元认为，只是坐在书斋，看书读书，注疏训诂，即使是博览群书，这样的人只可以称为书生，而不是儒者。他指出，汉代人之所以认为从事注疏训诂的人是儒者，有着其特定的历史原因。因为秦始皇焚书坑儒，大量儒家文献被焚毁，众多儒者被屠戮，这就导致要想了解先秦儒家的真精神，必须对文献进行考证辨伪，于是发展出注疏训诂之学。他说：“汉儒犹有辞，以为秦灰之余，恐亡其谱，我虽不能修和其事物，姑拾补其谱。”[6] 所以汉代出现了一批精通先秦儒家文献的学者，时人就把这些人称为儒。然而，按照儒家道德观念立身处世的人在汉代往往不被视为儒，在颜元看来，这属于本末倒置。他说：“仆尝论汉人不识儒，如万石君家法，真三代遗风，不以儒目之；则其

---

① （南朝宋）范晔：《后汉书》卷二十五，中华书局 1965 年版，第 869 页。
② （清）陈寿祺：《五经异义疏证》，中华书局 2014 年版，第 125 页。
③ （清）焦循：《孟子正义》，中华书局 1987 年版，第 1051 页。
④ （清）颜元：《寄桐乡钱生晓城》，载《颜元集》，中华书局 1987 年版，第 440 页。
⑤ （清）颜元：《答何千里》，载《颜元集》，中华书局 1987 年版，第 459 页。
⑥ （清）颜元：《驳朱子分年试经史子集议》，载《颜元集》，中华书局 1987 年版，第 565 页。

所谓儒，只是训诂辞华之流耳。”① 在颜元看来，真正的儒者不光要按照儒家道德观念立身处世，更要走出书斋，承担起国计民生的重任，他说：

> 夫儒者，学为君相、百职，为生民造命，为气运主机者也。②
>
> 儒之处也惟习行，故孔子开口便云“学而时习之”“庸德之行”。儒之出也惟经济，故大学之道惟“明德、亲民、止至善”。诸如“用之则行”“为东周”“三年有成”“颜子为邦”“虙子霸王之佐”“子路治蒲”“言子治武城”，孟子“名世”“舍我其谁”，皆确证矣。③

在颜元看来，儒者应该是为百姓谋福祉的人，是为国家办实事的人，是奋力于学习社会实用知识技能的人。所以，儒者在平时就要注重培养实用才能，在出仕后则经世济民，努力造福苍生。而对于通儒，颜元认为，应该比普通儒者的境界更高远，能力更综合。他说：

> 程朱当远宗孔子，近师安定，以六德、六行、六艺及兵农、钱谷、水火、工虞之类教其门人，成就数十百通儒。朝廷大政，天下所不能办，吾门人皆办之；险重繁难，天下所不敢任，吾门人皆任之。④

这就是说，通儒应该以天下为己任，以造福百姓为人生目标，同时具备承担天下大事难事的勇气和高超的综合公共管理能力。颜元尤其期待通儒能够在国家危难之时、民族兴衰之际，力挽狂澜，救天下苍生于水火之中。他对后世儒者只在文字上做工夫，从而变成于世无用之人感到愤怒。在与朋友的对话中，他表达了这种观点。“王法乾曰：‘古者卿相百官，儒之出者也；儒者，卿相百官之处者也；今乃是一种读诗书、说道理、袖手无用之人，谓之儒，可叹矣！’先生（颜元）曰：‘然。此所以与释、老伍，而称三教也。’”⑤ 朱熹博览群书，学识渊博，被广泛视为通儒，但是颜元认为他在政治上没有

---

① （清）颜元：《存学编·性理评》，载《颜元集》，中华书局1987年版，第64页。

② （清）颜元：《寄桐乡钱生晓城》，载《颜元集》，中华书局1987年版，第440页。

③ （清）颜元：《寄桐乡钱生晓城》，载《颜元集》，中华书局1987年版，第440页。

④ （清）颜元：《存学编·由道》，载《颜元集》，中华书局1987年版，第40页。

⑤ （清）钟錂编：《颜习斋先生言行录·学人第五》，载《颜元集》，中华书局1987年版，第639页。

建树，只是空谈，没有履行儒者应尽的责任。他说："朱子胸中妙思，口里快道，直如许津津有味。试问立朝四旬，亲民九考，干得甚事？"① 由上可知，颜元对通儒发挥作用的期待非常之高，进而他认为通儒在学业上的表现应该是：

上下精粗皆尽力求全，是谓圣学之极致矣。②

"上下精粗皆尽力求全"，就是要广泛学习尧舜周孔的儒家真传，包括六德、六行、六艺及兵、农、钱、谷、水、火、工、虞等实事实务，尽可能全面掌握。因为这些知识和技能都可能在实际政务中被用到。同时，在学习程度上，不仅要了解理解，更要熟练掌握。他以孔门学习为例说："七十子终身追随孔子，日学习而终见不足，只为一事不学，则一事不能；一理不习，则一理不熟。"③ 这就是说，有志于成为通儒的学子，应该每日兢兢业业，勤奋好学，努力弄清学懂学熟老师教导的每一项知识技能，将这些知识技能内化于心、外化于行。只有这样，在出仕后，才能有良好的综合公共管理能力，才能够为百姓谋福祉、为天下致太平。

要造就通儒，除了老师教授的内容应该以六艺等实学为主，还有一个重要的因素，那就是要基于每个人的材质。颜元并不认为人人可以成为通儒，他承认人有先天材质的差异，认为通过教育成就通儒必须建立在人的天赋的基础上。他说："人之质性各异，当就其质性之所近、心志之所愿、才力之所能以为学。"④ 他的这种观点，也和他的宇宙生成论中相关理论有着呼应。在宇宙生成的图式中，颜元指出："四德之理气，分合交感而生万物。其禀乎四德之中者，则其性质调和，有大中之中，有正之中，有间之中，有斜之中，有中之中。"⑤ 除了"禀乎四德之中者"，颜元认为还有"禀乎四德之边者""禀乎四德之直者""禀乎四德之屈者""禀乎四德之方者"等。由此可见，在颜元的宇宙生成图式中，人之天赋图谱是多种多样、形态各异的。所以，

① （清）颜元：《朱子语类评·训门人类》，载《颜元集》，中华书局 1987 年版，第 252 页。
② （清）颜元：《存学编·学辨二》，载《颜元集》，中华书局 1987 年版，第 54 页。
③ （清）钟錂编：《颜习斋先生言行录·言卜第四》，载《颜元集》，中华书局 1987 年版，第 633 页。
④ （清）颜元：《四书正误·孟子》，载《颜元集》，中华书局 1987 年版，第 230 页。
⑤ （清）颜元：《存性编·性图》，载《颜元集》，中华书局 1987 年版，第 24 页。

造就“通儒”也要因人而异，顺着人之天赋进行塑造，而不是强要求人人都学习全部六艺、精通全部六艺。

三　培育专家：“各专一事，不必多长”

社会建设不仅需要一批德才兼备的综合管理人才，也需要一批技艺精湛的专业人才。即使在古代农业社会，社会分工不如工业文明产生后那么高度复杂，但是也具备多种多样的职业。根据考古发现，中国早在商周时期，除了农业种植、畜牧养殖之外，还有制陶业、丝织业、冶铜业等。后世的产业门类更加多样，比如明代大量开采金、银、铜、铁、煤，造船厂、造纸厂、印刷厂遍及全国。无疑，社会建设越来越需要专业人才。而且，主管这些具体事务的行政人员也必须掌握一定的专业技术知识。在这种历史背景下，颜元进行了深入思考，他认为教育既要培养通才，也要培养专家。颜元的专业人才概念，侧重指行政管理中精通专业知识和技能的人才，同时也兼顾社会具体行业中的专业技术人才。中国古代传统教育的重点在于启发人之德性，对专才的培养往往重视不够。所以，颜元的培养专才提法无疑让人耳目一新，丰富发展了传统的教育思想。

颜元积极肯定专业人才的价值，他认为，社会的良性运行离不开专业人才，公共事务管理更需要各类专业人才贡献力量，他说：

> 禹之治水，非禹一身尽治天下之水，必天下士长于水学者分治之而禹总其成。①

在这里，颜元举了大禹治水的例子，认为社会治理上的成功，大事难事的解决，离不开各类专业人才的参与。在儒家传统的观念里，往往将上古时治水的成功作为大禹至高无上德性的外在表现，认为他拯救人民于水灾之中，仿佛治水的成功完全取决于大禹一人的高超规划和指挥。但是颜元则指出，这不仅是大禹一个人的功劳，还是众多精通水利的专业人才的贡献。他的这种说法，从现代水利学角度来看，无疑是更符合现实的。

颜元关于专业人才的提法，不仅可以解决社会的大事难事，还能帮助解

---

① （清）颜元：《存学编·明亲》，载《颜元集》，中华书局1987年版，第43页。

决儒家的历史难题。司马谈在《论六家要旨》中谈到儒家的缺点时指出："夫儒者以六艺为法，六艺经传以千万数，累世不能通其学，当年不能究其礼，故曰'博而寡要，劳而少功'。"① 这就是说，儒家的学术体系过于庞大，礼、乐、射、御、书、数六艺的经文和注释以千万计，几代相继都无法弄通其学问，自幼到老都学不完其礼仪，这就容易导致广泛学习却不得要领，费尽精力却成效甚微。而颜元指出：

> 伯夷之司礼，非伯夷一身尽治天下之礼，必天下士长于礼学者分司之而伯夷掌其成。推于九官、群牧咸若是，是以能平地成天也。②

颜元认为，传说中的伯夷管理礼仪，不是他自己管理所有的礼仪事项，而是由众多礼仪专业人才分别进行管理，最后由伯夷统筹管理，所以能用礼仪将国家治理得井井有条。由此可知，一个儒者并不需要了解掌握尽可能多的礼仪，只需要集中精力学习某几种，当国家需要时，就可以作出实际贡献。礼仪的学习是这样，六艺中其他事项的学习也是这样，于是就可以有效地避免"博而寡要，劳而少功"，使得学有所成。

既然专业人才可以在社会良性运行中发挥重大的作用，所以颜元认为，教育的重要目标就是培养专才，他说：

> 上下精粗皆尽力求全，是谓圣学之极致矣。不及此者，宁为一端一节之实，无为全体大用之虚。如六艺不能兼，终身止精一艺可也；如一艺不能全，数人共学一艺，如习礼者某冠昏，某丧祭，某宗庙，某会同，亦可也。③

在这里颜元提出，成为大而全的通才固然可以是杰出人才追求的学习目标，但才智和精力达不到这种目标的人，不如集中时间精力学习一种知识技能。如果用毕生精力把一项知识技能学懂学实，也是达到了学习目的。

颜元这种提倡把精力放在有限事物之上的学习观点，和程朱理学提倡的

---

① （汉）司马迁：《史记》卷一百三十，中华书局 1982 年版，第 3290 页。

② （清）颜元：《存学编·明亲》，载《颜元集》，中华书局 1987 年版，第 43 页。

③ （清）颜元：《存学编·学辨二》，载《颜元集》，中华书局 1987 年版，第 54 页。

学习观显然不同。在程朱理学看来，要想达到体认心中之理，必须探求事事物物之理。朱熹说：“上而无极、太极，下而至于一草、一木、一昆虫之微，亦各有理。一书不读，则阙了一书道理；一事不穷，则阙了一事道理；一物不格，则阙了一物道理。须着逐一件与他理会过。”① 他认为学人应该探求每一个事物之理，当事物之理积累多了，一旦豁然贯通，就“众物之表里精粗无不到，而吾心之全体大用无不明矣”②。颜元认为，这种追求全面学习的方法表面上看起来很有道理，但其实很少有人能做到。朱熹后来也承认自己没有精力做到遍学事事物物。他说：“某旧时亦要无所不学，禅、道、文章、楚辞、诗、兵法，事事要学，出入时无数文字，事事有两册。一日忽思之曰：‘且慢，我只一个浑身，如何兼得许多！’自此逐时去了。”③ 正因为人之精力有限，所以颜元说：“宁为一端一节之实，无为全体大用之虚。”④

在提倡集中精力学习有限事物的基础上，颜元进一步指出，学习目标的选择要根据个人的具体情况，他说：

> 人之质性各异，当就其质性之所近、心志之所愿、才力之所能以为学，则易成圣贤，而无龃龉扞格、终身不就之患。⑤

颜元在这里提出了影响人的学习的三大因素：一个是个人的材质性情，一个是兴趣爱好，一个是个人的能力大小。他认为，人们要根据这三大因素，综合考虑确定学习目标。例如，如果要学习农业知识技能，天性踏实质朴的、对农业真正感兴趣的、行动能力强的人显然容易学有所成。

既然人们可以通过学习一项才能而成为人才，那么对那些选择儒家德性、知识、技能中的一项进行学习进而精通的人，颜元认为他们可以称为儒，他说：

> 虽六德之一德，六行之一行，六艺之一艺，亦不枉生世为一人，列

---

① （宋）黎靖德编：《朱子语类》卷十五，中华书局1986年版，第295页。
② （宋）朱熹：《四书章句集注·大学章句》，中华书局1983年版，第7页。
③ （宋）黎靖德编：《朱子语类》卷一百零四，中华书局1986年版，第2620页。
④ （清）颜元：《存学编·学辨二》，载《颜元集》，中华书局1987年版，第54页。
⑤ （清）颜元：《四书正误·孟子》，载《颜元集》，中华书局1987年版，第230页。

名为一儒。[①]

由此可见，颜元关于儒的定义和传统儒的定义有着很大不同。在上一小节讨论颜元的通儒概念时，已经提到他关于儒者的界定侧重在人对外的实际作用。在这里，颜元更进一步认为，一般人不必具备儒家要求的所有德性，不必精通儒家的所有技艺，只要精通一点，就可称为儒者。由此可知，颜元关于儒者的界定的出发点在于鼓励人采取行动，激励人通过学习成为专业人才。如果一个人不仅精通一项知识技能，还能用之对国家、社会作出贡献，那么颜元认为他不仅是儒，而且是圣贤，他指出：

> 学须一件做成便有用，便是圣贤一流。试观虞廷五臣，只各专一事终身不改，便是圣；孔门诸贤，各专一事，不必多长，便是贤。[②]
>
> 全体者为全体之圣贤，偏胜者为偏至之圣贤，下至椿、津之友恭，牛宏之宽恕，皆不可谓非一节之圣。[③]

这就是说，学人往往不必追求成为全方面的通才，而是要充分实现个人的天赋，将精力集中在一点，精益求精，进而成为对国家、社会有用的人，这样的人就可以称为“一节之圣”。可见，这里颜元的专业人才圣人观和传统儒家也有显著不同。在传统儒家圣人观中，圣人一般指的是像尧舜禹汤等德性完满之人。而颜元的圣人范畴有着狭义和广义之分。狭义上，他使用的圣人范畴和传统观念一致。广义上，颜元所说的圣人不仅包括德性完满的人，也包括具有一技之长的人。

进一步，颜元还将“一节之圣”中的“一节”不限制在儒家传统提倡的六德、六行、六艺中。他说：

> 禹之终身司空，弃之终身后稷，皋之止专刑，契之止专教，而已皆

① （清）颜元：《寄陈宗文》，载《颜元集》，中华书局1987年版，第442页。

② （清）钟錂编：《颜习斋先生言行录·学须第十三》，载《颜元集》，中华书局1987年版，第667页。

③ （清）颜元：《存性编·性图》，载《颜元集》，中华书局1987年版，第31页。

成其圣矣。①

在这里，颜元提出，终身只从事水利、农业、法制、教育等工作，对社会作出巨大贡献的禹、弃、皋、契，最后都成为圣人。水利、农业、法制等都是生产生活中有用的实践知识，而不包含在儒家传统的六德、六行、六艺的范围内。由此可见，颜元这种提法，极大扩展了圣人的涵盖范围。

从德性完满之人到熟稔儒家六德、六行、六艺之一的人，再到精通任何实用知识技能进而对社会作出贡献的人，经过这两次转变，颜元的圣人观已经和先秦儒家有了显著差异。以孔子为例，颜元就与之差异明显。《论语》中记载了一个这样的故事：

樊迟请学稼，子曰：吾不如老农；请学为圃，曰：吾不如老圃。樊迟出，子曰：小人哉，樊须也，上好礼则民莫敢不敬，上好义则民莫敢不服，上好信则民莫敢不用情，夫如是，则四方之民襁负其子而至矣，焉用稼。②

将这段话和上文所引颜元说的“弃之终身后稷……而已皆成其圣矣”（弃终身从事农业……都已经成为圣人）进行对比，可以看出孔子和颜元的差异：他们一个主张儒家士人不应该费精力学习农业专业知识，另一个则主张应该学习。出现这种差异的原因是，孔子认为，士人从事的工作应该是社会综合管理，所以应将主要精力用于提升德行，出仕后以上率下，带动社会向善。在孔子看来，学习和从事农业的人不是儒者，这样的人也不是圣人。而颜元认为，儒家士人要想管理好某项社会事务，必须成为这一方面的专家，管理农业的士人必须精通农业知识，管理水利的士人必须熟稔水利知识，这样才能将社会治理好，仅具有道德管理不好社会事务，能够使用专业知识技能让社会受益的士人，就是圣人。

颜元认为，懂得社会实用专业知识技能的人就是儒者，达到精通程度进而对社会作出贡献的人就是圣人。那么他面临一个问题需要解决，那就是只精通一种知识技能却不具备高尚道德品质的人，如何能够称为儒者、圣人？

---

① （清）颜元：《寄桐乡钱生晓城》，载《颜元集》，中华书局1987年版，第441页。

② （清）阮元校刻：《论语注疏·子路》，载嘉庆本《十三经注疏》，中华书局2009年版，第5446页。

仔细分析颜元的思想，他并不认为只具有技能而没有道德的人是儒者和圣人。他批评这样的人说：“霸术是治民上做几分，不以修身为本的。”[①] 那么，为什么颜元说终身只精一项知识技能的人，便是儒，便是圣？其实，这只是颜元强调专业人才重要性时的单一表述，还应该结合他的其他表述进行分析。事实上，颜元认为儒者不仅要学习专业知识技能，还要在日常生活中提升道德修养，用礼乐熏陶性情。他认为礼乐非常重要，“夫礼乐，君子所以交天地万物者也，位育著落端在于此”[②]，人人都需要学习礼乐。由此可见，颜元真正的态度是，一般人应将精力放在有限事务上，争取成为各领域的专才，同时也要用礼乐陶冶性情，进而对社会作出贡献，这样的专才方能称为儒者和圣人。

第二节　“学、教、治皆一致”的实学教育内容

颜元主教漳南书院时，提出教学的总体原则为“宁粗而实，勿妄而虚”[③]。秉持这种原则，他的教学内容不局限于书面的知识，而是以社会实事实务为主，以使得教学内容与社会治理的实际内容保持一致，使得学即所用，用即所学。

一　因用设学：“学即所用，用即所学”

颜元认为，上古圣人的学问之道、教育之道以及治理之道是保持高度一致的，“圣人学、教、治，皆一致也”[④]。社会治理有哪些内容，学校就教授相应内容，这样学子所学就能被直接应用到社会实际治理中，“学即所用，用即所学”[⑤]。他举例说：“孔孟之学、教，即其治也。”[⑥]“周公、孔子教人……某长治赋、某长礼乐、某长足民，一如唐、虞之廷某农、某刑、某礼、某乐之旧，未之有爽也。”[⑦] 这就是说，周公、孔子、孟子等圣贤的教育理念是让教与治保持高度的一致，他们教授给学生的都是社会治理工作的实事实务。

---

① （清）颜元：《四书正误·大学》，载《颜元集》，中华书局 1987 年版，第 158 页。
② （清）颜元：《存学编·学辨二》，载《颜元集》，中华书局 1987 年版，第 54 页。
③ （清）颜元：《漳南书院记》，载《颜元集》，中华书局 1987 年版，第 412 页。
④ （清）颜元：《存学编·由道》，载《颜元集》，中华书局 1987 年版，第 39 页。
⑤ （清）李塨：《存治编·序》，载《颜元集》，中华书局 1987 年版，第 101 页。
⑥ （清）颜元：《存学编·明亲》，载《颜元集》，中华书局 1987 年版，第 43 页。
⑦ （清）颜元：《存学编·上征君孙钟元先生书》，载《颜元集》，中华书局 1987 年版，第 46 页。

颜元指出，到了后世，教育出现了严重的问题，学、教、治变得分离，学非所用，用非所学。这主要受两方面影响。一是科举制度的影响。正如上一章在颜元的征举制中所分析，在科举的指挥棒下，学子们只知道闭门诵四书五经，整日作八股，不学习实用知识技能，而一旦中举，学子们从事的却是实际社会管理工作，由此出现学用脱节。二是宋明理学的影响。颜元指出：“近世言学者，心性之外无余理，静敬之外无余功。细考其气象，疑与孔门若不相似然。即有谈经济者，亦不过说场话、著种书而已。”① 他认为，在宋明理学的指导下，学子们费精力在读书、讲学、静坐、持敬上，与实际社会治理所需要的知识和能力相去甚远，导致学习内容和社会实际脱节。

为扭转学、教、治分离的局面，培养符合社会治理需要的优秀人才，颜元设计了以六艺及兵、农、水、火、工、虞为主的教学，以让学生熟悉和掌握社会治理的实际事务。这些教学内容以经世致用为标准，充分体现了颜元面向现实世界的情怀和责任担当。自二十四岁在乡村开私塾，颜元一直从事教学工作，到四十一岁时，他修订完善了教学大纲《习斋教条》，其中涉及教学内容的要点有：

> 一、讲书。每日早晨试书毕，讲四书或经，及酉时，讲所读古今文字，俱须潜心玩味，不解者不妨反复问难，回讲不通者责。
>
> 一、习六艺。昔周公、孔子，专以艺学教人，近士子惟业八股，殊失学教本旨。凡为吾徒者，当立志学礼、乐、射、御、书、数及兵、农、钱、谷、水、火、工、虞，予虽未能，愿共学焉。②

由此可见，颜元的教学内容既不包括注重心性的义理之学，也不包括讲究文采的词章之学，更不包括应对科举考试的八股之学，而是以“礼、乐、射（射箭）、御（驾驶）、书（书写）、数（数学）及兵（军事）、农（农业）、钱（财政）、谷（粮食）、水（水利）、火（火力）、工（制造）、虞（能源开采）”等实事实务为主。这些教学内容是颜元经过深入思考社会需要的公共管理人才所应具备的能力而设定的。明清时期，中央政府设立六部，分别是兵、刑、工、礼、户、吏；地

① （清）颜元：《存学编·上征君孙钟元先生书》，载《颜元集》，中华书局 1987 年版，第 46 页。
② （清）李塨：《颜习斋先生年谱·四十一岁》，载《颜元集》，中华书局 1987 年版，第 743 页。

方政府分省、府、县三级，虽然不再设有一一对应六部的职位，但是承接之事项基本在六部业务范围之内。对比颜元的教学内容和六部的职能可以知道，“兵”“射”“御”对应着兵部的业务；“工”“虞”“水”“火”对应着工部的业务；“礼”对应着礼部的业务；“农”“钱”“谷”对应着户部的业务；吏部的业务可以通过阅读经史得到部分程度的锻炼；刑部的业务虽在《习斋教条》中没有涉及，但颜元也认可学子研习律令。[①] 综上可知，颜元在教学内容体系设计上有着充分的现实考虑，希望通过教育培养出来的人才能够马上胜任繁重的社会治理工作。

六十二岁主教漳南书院时，颜元在《习斋教条》的基础上，对书院教育内容进行了优化和拓展。他拟在书院设立六个学斋，每个学斋都有不同的具体课程，分别是：

> 东第一斋西向，榜曰“文事”，课礼、乐、书、数、天文、地理等科。西第一斋东向，榜曰“武备”，课黄帝、太公以及孙吴五子兵法，并攻守、营阵、陆水诸战法，射御、技击等科。东第二斋西向，曰“经史”，课十三经、历代史、诰制、章奏、诗文等科。西第二斋东向，曰“艺能”，课水学、火学、工学、象数等科……。门内直东曰“理学斋”，课静坐、编著、程朱、陆王之学；直西曰“帖括斋”，课八股举业，皆北向……。统贯以智、仁、圣、义、忠、和之德，孝、友、睦、姻、任、恤之行。”[②]

与《习斋教条》相比，这些教学内容有两点重要扩展。一是读书范围由四书五经扩展到十三经、历代史书、诰制、章奏等。这是因为经史可以让人明了立身处世之根本、为官从政之大旨以及历代兴衰之由来；诰制和章奏则记载着历代政事，可以拓展学子对政事认识的深度和广度。二是将天文、地理纳入学习范围。天文、地理与农业生产息息相关，社会治理同样需要天文地理知识，所以颜元将之纳入学习。[③]

---

① 颜元抄写明代洪武学制时称赞说：“三代后无此学政。”（《颜元集》，第 748 页）洪武学制规定学校以教习六艺为主，但将六艺中的御替换成律。由此可见，颜元认可学习律令。

② （清）颜元：《漳南书院记》，载《颜元集》，中华书局 1987 年版，第 412—413 页。

③ 颜元起初对天文并不精通，一次在和王养粹的交谈中，颜元问是否当年要闰十二月，王养粹也不知道。颜元感叹道：“噫！岂非学术不明，吾儒误于空言，无能定国是者乎！使吾党习谙历象，何以狐疑如此!”（《颜元集》，第 52 页）由此，颜元特别看重天文和地理，经常和学者们进行交流，所以将之也列为教学的范围。

既然颜元提倡学与教一致，那么将他的教学内容与他在为学之道中主张的先秦儒家正学对比，可以在更广阔的视角观察其教学内容的特点。颜元认为，先秦儒家的正学是尧舜“三事”“六府”、周公孔子“三物”。“三事”指正德、利用、厚生；“六府”包含金、木、水、火、土、谷；“三物”包括六德、六行、六艺。在这中间，“三物”的内涵清晰明了，并已在第三章为学论中详加解释，“三事”和“六府”则需要进一步分析。“三事”和“六府”涉及的事物非常广泛，在现存的文献中，并没有颜元对它们的详细解释，但是其内涵可以从他的弟子李塨的思想中推知。李塨这样解释“六府”，他说：“言水，则凡沟洫漕挽，治河防海，水战藏冰，醝榷诸事统之矣；言火，则凡焚山烧荒，火器火战，与夫禁火改火诸燮理之法统之矣；言金，则凡冶铸泉货，修兵讲武，大司马之法统之矣；言木，则凡冬官所职，虞人所掌，若后世茶榷抽分诸事统之矣；言土，则凡体国经野，辨五土之性，治九州之宜，井田封建，山河城池诸地理之学统之矣；言谷，则凡后稷之所经营，田千秋、赵过之所补救，晁错、刘晏之所谋为，屯田贵粟实边足饷诸农政统之矣。”① 关于“三事”，李塨的解释是：“至三事，则所以经纬乎六府者也，正德，正此金木水火土谷之德也。利用，利此金木水火土谷之用也。厚生，厚此金木水火土谷之生也。”② 李塨是颜元最得意的学生，也是他实学思想的最重要的继承者，他对“三事”“三物”的解释相当程度地代表了颜元的观点。综上可知，由“三事”“六府”“三物”的内容可以推知，颜元的实学教育包含的内容非常广泛，涵盖了当时社会实际治理需要的主要道德、知识和技能，并不限于他在《习斋教条》和漳南书院课程中所列的内容。

既然颜元认为学与教一致，而先秦儒家的正学包含如此之广，那么为什么他在实际教学中的课程没有开设所有的科目，而是以包含六德、六行、六艺的“三物”为主？这主要有两方面原因：一是他在乡村设学，办学条件有限，不可能每个学科都开设；二是他认为六德、六行、六艺是最重要、最关键的、最契合社会实用的，是学子学以成人的基础，并且“三事”“六府”都可以归之为“三物”。对这一点，他还进行了说明。

首先，“六府”可以归为“三事”。颜元指出：“昔唐、虞之治天下也，

① （清）李塨：《李恕谷廖忘编》上卷，国学保存会 1908 年版，第 1 页。
② （清）李塨：《李恕谷廖忘编》上卷，国学保存会 1908 年版，第 1 页。

三事、六府而已，君臣朝野之修、齐、治、平，和三事，修六府而已。六府亦三事之目，其实三事而已。”① 由此可知，他认为“六府”是“三事”的条目，归根结底还是“三事”。

其次，“三事”又与“三物”保持一致。颜元说：“唐虞之儒，和三事修六府而已；成周之儒，以三物教万民，宾兴之而已。六德即尧舜所为正德也，六行即尧舜所为厚生也，六艺即尧舜所为利用也。”② 他认为，六德即正德，六行即厚生，六艺即利用，“三事”与“三物”完全吻合。

综合上述两点，颜元认为，“三物”在儒家学问中是提纲挈领的和最重要的，所以他的教学内容就以六德、六行、六艺“三物”为主，再酌情增加兵、农、水、火、工、虞等科目，以使得学即所用，用即所学。

二　德智融合：“博学于文，约之以礼”

从《习斋教条》和漳南书院的教学内容可知，颜元的教育思想蕴含着现代教育学的德育、智育理念。在颜元看来，德育与智育是一以贯之的两个方面。他主张，课堂教学中进行以知识和技能为主的智育工作，道德教育则贯穿和渗透在智育过程中，以求培养出品德高尚、知识丰富、技能高超的人才。

在德育方面，颜元注重培养学子的仁、义、孝、悌、忠、信等道德品行；在智育方面，他既注重知识的传授，又注重技能的锻炼。以《习斋教条》为例，全文共二十条，各个条目分别为孝父母、敬尊长、主忠信、申别义、禁邪僻、勤赴学、慎威仪、肃衣冠、重诗书、敬字纸、习书、讲书、作文、习六艺、行学仪、序出入、轮班当直、尚和睦、贵责善、戒旷学。③ 由此可见，在这些条目中，关于德行的要求有很多，如孝父母、敬尊长、主忠信、尚和睦、贵责善等。这些道德条目涉及父子关系、师生关系、长幼关系、同学关系等，涵盖了日常生活的方方面面。与此同时，《习斋教条》也广泛包含了知识和技能的要求，体现出智育的理念。教条中所列的礼、乐、书、数、射、御、兵、农、水、火、工、虞，颜元不仅主张学生理解它们，也要求学生会实际操作和应用。由此可见，《习斋教条》较好地体现了颜元的教学特点，即

---

① （清）颜元：《驳朱子分年试经史子集议》，载《颜元集》，中华书局1987年版，第564页。

② （清）颜元：《寄桐乡钱生晓城》，载《颜元集》，中华书局1987年版，第439页。

③ 参见（清）李塨《颜习斋先生年谱·四十一岁》，载《颜元集》，中华书局1987年版，第742—744页。

德育与智育全面融合。

与《习斋教条》相比，漳南书院的教学设计体系中，知识科目在原有的基础上，增加了天文、地理、历代史、诰制、章奏等；技能科目增加了技击、举石、超距（跑步）等。同时，对这些知识技能科目的学习，颜元强调要“统贯以智、仁、圣、义、忠、和之德，孝、友、睦、姻、任、恤之行”①，这是要以德行的培养来引导统领知识技能的学习，充分体现德育和智育融会贯通的教学理念。

综合《习斋教条》和漳南书院课程设计体系，可以充分了解颜元在教学上进行德育智育的主要思路。在德性上，他注重的是儒家传统的道德规范，包括仁、义、礼、智、孝、悌、忠、信等，期待能够培养品德高尚的人。在知识方面，他的教学内容范围突破了当时学校主要教授的四书五经，既包含六艺和兵、农、水、火、工、虞，又涉及十三经、历代史、诰制、章奏、诗文等。这些都能拓展学生的知识面，增加学生的实际能力。在技能方面，颜元主张学习礼、乐、射、御，这些都是实用的社会技能。结合颜元在德性、知识、技能上的构想，可以推知他期待的是如同先秦时孔子教学一样，让学生们“博学于文，约之于礼”，既广泛学习各种知识和技能，又用礼仪陶冶道德品行。所以他强调说：“博学于文，约之以礼，乃孔门祖述尧舜、宪章文武之实功，明德亲民百世不易之成法也。”②

不仅在思想上主张德育与智育融合，颜元在教学实践中也是这样做的。以颜元重点教授的六艺为例。在他看来，六艺兼有熏陶品德、增加知识、培养技能的作用，“孔门习行礼乐射御之学，健人筋骨，和人血气，调人情性，长人仁义”③。因为六艺既包含德育又包含智育，所以颜元在实际教学的过程中，经常带领学生练习六艺。在《习斋教条》中，他规定：“一、六日课数，三、八日习礼，四、九日歌诗、习乐，五、十日习射。”④ 可见，除受限于客观条件对驾驭马车、战车的“御”没有练习，六艺中其他的五项都是以每十日为单位练习两次。通过这种循环不断的强化练习，颜元力求将六艺中

① （清）颜元：《漳南书院记》，载《颜元集》，中华书局 1987 年版，第 413 页。

② （清）颜元：《存学编 · 性理评》，载《颜元集》，中华书局 1987 年版，第 79 页。

③ （清）钟錂编：《颜习斋先生言行录 · 刁过之第十九》，载《颜元集》，中华书局 1987 年版，第 693 页。

④ （清）李塨：《颜习斋先生年谱 · 四十一岁》，载《颜元集》，中华书局 1987 年版，第 743 页。

蕴含的德性、知识、技能都教授给学生，提升学生的道德品质和实际能力。

颜元在德育方面有一个显著的特点，就是重视对学子进行自信教育和理想信念教育。在颜元的言语中，他反复提倡学子应该学为圣人，并不是认为教育的目的是培养圣人，也不是认为教育一定能够培养出圣人，这实际体现的是他希望学子树立自信心，树立远大理想，而不要妄自菲薄。

在自信教育方面，颜元指出，现实生活中的人们往往轻视自身潜力，对自身能力不自信，由此在学业上也不积极，乃至荒废。因此，他强调人要自信，自信能成为贤人、圣人。他认为，人们常常对成为圣人不自信，是因为认识有偏差，他说：

> 人之不学圣人，其弊有二：一在望圣人之大德不敢为，曰此圣人事也，非常人所可及；一在忽圣人之小节不屑为，曰圣人不在是也，为之岂便是圣？元之愚劣不谓是也，大德之高远虽不能及，且学其一二卑近者。①

颜元指出，人们认为圣人的大德不是常人能够企及的，所以不学圣人，这是不正确的看法，是不自信的表现。即便圣人大德暂时不可及，只要学习圣人的一二行为，也足以提升人的境界。他说："一日行习礼乐，一日之唐虞，一月行习，一月唐虞也。"② 进一步，颜元又指出，其实人们的天赋和圣人也有相同之处，他说：

> 父母生成我此身，原与圣人之体同；天地赋与我此心，原与圣人之性同。若以小人自甘，便辜负天地之心，父母之心矣；常以大人自命，自然有志，自然心活，自然精神起。③

颜元认为，常人和圣人一样拥有上天赋予的品性和才华，不能妄自菲薄，要

---

① （清）颜元：《四书正误·论语》，载《颜元集》，中华书局1987年版，第204页。

② （清）钟錂编：《颜习斋先生言行录·王次亭第十二》，载《颜元集》，中华书局1987年版，第665页。

③ （清）钟錂编：《颜习斋先生言行录·学须第十三》，载《颜元集》，中华书局1987年版，第668页。

对自己能够成为圣人充满信心；人应该经常反躬自问，上天和父母之所以造就自身，是想让自己成为何种人；如果以作为一个庸俗的人自处，那就辜负了上天和父母的期望；如果常常以伟大的人格来自我要求，自然精神百倍。他进一步说：

> 吾性所自有，吾气质所自有，皆天之赋我，无论清、厚、浊、薄，半清、半厚，皆扩而充之，以尽吾本有之性，尽吾气质之能，则圣贤矣。①

这就是说，虽然人的智力、体力存在千差万别，人的能力高低不一，但都秉持上天赋予之善；只要能够充分挖掘自身的潜力，扩充内心美好的德性，则人人都可以成才，都可以成为圣贤。

除了自信教育之外，颜元还特别重视学子的理想信念教育。他认为，志向是让人的圣人材质转化为现实的重要因素，所以，他鼓励广大学子要树立远大的理想，立志成为像尧舜禹一样的圣人，他说：

> 学者，学为圣人也。②

人能否最终成为杰出人才，志向无疑起着极其重要的指向作用。颜元强调志向在成才过程中的重要性。他认为现实中人们不上进，最重要的原因就是没有志向。他说：

> 人须知圣人是我做得。不能作圣，不敢作圣，皆无志也。③

颜元认为，学子应该立志，树立远大理想，向圣人学习，立志成为伟大人物。理想是人生的导航塔，只有拥有明确的志向，立志成才，才有毅力去勤奋学

---

① （清）钟錂编：《颜习斋先生言行录·王次亭第十二》，载《颜元集》，中华书局1987年版，第664页。

② （清）钟錂编：《颜习斋先生言行录·学须第十三》，载《颜元集》，中华书局1987年版，第670页。

③ （清）钟錂编：《颜习斋先生言行录·学须第十三》，载《颜元集》，中华书局1987年版，第668页。

习，战胜各种艰难险阻。

颜元进一步指出，学子要克服畏难情绪，敢于树立成为圣人的伟大志向，因为即使圣人也不是天生的，也是通过后天勤奋学习而成的。比如，孔子说自己是通过后天努力才取得一定的成就，“我非生而知之者，好古，敏以求之者也”①。朱熹认为孔子是生而知之的圣人，在解释这句话时说：“‘好古敏以求之’，圣人是生知而学者，其所谓学，岂若常人之学也，闻一知十不足以尽之。”② 这就是说，孔子比常人天资更聪颖，能达到闻一知十乃至更高的程度。颜元则指出圣人也是人，圣人强于常人之处就在于立志以及肯下功夫。他说：“圣人亦人也，其口鼻耳目与人同，惟能立志用功，则与人异耳。故圣人是肯做工夫庸人，庸人是不肯做工夫圣人。”③

既然伟大的圣人取得成就也是源于后天勤奋，所以颜元认为，学子成才的关键是行动起来，下功夫勤学苦练，切忌空谈。他说：“‘士希贤，贤希圣，圣希天’，是一定程头。若只说完美好听，譬如执路程本说南京，说一年，还只是在此，若实去走，一步也隔越不得。”④ 颜元希望学子们既立志成为圣人，又脚踏实地下功夫，在道德品行修养和知识技能学习上一并用力，努力成为国家、社会的栋梁之材。

三　文武并举：“才武，圣教之所先”

在颜元的理想中，儒者应该是文武兼备之人。只有文武兼备，才能在国家危难时有足够的能力和智慧拯救民众于水火之中。他认为，国家在用人之际，出仕的儒者不能只是负责选择将相，而应该本身就是将相之才。他说：“儒者不能将，不能相，只会择将相，将相皆令何人做乎?”⑤ 如果儒者都做不了将相，而在科举选官制度下国家中高级官员又几乎都是儒者，那么将相的人选又从何处来？所以颜元认为，儒家教育就应该将文武结合

---

① （清）阮元校刻：《论语注疏·述而》，载嘉庆本《十三经注疏》，中华书局 2009 年版，第 5393 页。

② （宋）黎靖德编：《朱子语类》卷三十四，中华书局 1986 年版，第 891 页。

③ （清）钟錂编：《颜习斋先生言行录·齐家第三》，载《颜元集》，中华书局 1987 年版，第 628 页。

④ （清）钟錂编：《颜习斋先生言行录·王次亭第十二》，载《颜元集》，中华书局 1987 年版，第 663 页。

⑤ （清）颜元：《存学编·性理评》，载《颜元集》，中华书局 1987 年版，第 58 页。

起来，儒家的正统就是重视军事教育，“兵学、才武，圣教之所先，经世大务也”①。

秉持文武并举的理念，颜元在教学内容设计中，既突出文，又突出武。在早期他制定的学堂教学大纲《习斋教条》中已经流露出文武并举的苗头。②而在漳南书院教学设计中，他将“文事”斋和“武备”斋并列，充分展现了文武并举的思想。颜元的文事思想已在上两小节详述，本节重点介绍他的武备思想。结合《习斋教条》和漳南书院教学设计可以看出，他的武备思想分为两大类：一类是身体素质的锻炼，一类是军事素养的培养。

身体素质的锻炼，在颜元看来，应该列为学校教学的重要内容。他认为，只有具有良好的身体素质，才有充沛的体力和精力为国家承担重任。他之所以如此强调体质的重要性，是针对当时儒者普遍存在的体质问题而发。埋首于书卷之中的儒者，较少进行身体活动，身体素质普遍较差。颜元指出，当时重读书轻运动的风气，让人“耗气劳心书房中，萎惰人精神，使筋骨皆疲软”，于是“天下无不弱之书生，无不病之书生”。③ 颜元对这种现象痛心疾首，所以在习斋学堂中设计了需要人体四肢活动的课程，如礼、乐、射、御等。通过练习礼、乐、射、御，让身体四肢充分运动，畅通人的血脉，增强人的体质。他说：“习礼则周旋跪拜，习乐则文舞、武舞，习御则挽强、把辔，活血脉，壮筋骨。”④ 由此可见，在他的教学理念中，学生不能仅限于理解书面知识，更要积极参与身体锻炼，在反复练习中不断提高身体素质。

比起习斋学堂，颜元的漳南书院课程设计在体育方面增加了举石、超距、击拳等科目。举石是力量练习，能够增加学生的力量和爆发力。超距即赛跑，可以有效提升学生的肺活量和耐力。击拳即武术中的拳法，能够锻炼学生的灵活性、抗击打能力和快速反应能力。由此可见，颜元选定的体育科目锻炼达到了现代体育学意义上人体素质的主要指标。这一方面展现了颜元对体育的高度重视，另一方面表明他在选定体育科目时进行了周密的思考。所以近

---

① （清）钟錂编：《颜习斋先生言行录·教及门第十四》，载《颜元集》，中华书局 1987 年版，第 672 页。

② 《习斋教条》中既有文科内容，也有“兵”学一科，参见《颜元集》，第 743 页。

③ （清）颜元：《朱子语类评·训门人类》，载《颜元集》，中华书局 1987 年版，第 272 页。

④ （清）钟錂编：《颜习斋先生言行录·吾辈第八》，载《颜元集》，中华书局 1987 年版，第 648 页。

代梁启超先生感叹说：“中国两千年提倡体育的教育家，除颜习斋外，只怕没有第二个人了。”①

军事素养的培养是另一项颜元在教学中强调的科目。他在《习斋教条》中设有“兵”学一科，而在漳南书院课程设计中更将“武备”单列一斋。“武备”斋的教学内容是：“课黄帝、太公以及孙、吴五子兵法，并攻守、营阵、陆水诸战法，射御、技击等科。”② 从这些课程的题目可以看出，武备的教学包含了兵法和战法两个主要方面。换成现代军事术语，兵法是讲授军事战略，而战法则是传授军事战术。任何一场战争较量都是战略谋划和战术运用的综合体现。由此可见，颜元培养军事人才的思维与现代军事科学有相通之处。

军事素养的提升不能仅靠学校学习，更需要军事实践锻炼。颜元意识到了这一点，他在和学生的对话中这样说：

> 郭生问：“作养将才如何？”先生（颜元）曰：“武，凶事，不比文，当以历练为作养，乃可用。以武生为乡落保长，其能守御捉贼者，即擢为郡邑关口守将；其守将之能守御捉贼者，即擢为总帅、参副之职，庶历练之干略，不比纸上之韬钤矣。不然，即尊宠一同科甲，恐亦如无用之文人而已。”③

这段对话表明，在颜元看来，军事素养的培养，最重要的是实践锻炼，让学子在军事一线上接受磨炼。只有这样，培养出来的军事人才才能实现理论与实践相结合，才能具有较高的综合素质，才能在国家需要时发挥保家卫国的作用。

颜元对培养军事人才的重视，有着深刻的时代背景。颜元指出，明末清初“衣冠之士羞与武夫齿，秀才挟弓矢出，乡人皆惊，甚至子弟骑射武装，父兄便以不才目之”④。这种重文轻武的风气在当时社会逐步蔓延，导致人们不愿学习军事。而学习四书五经的文人，不知兵、不懂兵，乃至中举当官之后，

---

① 梁启超：《颜李学派与现代教育思潮》，《东方杂志》1924 年第 21 卷第 2 号。

② （清）颜元：《漳南书院记》，载《颜元集》，中华书局 1987 年版，第 413 页。

③ （清）钟錂编：《颜习斋先生言行录・齐家第三》，载《颜元集》，中华书局 1987 年版，第 628 页。

④ （清）颜元：《存学编・性理评》，载《颜元集》，中华书局 1987 年版，第 58 页。

面对军事问题一无所措，没能力保家卫国。例如，温体仁在崇祯年间担任首辅，崇祯帝“每访兵饷事”，他就称罪说：“臣夙以文章待罪禁林，上不知其驽下，擢至此位。盗贼日益众，诚万死不足塞责。顾臣愚无知，但票拟勿欺耳。兵食之事，惟圣明裁决。”① 由此可见，当时连国家的高层都不懂军事，所以颜元痛恨重文轻武现象，他说：“长此不返，四海溃弱，何有已时乎？”②

颜元在学校内开展军事教育，还面临儒者谈军事的正当性问题。长期以来，很多儒者都认为不谈军事是儒家的正统。《论语》中记载卫灵公问军事于孔子，孔子接着离开了卫国，更被后世儒者引以为据，认为圣人都不愿意谈军事，所以儒者不需要学习军事。颜元在评论这个事件时说：

> 孔门以兵、农、礼、乐为业，门人记夫子慎战，夫子自言“我战则克”，冉求对季氏，战法学于仲尼，且夫子对哀公，亦许灵公用治军旅者之得人，岂真不学军旅乎？偶以矫其偏好耳。后儒狃于妇女之习者，便以此借口，误矣。③

颜元认为，无论是孔子自身的言行，还是弟子从孔子处的学习内容，都表明孔子并不是不言军事，反而很擅长军事；孔子之所以不回答卫灵公的军事问题，是因为“圣人至国，至理要道当访求者多矣，而开口便问陈，可知其不足行吾道矣，故明日遂行”④。所以，作为儒者要真正学习孔子，就应该学兵懂兵，熟悉军事知识，掌握军事技能，为保家卫国储备才能。

第三节 “习行”“习动”的实学教育方法

颜元为漳南书院习讲堂书写了一副对联，内容为：“聊存孔绪励习行，脱去乡愿、禅宗、训诂、帖括之套。恭体天心学经济，斡旋人才、政事、道统、气数之机。”⑤ 这里面的内容充分体现了他教学思想的实学特点，其中的“励

① （清）张廷玉等撰：《明史》卷三百零八，中华书局1974年版，第7935页。
② （清）颜元：《存学编·性理评》，载《颜元集》，中华书局1987年版，第58页。
③ （清）颜元：《四书正误·论语》，载《颜元集》，中华书局1987年版，第220页。
④ （清）颜元：《四书正误·论语》，载《颜元集》，中华书局1987年版，第221页。
⑤ （清）李塨：《颜习斋先生年谱·六十二岁》，载《颜元集》，中华书局1987年版，第778页。

习行”更是他在教育方法上的最重要的原则。他一反宋明以来学校教育以书本讲读、心头思考为主的“重心而轻行”的倾向，主张充分利用人之形体去实践，进而掌握知识技能。因此，对于以知识为主的课程，他采取读讲和习行相结合的教学方法；对于以技能为主的课程，则采取以形体练习为主的习动教学方法。两者的共同点都是鼓励从小处入手，从粗处入手，积小成大，从粗入精，以提高学习实效。

一　批评书本教育，提倡“习行”、习讲结合

颜元所处的时代，学校教育学生的主要方式无疑是围绕书籍展开的。明代在京师设国子学，学生们“所习自四子本经外，兼及刘向《说苑》及律令、书、数、御制大诰”①。练习方式则是就所学内容进行文字考试，“每月试经、书义各一道，诏、诰、表、策论、判、内科二道”②。地方的府学、县学和中央国子学的学习方式基本一致。清承明制，在学校制度上沿袭明代。《清史稿》记载清代国子监的教学为：“月朔望释奠毕，博士厅集诸生，讲解经书。上旬助教讲义。既望，学正、学录讲书各一次。会讲、覆讲、上书、覆背，月三回，周而复始。所习四书、五经、性理、通鉴诸书，其兼通十三经、二十一史，博极群书者，随资学所诣。”③ 由上可知，书籍已经成为明清学校教学的主要载体，有时甚至是唯一载体。

颜元认为，这种以书本为主的教学方式，在实际生活中产生了很多流弊。首先是学子们并没有真正学懂知识。因为即使对书籍上的知识费力甚多，终与实际事务有隔阂，与社会实践有距离，掌握的知识容易出现错误。颜元说：“盖书本上见，心头上思，可无所不及，而最易自欺、欺世。究之莫道一无能，其实一无知也。”④ 其次是无法有效提升学子们的实际能力。颜元认为，人的时间精力有限，在书中用的时间精力越久，在实际事务中则越少。他说：“人之岁月精神有限，诵说中度一日，便习行中错一日；纸墨上多一分，便身世上少一分。”⑤ 长期集中精力在书本上用功，让学子没有得到充分的实践锻

---

① （清）张廷玉等撰：《明史》卷六十九，中华书局1974年版，第1677页。

② （清）张廷玉等撰：《明史》卷六十九，中华书局1974年版，第1677页。

③ 赵尔巽等撰：《清史稿》卷一百零六，中华书局1977年版，第3101页。

④ （清）钟錂编：《颜习斋先生言行录·刁过之第十九》，载《颜元集》，中华书局1987年版，第692页。

⑤ （清）颜元：《存学编·总论诸儒讲学》，载《颜元集》，中华书局1987年版，第42页。

炼，难以培养出真实的办事能力。

为改变围绕书本开展教学的弊端，在以知识为主的课程中，颜元增加了“习行”的教学方式。所谓“习行”，就是连续地练习和实践。他将“习”与“行”结合在一起，一是表达练习与实践不能停息之意，二是有实际去做之意。他说：“习行于身者多，劳枯于心者少，自壮。”① 颜元不仅主张学者学习应该采取习行方式，还主张将之应用到教学中。在他看来，习行是最重要的教学方法。宋代学者张载教学生学礼，主要采用操练和练习的方法，颜元称赞他说：

> 张子以礼为重，习而行之以为教，便加宋儒一等。②

“习而行之以为教”，就是把习行贯彻于教学始终。颜元正是这样做的，他在教学中一直反复强调习行的重要性。例如，在为学生讲解《周易》时，他说：

> 为门人解屯、师、讼诸卦毕，[颜元] 谓曰：“诵圣人之经，须心会其理而力行之。如师‘长子帅师，弟子则舆尸’，便知老成可贵。我今日做人，便当镇重学老成，去轻佻少年气；他日为政，便宜任用老成，勿轻信少年喜事之人。”③

颜元认为，老师讲完《周易》的道理之后，学生们不能只是听听而已，更要“心会其理而力行之”，将学到的道理用于生活实践，在实践中反复体会。对于《周易》如此，对其他经典的学习也是如此。他说：“即诗、书、六艺，亦非徒列坐讲听，要惟一讲即教习，习至难处来问，方再与讲。”④ 只有在自身上践行书上的道理，同时又经过实践的反复比对，这样学到的知识才能融入生命中，才能对自己的人生真正有益。如果只是在文字上费尽工夫，而在行为上没有任何改变，那么只是死读书。正因为颜元如此重视知识与实践相结

---

① （清）李塨：《颜习斋先生年谱·六十九岁》，载《颜元集》，中华书局 1987 年版，第 791 页。

② （清）颜元：《存学编·性理评》，载《颜元集》，中华书局 1987 年版，第 95 页。

③ （清）钟錂编：《颜习斋先生言行录·学须第十三》，载《颜元集》，中华书局 1987 年版，第 667 页。

④ （清）颜元：《存学编·总论诸儒讲学》，载《颜元集》，中华书局 1987 年版，第 41 页。

合，所以他收学生时要求家长为习行创造条件：

> 某欲其子从学托人言于先生。先生（颜元）曰：“吾之所学者礼，其子从吾游，则其家必设祠堂，家长率家众朔望为礼，子必拜父，孙必拜祖，度能之则来。”人曰：“但学中尽职可耳，何须虚礼为?”先生曰：“不然。世有抗命废职之子妇，皆因废礼故也。倘朔望叩拜、昏定晨省、出告反面，行之三月，自无与父母反唇之理。”①

这就是说，颜元认为，学生们不能只是在学堂中学习礼仪，而是要在家庭、家族等生活场景中应用，这就需要家长转变观念，创造条件支持学生习行各种礼仪。颜元注重学生德行的培养，希望学生们在生活中习行礼仪，潜移默化，陶冶情操，但当时很多人并不重视生活礼仪，所以颜元专门在收徒中提出这一要求。

正因为如此重视实践，所以在学堂教学中，颜元强调习行，采用学与行相结合的教学方法，将读、讲、写、习四者结合在一起。在《习斋教条》中，他规定：

> 一、重诗书。凡读书必铺巾端坐……更宜字句清真，不许鼻孔唔唔，违者责。
>
> 一、讲书。每日早晨试书毕，讲四书或经，及酉时，讲所读古今文字，俱须潜心玩味，不解者不妨反复问难，回讲不通者责。
>
> 一、作文。每逢二、七日，题不拘经书、史传、古今名物，文不拘诗、辞、记、序、诰、示、训、传，愿学八股者听。俱须用心思维，题理通畅。不解题、不完篇者，俱责。
>
> 一、习六艺。昔周公、孔子，专以艺学教人，近士子惟业八股，殊失学教本旨。凡为吾徒者，当立志学礼、乐、射、御、书、数及兵、农、钱、谷、水、火、工、虞，予虽未能，愿共学焉。一、六日课数，三、八日习礼，四、九日歌诗、习乐，五、十日习射。②

---

① （清）钟錂编：《颜习斋先生言行录·言卜第四》，载《颜元集》，中华书局 1987 年版，第 631 页。

② （清）李塨：《颜习斋先生年谱·四十一岁》，载《颜元集》，中华书局 1987 年版，第 743 页。

以上内容分别涉及读、讲、写、习四种教学方式，颜元在课堂教学中将之联合起来使用。以学诗为例，其教学大致有四个步骤。首先是“重诗书”条目中的读诗，其次是“讲书”条目中的老师讲解，再次是“作文”条目中的定时不定时的写作，最后是“习六艺”条目中的“歌诗”，将诗用歌声表达出来，在不断吟唱中涵养性情。

颜元在教学中强调习行，由此也产生两个矛盾。一个矛盾点是对于一些不易或者无法在生活中实践的知识，该如何实践？第二个矛盾点是颜元将读讲作为教学方法，这与他在论为学之道时反对宋儒读讲有冲突。

首先看第一个问题，人类的知识体系中，虽然有很多和生活联系紧密，但也有很多知识在生活中往往不易应用，或者无法直接应用，那么这又该如何习行？其实这个问题，对颜元来说，在教学内容的根源处就加以解决。因为他设计的教学内容，基本排除了没有实用或不易应用的知识。比如，诗文字画就不在学习之列，他说：

> 后世诗、文、字、画，乾坤四蠹也！①

颜元虽然也教诗文，但都是以先秦的古诗古文为主。他认为这些都是圣人依据人性情之中正而创造出来的，能够涵养人之性情。而对于后世汉唐以来的诗文字画，他认为在现实中没有实际用处，还浪费人之精力，由此排除在教学内容之外。

对在现实生活中没有实用或不易应用的知识，颜元在课程中很少涉及，但也有例外，比如“数”。“数”被列为“六艺”之中，是颜元教学的重点之一，但“数”又是比较抽象的概念体系。对于这类抽象知识，颜元也重点关注它的社会应用，希望学生在课堂学完之后，将之应用到生活实践，熟练掌握。在和人讨论时，他阐明了这一观点：

> 好古曰：“算何与于学？”［颜元］曰：“噫！小子未之思也。人而不能数，事父兄而无以承命，事君长而无以尽职，天不知其度也，地不知

---

① （清）李塨：《颜习斋先生年谱·五十六岁》，载《颜元集》，中华书局 1987 年版，第 766 页。

其量也，事物不知其分合也。”[1]

对于第二个问题，也就是颜元在反对宋儒读讲的同时，又在学校里以读讲作为教学方式。其实，这是颜元的“因时立论”，也就是根据不同的时机和形势而出现的不同观点表述。颜元的总体原则，并不是要完全废弃读书讲学，而是提倡“用力于讲读者一二，加功于习行者八九”[2]。对于宋儒来说，颜元认为，他们读的书已经足够多了，应该着手于力行，将所学的知识应用于生活实践，而不应该只是在书斋里读讲著述。而对于跟随颜元学习的学生来说，很多人都是农家子弟，读书还远远不够。这时候颜元在学堂中采用的则是读讲在先，以开拓学生们的眼界，增加学生们的知识，提升学生们的文字理解和应用能力。

颜元在学堂中虽然采取读讲的教学方法，但并不将之作为重点，他重点强调的还是习行。他说：“开聪明，长才见，固资读书；若化质养性，必在行上得之。”[3] 他期待的是学生们能将书本上学到的知识应用到实践中去，在实践中反复熟悉知识，以切实提升能力，造福国家、社会。颜元这种以习行为重点的教学方法，有力扭转了宋明以来学校以书本教育为主的弊端，将书本知识与实践锻炼充分结合在了一起，促进了学生对书本知识的理解，也锻炼了实践能力。

二 批评心头教育，提倡“习动”、动静结合

宋元明清时期，学校教育既然围绕书籍展开，则引导学生思考书中的内容无疑是重要的教学方式。当时教学内容主要为四书五经等儒家经典，理解和领悟圣贤书中所讲的至正道理是重要的教学目标。由此，这种教学方式的重要特点是重视学生心头脑海的思考理解，这就形成了事实上的理解在前、行为在后。这在当时学校的课堂设置中可见一斑。以中央的最高学府为例。明代国子学设六堂，六堂分不同层次，学生们按照成绩依次升堂。《明史》记

---

① （清）钟錂编：《颜习斋先生言行录·理欲第二》，载《颜元集》，中华书局 1987 年版，第 624 页。

② （清）颜元：《存学编·总论诸儒讲学》，载《颜元集》，中华书局 1987 年版，第 42 页。

③ （清）钟錂编：《颜习斋先生言行录·理欲第二》，载《颜元集》，中华书局 1987 年版，第 625 页。

载：“六堂诸生有积分之法，司业二员分为左右，各提调三堂。凡通四书未通经者，居正义、崇志、广业。一年半以上，文理条畅者，升修道、诚心。又一年半，经史兼通、文理俱优者，乃升率性。”① “正义”“崇志”“诚心”“率性”，这些名称无疑带有很鲜明的心性之学色彩。同时，国子学里又采用文字测试来考核学子是否达到应有的标准，让学生将心得体会写出来，显然重视的也是学子对知识的思考领悟。

教育者在教学理念中也阐发了重视思考的作用。朱熹在《白鹿洞书院学规》中说：“熹窃观古昔圣贤所以教人为学之意，莫非使之讲明义理，以修其身，然后推以及人……然圣贤所以教人之法具存于经，有志之士固当熟读深思而问辨之。”② 这里的“讲明义理”“熟读深思而问辨之”，无疑都是重视在心头脑海的思考理解。

颜元反对这种以思考理解为主的心头教育。他认为这种偏重心头脑海的教育，让学生先理解再行为，表面上看合情合理，实际却在教学实践中容易流于形式。如果只是对圣贤书中的道理有正确的理解领悟，就能对人的性情、道德产生很大的改变和提升作用，那么现实社会就不会出现这么多言行不一的儒生。颜元对这种言行不一现象产生的原因很清楚，认为是教育方式出现了问题，他说：

> 孔子言“思无益，不如学”，而近儒惟昼读夜思，笔之书册，却弃孔门所“学而时习”之六德、六行、六艺不为，是专为其无益，而废其有益矣。何怪乎内无益于身心，外无益于家国，而使圣道荒也哉！③

只是讲求思考，在心中对圣贤道理领悟了，在学堂中对书本知识理解了，但没有落实到行动上，结果在日常生活上表现出来还是原来的行为，人的性情依然没有改变，人的道德依然没有提升，教育的育人目标并没有达到。所以颜元说：

---

① （清）张廷玉等撰：《明史》卷六十九，中华书局1974年版，第1678页。

② （宋）朱熹：《白鹿洞书院揭示》，载曾枣庄、刘琳主编《全宋文》，上海辞书出版社、安徽教育出版社2006年版，第367页。

③ （清）钟錂编：《颜习斋先生言行录·禁令第十》，载《颜元集》，中华书局1987年版，第657页。

> 若化质养性，必在行上得之。不然，虽读书万卷，所知似几于贤圣，其性情气量仍毫无异于乡人也。①

既然化质养性，必须从人的日常行为活动上得来，由此颜元在提倡习行的基础上，又提出了习动的理念。习动是习行的深化，更强调人的身心不停地运动，更强调要在生活实践中活学活用知识技能。颜元说：

> 常动则筋骨竦，气脉舒，故曰“立于礼”，故曰“制舞而民不肿”。宋、元来儒者皆习静，今日正可言习动。②

将习动理念应用到教学中，这就要求学生不再只是读写思，而是通过身体的运动参与各种教学活动，从而达到对道德知识技能的充分理解和掌握。这种教学方式在以技能为主的教学内容中，特别有效果。例如礼、乐，颜元认为它们不仅是知识，更是一种技能，是一种需要融入内心进而形成本能反应的技能。这种技能更需要去真正操作才能达到全面理解和掌握。他说：

> 孔门讲礼、乐，程朱两门亦讲礼、乐，其所以讲者则不同也。孔门是欲当前能此，故曰“礼、乐，君子不斯须去身”；二先生是仅欲人知有此，故曰“姑使知之”。③

由上可见，颜元认为学习礼、乐需要亲身去操作和练习，只有这样才能够了解知识和掌握技能。礼、乐如此，射、御、技击等也是如此。所以，颜元在教学中，特别是教授技能时，高度重视学生对活动的参与性，让学生反复练习，进而充分掌握。四十一岁时，他带领学生，在村头练习射箭，“九月五日，率门人习射村首，中的六，门人各二”④。从这可以看出，颜元不仅在学

---

① （清）钟錂编：《颜习斋先生言行录·理欲第二》，载《颜元集》，中华书局 1987 年版，第 625 页。

② （清）钟錂编：《颜习斋先生言行录·世情第十七》，载《颜元集》，中华书局 1987 年版，第 686 页。

③ （清）颜元：《存学编·性理评》，载《颜元集》，中华书局 1987 年版，第 90 页。

④ （清）李塨：《颜习斋先生年谱·四十一岁》，载《颜元集》，中华书局 1987 年版，第 744 页。

堂中教授知识和技能，而且带领学生到学堂外练习。还能看出，他在以习动作为教学方式时，是采取师生共学的方式，而不是只在一旁指导。七十岁时，他不顾老迈，仍然“率门人习礼……必终肄三”①。“必终肄三”就是一定要练习三遍，这充分体现了他对习动教育的重视。

在漳南书院的教学中，习动教学方法也得以贯彻。在颜元主教漳南书院的四个月里，“读书、作文如常课，而习礼、歌诗、学书计，举石、超距、击拳，率以肄三为程”②。可见，习动的教学方式已经融入当时的各种课程中。颜元希望学生通过这种反复练习，每次都有新的收获，每次都有新的体会。在和学生讨论时，他说：

> 益溪言：“学一次有一次见解，习一次有一次情趣，愈久愈入，愈入愈熟。”先生（颜元）曰：“不实下习工夫，不能咀此滋味。”③

这就是说，颜元希望学生通过不断的练习，达到对道德知识技能非常熟悉的程度，形成一种心理的本能。正如学琴一样，经过反复练习到了“能琴”的阶段，就“弦器可手制也，音律可耳审也，诗歌惟其所欲也，心与手忘，手与弦忘，私欲不作于心，太和常在于室，感应阴阳，化物达天”④。

但是，颜元并不是将思考理解完全排斥在教学之外。在课堂教学时，他同样要求学生对所学的内容进行思考。《习斋教条》中规定学生要定期写作文，“每逢二、七日，题不拘经书、史传、古今名物，文不拘诗、辞、记、序、诰、示、训、传，愿学八股者听。俱须用心思维，题理通畅”⑤。“俱须用心思维”的写作要求，充分体现出颜元在教学活动中对引导学生思考的重视。

颜元在教学中对思考的重视，和他提倡习动的教学方式并不冲突。他实际上提倡的是思考和习动相结合的方式。他的学生学习乐舞时，一边练习一边思考讨论，颜元这样评价：

---

① （清）李塨：《颜习斋先生年谱·七十岁》，载《颜元集》，中华书局1987年版，第791页。

② （清）颜元：《漳南书院记》，载《颜元集》，中华书局1987年版，第413页。

③ （清）钟錂编：《颜习斋先生言行录·杜生第十五》，载《颜元集》，中华书局1987年版，第677页。

④ （清）颜元：《存学编·性理评》，载《颜元集》，中华书局1987年版，第79页。

⑤ （清）李塨：《颜习斋先生年谱·四十一岁》，载《颜元集》，中华书局1987年版，第743页。

> 李益溪与陈睿庵习乐舞，每学一舞，详说而习之。先生（颜元）喜曰：“此方是‘博学而详说之’，方见‘不亦说乎’景趣。”①

由此可见，颜元认为，只有将思与行相结合，才能更好地学会道德、知识和技能。但在精力分配上，颜元主张还是以行动为主。正如他说读讲与习行一样，“用力于讲读者一二，加功于习行者八九”②，思考和行动在教学活动中也应该按照类似原则分配时间精力。

正如上一小节所述，颜元同样不排斥读、讲、写等教学方式。读、讲、写与思一样，都属于主静的教学方式。所以，颜元在教学中，虽然力求动的教学方式，实际上是提倡动与静的有机结合。在这种有机结合中，以动为主，以静为辅，动静结合促进学生对教学内容的理解和吸收。

三 批评虚高教育，提倡“从粗入精”、下学上达

宋明时期，道学大兴，名家辈出，新学派不断涌现。道学无论何派，重视心性义理，则为其共同特点。这种学术上的特点同样影响到教育理念和教育方法。南宋临安太学设有十二斋，斋名分别为：“禔身、服膺、守约、习是、允蹈、存心、养正、持志、诚意、率履、循理、时中。”③ 从这些斋名可以看出，引导学生理解心性义理是教学的重要着力点。不仅官办教育如此，民间书院也是如此。明末，高攀龙“同顾宪成复杨龟山东林书院，一遵白鹿洞会规”，教育方法则是“每会必取儒释朱陆真修真悟之辨，谆切指示”④。刘宗周的证人书院，也是“集同志讲肄，务以诚意为主，而归功于慎独”⑤。由此可知，东林书院和证人书院虽然在讲学具体内容上有所不同，但教学方法都集中在引导学子正心诚意，在讲读、思辨处下功夫。

颜元指出，从学习领悟心性义理入手的教育方式实质上是一种虚高文化教育。它给人以盲目自信，认为自身所学精妙，看不起关于具体事务的学问，

---

① （清）钟錂编：《颜习斋先生言行录·杜生第十五》，载《颜元集》，中华书局 1987 年版，第 677 页。

② （清）颜元：《存学编·总论诸儒讲学》，载《颜元集》，中华书局 1987 年版，第 42 页。

③ （宋）李心传：《建炎以来系年要录》卷一百四十八，中华书局 1988 年版，第 2376 页。

④ （清）孙奇逢：《理学宗传》卷二十三，凤凰出版社 2015 年版，第 434 页。

⑤ （清）纪昀总纂：《四库全书总目提要》卷九十三，河北人民出版社 2000 年版，第 2401 页。

认为其是粗糙之学。宋明理学在思辨上非常精微，在理论体系上又非常圆融，很大程度上满足了士人喜欢高深的心理需求。颜元的好友王养粹就在这种学问理念的影响下，看轻六艺中的射、御。

> 王子（王养粹）曰：“礼乐自宜学，射御粗下人事。”余（颜元）曰：“贤者但美礼乐名目，遂谓宜学，未必见到宜学处也；若见到，自不分精粗。喜精恶粗，是后世所以误苍生也。”①

在时人看来，“精”是指精妙的学问，“粗”是指直白或浅陋的学问。由上可知，作为程朱理学的信奉者，王养粹有着明显“喜精恶粗”的心理倾向。王养粹只是觉得六艺中的射、御是“粗”，而当时更多儒者认为学习六艺等具体事物都是“粗”。颜元指出，这些儒者要么“游思高远，自以为道明德立，不屑作琐繁事”，要么“略一讲习，即谓已得，未精而遽以为精”。② 事实上他们却是水中捞月，道德修养没有得到真正提升，办事能力没有得到真正培养，颜元批评说：

> 近之儒，思讲以名学、洞悉而大明，精粗俱废，自以为操存明理，无不知无不能也，而实一无知能焉！③

颜元认为，从心性义理的思考讲读入手，不亲身实践，往往会导致学者眼高手低，对学习实际事务不感兴趣，进而缺乏实际办事能力，在国家用人之际不能起到中流砥柱的作用，这实际上是“精粗俱废”。他对这种情况痛心疾首，所以坚决反对将心性之学等同于“精”，他说：

> 孔孟之性旨明，而心性非精，气质非粗。④

---

① （清）颜元：《存学编·学辨一》，载《颜元集》，中华书局 1987 年版，第 51 页。

② （清）颜元：《存学编·性理评》，载《颜元集》，中华书局 1987 年版，第 72 页。

③ （清）钟錂编：《颜习斋先生言行录·学问第二十》，载《颜元集》，中华书局 1987 年版，第 694 页。

④ （清）颜元：《存性编·性图》，载《颜元集》，中华书局 1987 年版，第 32 页。

颜元指出，在真正的孔孟之道中，心性义理之学并不是精妙之学，气质之学也并不是粗糙之学。[①] 他进一步说：

> 学之亡也，亡其粗也，愿由粗以会其精。[②]

颜元认为，具体事务之学的荒废，导致了真正的学问之道消亡，所以，正确的学习方法应该是“由粗以会其精”，即从具体事务入手，在学习具体事务的过程中涵泳体会其中的义理。他赞同宋儒张载所说的：“在始学者，得一义须固执，从粗入精也。”[③] “从粗入精”与“由粗以会其精”的意思基本一致，都主张从“粗”入手，在“粗”中得“精”。

在当时学者看来，在学问分类上，“精”“粗”的内涵又与“上”“下”的内涵是基本一致的。所以，颜元提倡的“由粗以会其精”与孔子的教学方法“下学而上达”是相通的。他说：

> （颜元）夫吾辈姿质，未必是中人以上，而从程朱倒学，先见上面，必视下学为粗，不肯用力矣。王子（王养粹）曰：“下学而上达”，孔子定法，乌容紊乎哉！[④]

颜元认为，必须集中精力学习具体事务，才能避免虚高的弊病。所以他提倡有志成才的学人，应该“先其粗，慎其细，学得一端”[⑤]。在教学中，颜元也一直致力于贯彻这一原则。在他开设的乡村学堂中，没有开设心性天命、正心诚意的课程，而是主要教授在时人看来属于粗糙之学的六艺。《习斋教条》规定：

> 习六艺。昔周公、孔子，专以艺学教人，近士子惟业八股，殊失学教本旨。凡为吾徒者，当立志学礼、乐、射、御、书、数及兵、农、钱、谷、水、火、工、虞，予虽未能，愿共学焉。一、六日课数，三、八日

---

① 结合颜元的气质学说，可以看出他所谓的气质之学，主要指的是运行身体四肢机能的同时身心一体地去学习的学问，例如射箭、驾车等。

② （清）李塨：《颜习斋先生年谱·七十岁》，载《颜元集》，中华书局1987年版，第791页。

③ （清）颜元：《存学编·性理评》，载《颜元集》，中华书局1987年版，第95页。

④ （清）颜元：《存学编·学辨二》，载《颜元集》，中华书局1987年版，第54页。

⑤ （清）李塨：《颜习斋先生年谱·六十七岁》，载《颜元集》，中华书局1987年版，第788页。

> 习礼，四、九日歌诗、习乐，五、十日习射。①

在主教漳南书院时，颜元提出“宁粗而实，勿妄而虚”的办学原则②，教授的都是与社会生活实践紧密相关的知识技能。在教学的四个月里，他带领学生“习礼、歌诗、学书计，举石、超距、击拳，率以肄三为程，讨论兵农，辨商今古”③。这些课程要么是六艺之学，要么是体质锻炼，要么是与国计民生密切相关的军事、农业、水利等知识，这都是当时很多学者眼中的粗糙之学。

在实际教学中，颜元往往是在学生学习、练习完，再讲解一下其中蕴含的道理，以求“由粗以会其精”。《颜习斋先生言行录》记载了他教学的一个场景：

> 与门人习礼毕，[颜元] 谓之曰：“试思周旋跪拜之际，可容急躁乎！可容暴慢乎！礼陶乐淑，圣人所以化人之急躁暴慢，而调理其性情也；致中、致和，以位天地、育万物者，即在此。”④

在这个场景中，颜元带领弟子们先反复练习礼仪，等弟子们有了切身真实体会之后，他再就礼仪中蕴含的道理进行扼要的讲解。在这种教学方法中，颜元重视学生自身去实际练习，看重学生在练习过程中的领悟，而他作为老师所做的工作主要是点拨，以便让学生既掌握技能又明白道理。

从粗处入手，从小处入手，这是第一步。颜元指出，接下来第二步，就要循序渐进，一点一滴积累。他说：

> 学贵远其志而短其节，志远则不息，节短则易竟而乐。⑤

“短其节”，就是将学习内容分成多个小部分，分段学习，一段一段学下去，这样学生容易收获学习的快乐。弟子钟錂见颜元教儿童学数学，“语之九数不

---

① （清）李塨：《颜习斋先生年谱·四十一岁》，载《颜元集》，中华书局 1987 年版，第 743 页。

② （清）颜元：《漳南书院记》，载《颜元集》，中华书局 1987 年版，第 412 页。

③ （清）颜元：《漳南书院记》，载《颜元集》，中华书局 1987 年版，第 413 页。

④ （清）钟錂编：《颜习斋先生言行录·学问第二十》，载《颜元集》，中华书局 1987 年版，第 693 页。

⑤ （清）钟錂编：《颜习斋先生言行录·理欲第二》，载《颜元集》，中华书局 1987 年版，第 624 页。

令知有因法，九数熟而后进之因，因法熟方令知有乘，乘法熟方令知有归除”①。这就是说，先集中精力学习数学中的一类知识，学懂学熟之后，再学另一类，一步一步积累。不仅学数学要遵循这种原则，学习其他知识技能也同样。颜元教导弟子李塨说：“方学兵，且勿及农。习冠礼未熟，不可更及昏礼。”② 他认为，采用这种积少成多、循序渐进的方法才能更好地掌握知识技能，才容易学有所成。

颜元的“由粗以会其精”的教学方式，是对宋明时期虚高文化教育的有力矫正。他力求让学生从实处入手，从小处入手，从粗处入手，积少成多，从粗入精，摆脱好高骛远、志大才疏的弊病，以便人人都能成为实才，为国家、社会多作贡献。

① （清）钟錂编：《颜习斋先生言行录·杜生第十五》，载《颜元集》，中华书局 1987 年版，第 676 页。

② （清）李塨：《颜习斋先生年谱·四十六岁》，载《颜元集》，中华书局 1987 年版，第 751 页。

结　语

颜元生长于动荡年代，长期生活在社会基层，依靠奋发自强，发展出极具特色的实学思想。

“实”字贯穿了颜元思想始终。他反复强调实文、实行、实体、实用，告诫人们要崇实黜虚。他重视实践和行动，认为只有实践和行动才能带来真正的收获和成就。他提倡实用主义，追求实际效果和实用价值。他强调要坚持实事求是的态度，认为人们应该从现实出发，探索解决问题的有效途径。

“习”字是颜元反复强调的突出词汇，也是其个人体悟到的最重要的思想成果。他自号“习斋”，反复强调“习动”“习行”，认为人们在日常生活中面对事物时的念想和表现往往出于习惯。基于此，颜元非常注重良性习惯的养成和不良习惯的改正。他强调“习善”，希望人们通过反复练习形成良好的学习、工作、生活习惯，进而培养出高尚的品德和丰富的实践能力，以便自然而然地应对各种情境。他反对“习恶”，认为不良习惯往往源于自我放纵和缺乏自我控制，进而习以成性。因此，改变不良习惯需要个人加强主观努力，不断矫正和改过。

“内圣”是颜元实学思想体系中的核心观念。他的实学思想以心性实学为基础，以道德修养工夫为基石。他认为人性本善，每个人内心中都有天赋的善性。他主张人们通过道德修养工夫来培养道德意识，不断培养和扩充内心中的善性，达到“内圣”的境界。他强调，道德修养是齐家治国平天下的基础，道德高尚的人才能更好地服务于社会和人民，才能更好地实现自身的价值。

“外王”是颜元实学思想体系中的另一个核心观念。他认为，一个儒者应该积极地投身于“外王”事业，这意味着在实践中体现儒家的价值，影响和改变周围的社会和环境。他主张“作用为性”，将对外界的良善作用视为人之天赋本性的自然发挥。他认为，人的天赋本性中包含着对外部世界的良善作用，即人应该履行对外的道德责任和义务。这种思想是对传统儒家思想的重要补充和发展。在传统儒家思想中，对外的道德责任和义务往往被视为“外圣”的范畴。而在颜元的实学思想中，这种对外的良善作用被视为人应该履行的天赋本性，是“内圣”和“外王”的结合点，这展现出一种积极的、新颖的理念。

“内圣”和“外王”，在颜元看来，应该打成一片。这意味着，人们应该在内心修养的基础上，积极参与社会实践和造福社会，将内在修养和外在实践有机地结合起来，使其成为一个整体。他认为，“内圣”和“外王”不可偏废；只强调“内圣”，则会走向空虚，于国计民生无补；只强调“外王”，则会失去道德根基，导致德才不匹配。颜元鼓励人们将“内圣”和“外王”思想贯彻到生活中、落实到实践中，努力创造一个更加和谐、公正和有序的社会。

在中国思想史上，颜元扮演着独特而重要的角色。实学思想是颜元对中国传统学术批判反思和儒家经典重新诠释的产物。颜元对传统学术思想进行了深刻的批判。他指出，诗词、歌赋、训诂、考据、理学、心学以及佛教道教思想都是浪费人的宝贵时间精力之学，都是对社会福祉没有实际价值的虚妄之学。在颠覆旧有学术思想的同时，颜元通过对先秦儒家经典文献的分析，提出只有实学才是真正有用和有意义的学问，认为儒家的正学是实学。这种鲜明地主张实学为儒家正学的思想在中国思想史上独具一格。同时，颜元注重经世致用，强调思想与实践的统一，与宋明理学的内倾性特征有着明显不同。因此，颜元实学思想在某种程度上可以看作对宋明理学的一种修正和拓展，它为中国古代学术思想的发展提供了新的思路和视角。

在中国古代实学思想家中，颜元独树一帜、自成一家。虽然他与顾炎武、黄宗羲、王夫之等实学思想家都反对心学之空虚，主张求实、务实，但在“实”的具体界定上，颜元与其他实学思想家有明显不同。在他看来，“实”就是实际行动、实际践履、实际效用，而不是实读、实讲、实写。他看重的是学术改造世界的实际能力，认为知识不是为了自我满足，而是为了改造世界、造福人类。他认为人们学习的重点在于解决如何从知道世界到能够改造世界的问题。由此，颜元为实学思想提供了一种全新的思路和方法，同时也为后来实学思想家的发展提供了有益的启示。

在当代社会中，颜元实学思想可以为人们提供重要的启示意义和指导价值。他的一些思想理念，如崇实黜虚、经世致用、行在知先、学以致用等，依然具有跨越时代的智慧光辉。深入研究和发扬颜元实学思想，将有助于我们更好地认识和应对当代社会生活中的种种问题和挑战。

虽然本书的研究取得了一些进展，但还存在一些不足之处，对颜元实学思想的某些方面和细节没有深入展开分析，还有一些问题需要进一步探讨和研究。本书旨在为颜元实学思想的研究提供一个起点和契机，希望能够激发更多学者的兴趣和思考，并为后续的研究提供更多的思路和启示。只有通过不断深入研究和探讨，才能更好地理解颜元实学思想的内涵和意义，也才能为当代社会和现实生活提供更多有益的思想支持。

参考文献

一　基本古籍

（汉）司马迁：《史记》，中华书局 1982 年版。

（宋）陈亮：《陈亮集》，中华书局 1987 年版。

（宋）程颢、程颐：《二程集》，中华书局 1987 年版。

（宋）李心传：《建炎以来系年要录》，中华书局 1988 年版。

（宋）黎靖德编：《朱子语类》，中华书局 1986 年版。

（宋）陆九渊：《陆九渊集》，中华书局 1980 年版。

（宋）司马光编著：《资治通鉴》，中华书局 1956 年版。

（宋）张载：《张载集》，中华书局 1978 年版。

（宋）周敦颐：《周敦颐集》，中华书局 1990 年版。

（宋）朱熹：《四书章句集注》，中华书局 1983 年版。

（宋）朱熹：《朱子全书》，上海古籍出版社、安徽教育出版社 2010 年版。

（明）王守仁：《王文成公全书》，中华书局 2015 年版。

（清）戴望：《颜氏学记》，中华书局 1958 年版。

（清）冯辰、刘调赞：《李塨年谱》，中华书局 1988 年版。

（清）焦循：《孟子正义》，中华书局 1987 年版。

（清）黄宗羲：《宋元学案》，中华书局 1986 年版。

（清）黄宗羲：《明儒学案》，中华书局 2008 年版。

（清）黄宗羲：《黄梨洲文集》，中华书局 2009 年版。

（清）顾炎武著，黄汝成集释：《日知录集释》，中华书局 2020 年版。

（清）李塨：《李恕谷廖忘编》，国学保存会 1908 年版。

（清）李塨：《恕谷后集》，商务印书馆 1936 年版。

（清）李塨：《平书订》，商务印书馆 1937 年版。

(清) 李塨:《拟太平策》，商务印书馆 1939 年版。
(清) 李颙:《二曲集》，中华书局 1996 年版。
(清) 陆世仪:《桴亭先生文集》，载《清代诗文集汇编》，上海古籍出版社 2010 年版，第 36 册。
(清) 阮元校刻:《十三经注疏》，中华书局 2009 年版。
(清) 孙奇逢:《夏峰先生集》，中华书局 2004 年版。
(清) 唐甄:《潜书》，中华书局 1963 年版。
(清) 王余佑:《五公山人集》，华东师范大学出版社 2011 年版。
(清) 王夫之:《读通鉴论》，中华书局 1975 年版。
(清) 颜元:《颜元集》，中华书局 1987 年版。
(清) 张廷玉等撰:《明史》，中华书局 1974 年版。
徐世昌等编:《清儒学案》，中华书局 2008 年版。
徐世昌:《颜李师承记》，北京师范大学出版社 2014 年版。

二　中文著作

陈登原:《颜习斋哲学思想述》，东方出版中心 1989 年版。
陈鼓应、辛冠洁、葛荣晋主编:《明清实学思潮史》，齐鲁书社 1989 年版。
陈祖武:《清初学术思辨录》，中国社会科学出版社 1992 年版。
陈来:《宋明理学》，辽宁教育出版社 1991 年版。
陈来:《朱子哲学研究》，华东师范大学出版社 2000 年版。
陈山榜:《颜元评传》，人民教育出版社 2004 年版。
陈山榜、邓子平主编:《颜李学派文库》，河北教育出版社 2009 年版。
冯友兰:《中国哲学史》，中华书局 1947 年版。
冯友兰:《中国哲学史新编》，人民出版社 1999 年版。
冯天瑜主编:《中国学术流变》，华东师范大学出版社 2003 年版。
金絮如编:《颜元与李塨》，商务印书馆 1935 年版。
姜广辉:《颜李学派》，中国社会科学出版社 1987 年版。
侯外庐:《中国早期启蒙思想史》，人民出版社 1956 年版。
侯外庐、邱汉生、张岂之主编:《宋明理学史》，人民出版社 1984 年版。
郭霭春:《颜习斋学谱》，商务印书馆 1957 年版。
葛荣晋主编:《中国实学思想史》，首都师范大学出版社 1994 年版。

葛荣晋：《中国实学文化导论》，中共中央党校出版社 2003 年版。
刘师培：《清儒得失论》，中国人民大学出版社 2004 年版。
梁启超：《清代学术概论》，载《饮冰室合集》，中华书局 2015 年版。
梁启超：《中国近三百年学术史》，载《饮冰室合集》中华书局 2015 年版。
李国均：《颜元教育思想简论》，人民教育出版社 1984 年版。
马序等：《颜元哲学思想研究》，兰州大学出版社 1991 年版。
庞朴主编：《中国儒学》，东方出版中心 1997 年版。
钱穆：《中国近三百年学术史》，商务印书馆 1997 年版。
任继愈主编：《中国哲学史》，人民出版社 2010 年版。
王茂、蒋国保等：《清代哲学》，安徽人民出版社 1992 年版。
王汎森：《晚明清初思想十论》，复旦大学出版社 2004 年版。
王杰、朱康有主编：《传统实学与现代新实学文化》，中国言实出版社 2017 年版。
谢国祯：《明末清初的学风》，人民出版社 1982 年版。
萧萐父、许苏民：《明清启蒙学术流变》，辽宁教育出版社 1995 年版。
萧公权：《中国政治思想史》，新星出版社 2005 年版。
向世陵：《中国哲学智慧》，中国人民大学出版社 2013 年版。
余英时著，何俊编：《余英时学术思想文选》，上海古籍出版社 2010 年版。
杨培之：《颜习斋和李恕谷》，湖北人民出版社 1956 年版。
杨向奎：《清儒学案新编》，齐鲁书社 1985 年版。
张岱年：《中国哲学大纲》，中国社会科学出版社 1982 年版。
张立文：《宋明理学研究》，中国人民大学出版社 1985 年版。
张岂之主编：《中国思想史》，西北大学出版社 1989 年版。
张岂之：《儒学·理学·实学·新学》，陕西人民出版社 1991 年版。
中国实学研究会编：《实学文化与当代思潮》，首都师范大学出版社 2002 年版。
张国刚、乔治忠等：《中国学术史》，东方出版中心 2002 年版。
朱义禄：《颜元李塨评传》，南京大学出版社 2006 年版。
郑世兴：《颜习斋与杜威哲学和教育思想比较研究》，台北，文物供应社 1984 年版。

三 中文论文

陈祖武：《〈颜习斋先生年谱〉评议》，《文献》1986 年第 4 期。

陈增辉：《颜元教育思想述评》，《孔子研究》1988 年第 1 期。

陈来：《元明理学的“去实体化”转向及其理论后果——重回“哲学史”诠释的一个例子》，《中国文化研究》2003 年第 2 期。

陈来：《论儒家的实践智慧》，《哲学研究》2014 年第 8 期。

陈山榜：《颜元义利观及其当代价值》，《河北师范大学学报》（哲学社会科学版）2004 年第 2 期。

丁为祥：《从宋明人性论的演变看理学的总体走向及其张力》，《陕西师范大学学报》（哲学社会科学版）2006 年第 5 期。

方光华：《明清实学思潮的理论创新与本体论特点》，《湖南大学学报》（社会科学版）2005 年第 1 期。

冯天瑜：《试论儒学的经世传统》，《孔子研究》1986 年第 3 期。

姜广辉：《颜元的人性理论》，《贵州社会科学》1981 年第 5 期。

姜广辉：《颜李学派的功利论及其历史地位》，《中国社会科学》1984 年第 5 期。

焦国成：《儒家经世学派考原》，《中州学刊》2014 年第 12 期。

胡适：《颜习斋哲学及其与程朱陆王之异同》，《文史杂志》1941 年第 1 卷第 8 期。

何植靖：《试评颜元对程朱人性论的批判》，《江西大学学报》（哲学社会科学版）1986 年第 1 期。

葛荣晋：《清代实学思潮的历史演变》，《文史哲》1988 年第 5 期。

葛荣晋：《明清实学简论》，《社会科学战线》1989 年第 1 期。

梁启超：《颜李学派与现代教育思潮》，《东方杂志》1924 年第 21 卷第 2 号。

李道湘：《论颜元宇宙论的实质——兼论其宇宙论与人性论、认识论的关系》，《兰州大学学报》（社会科学版）1987 年第 3 期。

李伟波：《颜元的豪杰人格及其现代意义》，《河北大学学报》（哲学社会科学版）2004 年第 5 期。

李伟波：《经世向度下的原典回归——以颜元的四书解释为中心》，《中州学刊》2011 年第 6 期。

刘元青:《颜元论“恶”的来源及其意义》,《中国哲学史》2015 年第 2 期。
马序:《论颜元哲学思想》,《社会科学》1988 年第 6 期。
邱椿:《颜元的教育思想》,《北京师范大学学报》(教育专号)1958 年第 1 期。
容肇祖:《颜元的生平及其思想》,《国立中山大学语言历史学研究所周刊》1928 年第 3 集第 34 期。
田勤耘:《试论颜元的圣人观及其历史意义》,《江西社会科学》2014 年第 12 期。
吴根友:《明清之际三种人性论与中国伦理学的现代转向》,《学术月刊》2004 年第 5 期。
魏义霞:《“以实药其空”:颜元哲学的创建机制及其对理学的批判》,《中国哲学史》2007 年第 2 期。
王杰:《论明清之际的经世实学思潮》,《文史哲》2001 年第 4 期。
王杰:《反省与启蒙:经世实学思潮与社会批判思潮——以明清之际的思想家群体为例》,《中共中央党校学报》2008 年第 1 期。
王胜军、邓洪波:《实学思潮影响下的漳南书院》,《河北师范大学学报》(教育科学版)2004 年第 6 期。
王棋:《反理学视野下颜元的道艺思想》,《西南大学学报》(社会科学版)2008 年第 2 期。
王春阳:《颜元对程朱理学扬弃原因探微》,《山东师范大学学报》(人文社会科学版)2010 年第 2 期。
王向清、谢红:《颜元对朱子“明天理,灭人欲”命题的反思》,《湖南社会科学》2013 年第 4 期。
肖永明:《颜李学派的功利主义德育观》,《广西师范大学学报》(哲学社会科学版)1995 年第 2 期。
肖永明:《颜李学派的实学教育思想》,《湖南大学学报》(社会科学版)1996 年第 3 期。
徐麟:《试论颜元的人学思想》,《船山学刊》1999 年第 2 期。
夏国英:《颜元实学道德教育思想及其现代启迪》,《社会科学战线》2004 年第 5 期。
许宁:《批判实学发微——颜元哲学的精神旨归》,《东岳论丛》2020 年第 7 期。

颜炳罡：《返本开新与儒学再造——论颜元的习行哲学及其历史命运》，《山东大学学报》（哲学社会科学版）2012 年第 3 期。

赵宗正：《论颜元的政治思想》，《辽宁大学学报》（哲学社会科学版）1980 年第 4 期。

赵宗正：《清初经世致用思潮简论》，《哲学研究》1983 年第 6 期。

张武：《论颜李学派的思想特征及其形成》，《哲学研究》1987 年第 4 期。

张践：《试论中国实学文化的普世性》，《湖南大学学报》（社会科学版）2005 年第 1 期。

张践：《实学与心学的交融与错位》，《中共宁波市委党校学报》2009 年第 2 期。

张学智：《中国实学的义涵及其现代架构》，《北京大学学报》（哲学社会科学版）2003 年第 6 期。

朱康有：《〈明儒学案〉中的“实学”意考》，《中共宁波市委党校学报》2005 年第 6 期。

朱康有：《“实学”研究方法述评》，《孔子研究》2007 年第 2 期。

朱义禄：《论颜元与“孔颜乐处”》，《中山大学学报》（社会科学版）2009 年第 4 期。

（台）王汎森：《日谱与明末清初思想家——以颜李学派为主的讨论》，载《晚明清初思想十论》，复旦大学出版社 2004 年版。

四　中译著作

[德] 马克斯·韦伯：《儒教与道教》，洪天富译，江苏人民出版社 1993 年版。

[美] 包弼德：《历史上的理学》，[新加坡] 王昌伟译，浙江大学出版社 2010 年版。

[日] 岛田虔次：《中国思想史研究》，邓红译，上海古籍出版社 2009 年版。

[日] 沟口雄三：《中国前近代思想的演变》，索介然、龚颖译，中华书局 2005 年版。

[日] 沟口雄三：《中国思想史·宋代至近代》，龚颖、赵士林等译，生活·读书·新知三联书店 2014 年版。

后 记

从博士学位论文写作开始，不自觉间我已经深入颜元的历史世界数年，在研究过程中，我越来越被他的伟大人格感染。颜元最令我感到钦佩的是他的为人处世之道。身处乱世之中，但他不因世事变迁而改变自己的追求，不为名利所诱惑，更不会因他人的嘲笑或指责而动摇自己的信念。他是一个品格高尚的人，他的思想和行为总是着眼于社会的利益和人民的幸福。同时，颜元也是一个性格坚韧的人。他的一生经历了很多苦难，但他并没有被困难和矛盾压垮，而是积极面对并解决它们。他的坚韧和毅力，让我深深地感受到一个人在困境中的力量和意志，也激励我在自己的生活中更加勇敢地面对挑战和困难。

颜元的实学思想让我受益匪浅。他强调实践和经验的重要性，认为只有在实践中才能得到真正的知识和智慧。这一观点启示我要更加注重实践和经验的积累，不仅要注重书本知识的学习，更要注重在实践中探索和发现新的知识。颜元的实学思想也让我深刻认识到，知识和行动的紧密联系。他认为，知识的真正价值在于它对实际行动的指导和推动作用，只有将知识付诸实践，才能让它真正发挥作用。这一观点也启示我，在学习知识的同时，要注重将它应用于实际生活中，将理论知识转化为实践行动的动力，让自己成为一个能够真正造福社会和推动进步的人。

颜元对“习”的思考也给我重要启示。颜元强调“习”的重要性，认为人们的行为往往出于习惯，因此要提高道德修养和培养实践能力都需要从习惯入手。这是一种深刻的人性观察，它揭示出人的行为常源于习惯，而不是出于理性。它让我更加深刻地认识到习惯的力量，启发我在个人成长中要更加注重好习惯的养成和不良习惯的改变。

本书在写作和修改过程中，受到了诸多帮助，都让我铭记于心。感谢我的老师王杰教授，正是在他的悉心指导下，本书才得以完成。此外，还要感谢乔清举教授、任俊华教授、朱辉宇教授、朱康有教授、郑开教授、温海明教授、洪军教授、孔德立教授给予的指导和建议，让本书得以不断完善。

感谢我的家人们，带给我无微不至的温暖，让我在写作中增加了无尽的信心。感谢我的朋友们给予的宝贵修改意见，让我能够更好地表达思想和观点。

感谢中国社会科学出版社和郝玉明编辑给予本书的大力支持和精心编校。

本人才疏学浅，能力有限，书中肯定还存在舛误，敬请各位方家不吝赐教。

孙庆峰

2023 年 4 月 16 日